估值的逻辑

思考与实战

陈玮——著

本书作者在风险投资机构工作多年，现在高校任教。本书是他十多年投资估值实战经验的分享，真实展示了投资机构的估值思维和操作细节。本书详细阐述了如何分析周期、行业、商业模式、财报及防范财务舞弊，如何合理制定交易策略，以及如何运用直觉、预测和元认知来制定估值策略，可供专业投资机构和广大股民学习参考。

本书是估值实战操作手册，将为风险投资从业者、股票投资者，以及有融资需求的创业团队提供实际工作指引。

图书在版编目（CIP）数据

估值的逻辑：思考与实战 / 陈玮著 . —北京：机械工业出版社，2023.4
ISBN 978-7-111-73113-9

I. ①估… II. ①陈… III. ①金融投资 IV. ① F830.59

中国国家版本馆 CIP 数据核字（2023）第 079235 号

机械工业出版社（北京市百万庄大街 22 号　邮政编码 100037）
策划编辑：石美华　　　　　　责任编辑：石美华　刘新艳
责任校对：王荣庆　许婉萍　　责任印制：刘　媛
涿州市京南印刷厂印刷
2023 年 7 月第 1 版第 1 次印刷
170mm×230mm・17.5 印张・1 插页・215 千字
标准书号：ISBN 978-7-111-73113-9
定价：89.00 元

电话服务　　　　　　　　　　网络服务
客服电话：010-88361066　　　机　工　官　网：www.cmpbook.com
　　　　　010-88379833　　　机　工　官　博：weibo.com/cmp1952
　　　　　010-68326294　　　金　书　网：www.golden-book.com
封底无防伪标均为盗版　　　　机工教育服务网：www.cmpedu.com

| 推荐序一 |

经济学与心理学的认知博弈

价值发现是资本市场一个永恒的热门话题，相应地，估值理论和方法的著述层出不穷，甚至可以说汗牛充栋，但因循守旧的多，与时俱进的寡，能够让人耳目一新、豁然开朗的更是凤毛麟角。究其原因，根本在于很多人将价值与价格混为一谈。价值是主观感受，价格是客观存在；价值难以验证，价格易于核实。严格地说，价格发现比价值发现更加贴切。此外，金融资产的价格波动既受经济因素影响，也受心理因素左右。从行为金融的角度看，每笔金融资产交易的成交，都是买方与卖方对标的物价格的不同心理预期交换，即买方看涨标的物的价格和卖方看跌标的物的价格。最后，金融资产的价格波动还受行业前景、商业模式、ESG（环境、社会和治理）、金融创新等因素的影响。因此，在经济因素之外从价格发现、行业特点、商业模式、可持续发展等视角探讨估值问题，无疑可对金融资产的价格波动做出更加令人信服的解释，提供更有参考价值的启迪。

陈玮博士的这本书兼具上述特点，是一部视野独特、思维开放、观点新颖、创新迭出的估值专著。与其他估值著作不同，该书跳出收益法、市场法和成本法等传统估值理论和方法的束缚，结合新经济和新金融工具等场景，从迭代估值法、行业赛道、商业模式、交易对手、碳熵评估等视角对金融资产的估值逻辑进行全景式、多维度的诠释，提出了作者对估值理论和方法的独特见解，书中提出的许多观点和方法对理论界和实务界都颇具启示意义，值得细读。

针对财务舞弊对估值的严重干扰，本书从尽职调查的角度介绍了财务舞弊的识别，提醒读者在估值中谨防舞弊陷阱。针对金融资产交易中存在的非理性行为，本书从行为金融的角度探讨了心理活动对估值的影响，提示读者关注资本市场中的反智现象。针对比特币价格的大起大落，本书从区块链的角度分析了通证的估值原理，使读者领略到金融创新的估值风险。

在写作手法上，本书以深入浅出、通俗易懂、文风活泼等特点见长，在探索严肃理论和方法的同时，辅以生动有趣的事例，可读性极强，堪称估值著述中的散文。

本书之所以思路开阔、观点独特、发人深思，或许与作者丰富的阅历有关。陈玮博士在厦门大学攻读硕士和博士期间，在容诚会计师事务所实习多年，积累了丰富的会计审计经验，博士毕业后先后到深圳市东方富海投资管理股份有限公司（后文简称"东方富海"）、厦门金圆集团和兴业证券工作，拥有丰富的风险投资和金融证券从业经验，使其能够洞见现实中的估值感受与书本上的估值理论之间的差异，进而激发其深入思考、探索和总结。

创新是本书的特点。但凡创新都有风险，本书也不例外，不足之处在所难免。相信本书付梓后，作者定能根据读者的反馈意见，弥补不足，不断完善，继续创新。

黄世忠

教授、博士生导师

2023年1月于厦门国家会计学院

| 推荐序二 |

触摸科创时代的共识体系

陈玮之前是我的秘书，2010年加入东方富海，我们同名同姓，也都是厦门大学会计系博士，颇为有缘。为防止混淆，在公司内部，我们都称他陈家玮。

家玮加入东方富海的时候，刚刚博士毕业，是一位认真、勤奋、专注的年轻人，肯钻研，笔头勤，而且善于总结和归纳，是研究的好手。特别是在一次 LP 会议前，我们一起讨论，认为现有的估值方法重定量、缺定性，尤其忽视创始团队、行业、退出等内外部因素对企业价值的影响，经过讨论，最终在家玮的协助下，总结出了一种采取动态、稳健、分类原则的估值方法，家玮称它为"动态分类估值法"（Valuation of Dynamic Classification，VDC），也称"陈氏估值法"（Valuation of David Chen，VDC），VDC 到今天依然是东方富海内部投后管理的重要工具，要感谢家玮在其中所做的工作。

离开东方富海后，家玮成为一名专业的投资人，之后又回归校园担任大学老师，从实务界跨入学术界，完成又一次转型。我曾经说过，如果我退休了，我的理想是回到三尺讲台当一名教授，开一门投资课，专门讲我的投资逻辑和投资案例，特别是那些"鲜血淋漓"的失败案例。所以我为他的选择感到高兴，也衷心祝福他。我虽还未听过他的课，但相信他的课应该是受到学生喜爱的，正如他的这本书一样，既有扎实的理论基础，也有丰富生动的实务案例。

现在市面上投资人写的书不少，但更多的是讲投资逻辑、投资方法、投资理念或投资案例，不论是逻辑、方法、理念还是案例，都更多是从"道"而非"术"或"技"的层面分享投资心法。但家玮的这本书不同，这本书是"小题大做"，从"估值"这个刁钻且精巧的角度着眼，以估值这一"技""术"层面为始，不断深挖、延展，最终铺陈出作者本人完整的投资图谱。

因此，我尤其建议刚刚入行的投资经理或对投资有兴趣的年轻人，好好研读本书，理由有三：

（1）可以使投资经理将逻辑缜密、理论严谨的估值知识，投射到亲切的日常实务场景中，从而更加有理有据、有迹可循地审视和梳理自己的投资管理业务。

（2）提供了可借鉴、具有实操性且相对科学严谨的估值理念和方法，如"迭代估值法"，让估值的过程能够更好地说服自己，让估值的结果能够更好地说服别人。

（3）提供了一种缜密、科学地思考问题的逻辑和方式，不光在估值环节，在外部尽职调查、行业研究等方面也同样值得借鉴。

当然，我也非常推荐创业者涉猎本书。不论是对创业者还是对投资人而言，估值的本质都是关于企业价值的共识。但创业者对于企业价值的评估维度往往与投资人存在差异，这需要换位思考。这本书将是不错的媒介，能够帮助双方降低沟通成本。

最后，我希望有更多的读者与本书结缘，与作者结缘，与创投结缘，更与这个科创时代的共识体系结缘。

陈　玮

东方富海董事长、创始合伙人

| 自　　序 |

投资是一个关于判断和决策的游戏。与一般认知不同的是，无论风险投资还是证券投资，大部分投与不投的决策，在投资人初次接触项目时，就已经基本形成了。风险投资人看完商业计划书、完成对创始人的首次拜访，证券投资人完成股票池的初筛，该有的投资冲动往往就已经有了。之后的大量工作，只是在不断验证自己最初的判断。

持续迭代投资和估值认知的意义在于，不仅能对投资的第一印象进行纠偏，而且本次投资过程中的迭代努力，也决定了下一笔投资初始认知水准的高度。因此，不断拓展认知的维度，是迭代估值法最核心的态度。

本书源于在厦门国家会计学院和厦门大学分享的手稿。在与创业企业、上市公司、投资及中介机构同行、全国会计领军人才交流的过程中，我得以将思路进行梳理，收获了分享的喜悦，也从各位精英身上学习到了更多。

本书借估值之"形"，分享一个投资价值判断的方法体系。由于过往主要从事风险投资工作，我最初其实是打算立足风险投资的估值视角，将一级市场的参与者作为读者受众，但后来想想，二级市场的参与者可能也需要风险投资这样一个视角，同时一级市场投资和二级市场投资的很多底层规律是相通的。因而在本书中，我选择以风险投资为主，以证券投资为辅，尝试打通一、二级市场之间的边界，提供一个跨市场的估值视角，这也符合迭代估值法的理念。

在本书即将付梓之际，我特别要感谢一些重要的人。

感谢我的硕士和博士导师——厦门国家会计学院原院长黄世忠老师。感谢黄老师百忙之中为我写序。在写作本书的过程中，黄老师从全书的立意、结构、内容，到具体的学术规范和行文，都给予了我非常大的帮助。在反复修改本书的过程中，我仿佛又回到了十余年前，黄老师指导我写硕士和博士毕业论文的时候。当时，我每次都是从厦大西村站乘坐47路公交车前往厦门国家会计学院。每次去的路上，心里都非常紧张和忐忑，因为黄老师每次都会给我非常严格和细致的修改建议。黄老师的睿智博学、严谨的治学态度，特别是理论与实务并重的理念，一直指引我在学习、工作中前行。

感谢东方富海董事长、创始合伙人陈玮老师。感谢陈老师百忙之中为我写序。2008年博一暑假东方富海的实习经历，让我爱上了东方富海的企业文化，也爱上了风险投资。博士毕业之后，我有幸加入东方富海，给陈老师当秘书。由于缺乏工作经验加上爱钻牛角尖，没少让陈老师操心。我的风险投资方法论，留有陈老师和东方富海深深的烙印。我至今仍然记得陈老师发明"动态分类估值法"（VDC）的场景。陈老师的英文名为David Chen，于是，我为陈老师的VDC找到另一个有趣的解读——Valuation of David Chen。

感谢东方富海的黄静老师，每次我工作做得不到位的时候，都是静姐陪着我进陈老师的办公室一起"挨骂"。想念在肖群老大哥的办公室，一边练推杆一边听他讲述投资故事的时光。怀念与东方富海的家人们共事的美好时光。

感谢集美大学工商管理学院的各位领导和同事一直以来对我的关心和支持，特别是审计学系和闽台审计研究中心的领导和同事对我的关心与帮助。在你们的身上，我感受到了同为集美大学和厦门大学校主的陈嘉庚先生的嘉庚精神。

感谢容诚会计师事务所、厦门天健咨询的各位师长和同门的支持与帮助。

感谢机械工业出版社的写作邀请。在写作过程中，编辑老师的严谨态度和专业水准，给了我这个第一次出书的新手作者非常大的帮助。

我要感谢我的家人，你们的支持对我来说非常重要。

感谢所有帮助过我的人。

最后，谨以本书纪念葛家澍和常勋两位前辈，先生们的精神永传承。

陈 玮

2023 年 1 月于厦门

目 录

推荐序一　经济学与心理学的认知博弈（黄世忠）
推荐序二　触摸科创时代的共识体系（陈玮）
自序

第 1 章　估值的本质 / 1

1.1　估值的意义 / 1

1.2　如何理解价值 / 2

案例 1-1　演唱会门票的估值 / 3

1.3　投资中的估值场景 / 4

1.4　估值的本质是共识 / 7

案例 1-2　运动鞋的价格 / 8

1.5　共识的形成机制 / 9

1.6　估值中的陷阱 / 14

案例 1-3　估值被"带节奏" / 15

案例 1-4　周期性行业的估值 / 15

案例 1-5　跨市场的估值体系比较 / 16

1.7　极端市场环境下的估值体系重构 / 17

第 2 章　迭代估值法 / 27

2.1　传统估值方法及其优势 / 27
2.2　传统估值方法的局限 / 30
2.3　猜价格的游戏 / 33
案例 2-1　猜价格的游戏 / 33
2.4　迭代估值法体系 / 35
案例 2-2　居家上课令在线教育和平板电脑需求提升 / 39
案例 2-3　数字人民币应用推广，银行 IT 服务的需求会增长 / 39
案例 2-4　"大炮一响，买黄金和军工股票" / 40
案例 2-5　"经济下行，投资医药和必选消费" / 41
案例 2-6　实习报告 / 47
案例 2-7　PE 理念集合 / 48
案例 2-8　PE 投资的 100 个问题 / 48
案例 2-9　关于市场的感知 / 49
2.5　估值能力：新手和老手的差距 / 50
2.6　风险投资需要具备的能力体系 / 52

第 3 章　估值和周期 / 57

3.1　识周期，知进退 / 57
案例 3-1　云端的周期 / 57
3.2　周期：估值最初的坐标系 / 59
3.3　宏观经济周期 / 61
案例 3-2　生猪和小龙虾的产业周期 / 62
案例 3-3　3C 产品的库存周期 / 62
案例 3-4　工业机器人行业的朱格拉周期 / 63
3.4　行业赛道的周期 / 66

3.5　风险投资视角下的周期 / 76

3.6　周期的估值逻辑 / 79

第 4 章　行业估值的逻辑 / 82

4.1　钓鱼的故事 / 82

案例 4-1　钓鱼中的投资感悟 / 82

4.2　投资中的行业赛道能力圈 / 84

案例 4-2　行业投资能力圈的确定 / 85

4.3　行业赛道的初始估值 / 86

4.4　评估市场容量 / 92

案例 4-3　O 药适应症的拓展 / 93

案例 4-4　平板电脑市场容量的误判 / 93

案例 4-5　骨科高值耗材的带量采购 / 94

4.5　判断赛道爆发的拐点 / 95

案例 4-6　分子诊断行业的爆发拐点 / 95

4.6　产业链的位置 / 97

案例 4-7　空调压缩机零部件供应商 / 98

案例 4-8　基因测序产业链 / 99

4.7　行业需求的验证 / 99

案例 4-9　风电行业的"抢装潮" / 99

案例 4-10　新能源汽车行业的需求评估 / 100

4.8　行业政策的评估 / 104

案例 4-11　电子烟行业的政策监管 / 104

案例 4-12　教育产业的监管政策 / 104

第 5 章　商业模式的估值框架 / 107

5.1　初识商业模式 / 107

5.2　商业模式的本质 / 109

5.3 商业模式分析框架 / 111

案例 5-1　冠脉支架的用户是谁 / 112

案例 5-2　教育培训的用户 / 112

案例 5-3　市政建设工程 / 113

案例 5-4　社交软件的变现 / 115

案例 5-5　大型医疗设备租赁 / 115

案例 5-6　暴风集团 / 116

案例 5-7　平台型企业的商业模式 / 116

5.4 商业模式分型：价值承载点的位置 / 117

案例 5-8　创新药产业链：CRO、CMO 和 CDMO 模式 / 118

案例 5-9　集成电路产业链：Fabless、Foundry 和 IDM 模式 / 118

案例 5-10　游戏产业链：游戏的开发和运营 / 119

5.5 商业模式分型：商业模式的价值动因 / 120

5.6 商业模式分型：用户的类型 / 125

5.7 商业模式估值的一般方法和原则 / 127

案例 5-11　二手房交易平台的商业模式 / 129

5.8 一些高估值的商业模式 / 133

案例 5-12　医疗软件企业的商业计划书 / 134

案例 5-13　淘金热中的卖铲子 / 卖水人 / 135

案例 5-14　复利和流动性 / 136

案例 5-15　宁德时代的某供应商 / 136

第 6 章　财务与估值 / 138

6.1 投资中的财务尽职调查 / 138

6.2 财务报表分析：价值评估的思路 / 140

案例 6-1　某锂电设备企业 / 143

案例 6-2　某信创服务提供商 / 143

6.3 财务舞弊动机 / 153

6.4　财务舞弊手法 / 155

　　　6.5　财务舞弊迹象 / 160

　　　6.6　财务舞弊识别的一些体会 / 164

　　　案例 6-3　客户众多且真中掺假很难查 / 164

　　　6.7　一家中药饮片企业的财务舞弊识别案例 / 167

第 7 章　**交易与估值** / 179

　　　7.1　交易：估值的兑现 / 179

　　　7.2　交易中的估值要素 / 181

　　　7.3　了解交易的环境 / 184

　　　7.4　管理对手方的价值共识 / 188

　　　案例 7-1　集合竞价中的共识干预 / 189

　　　案例 7-2　委托买卖中的共识干预 / 189

　　　7.5　从一级市场到二级市场：跨市场看交易和估值 / 192

第 8 章　**估值中的碳视角** / 202

　　　8.1　元素周期表 / 203

　　　8.2　碳，价值几何 / 203

　　　8.3　节能与减排：降低系统的碳熵 / 204

　　　8.4　碳熵评估：产业链的全息视角 / 210

　　　8.5　碳熵评估：资源整合的视角 / 213

　　　8.6　碳熵评估：一些注意事项 / 217

第 9 章　**估值中的非理性因素** / 220

　　　9.1　非理性行为与元认知 / 220

　　　9.2　估值中的直觉 / 225

　　　案例 9-1　观看足球比赛的直觉 / 226

　　　案例 9-2　证券投资者的"看盘"直觉 / 226

9.3 运用直觉帮助做决策 / 227

9.4 投资中的预测方法 / 230

案例 9-3 一个关于预测未来的投票 / 230

案例 9-4 生物资产的监盘 / 232

案例 9-5 证券交易中的蝴蝶效应 / 233

第 10 章 通证的估值：区块链的视角 / 238

10.1 比特币和区块链技术 / 238

10.2 区块链技术的存在意义 / 242

10.3 区块链社区 / 244

10.4 区块链社区与通证 / 245

10.5 通证的估值 / 249

第 11 章 迭代科创时代的共识 / 256

11.1 投资就像一款网络游戏 / 256

11.2 迭代的本质是进化 / 259

11.3 迭代估值法：总结 / 261

参考文献 / 263

| 第 1 章 |

估值的本质

估值的本质是关于价值的共识。估值评估的对象是价值,而评估的结果是价格。交易各方基于自身对投资标的价值的认知,经由谈判和交易达成共识。估值决策的合理与否,决定一个投资机构能否赢得资本市场的种群竞争。

1.1 估值的意义

纵观人类简史,人们似乎总是在孜孜不倦地追逐资源:

- 渔猎时期,男人们冒着生命危险外出狩猎,为的是兽肉和皮毛。
- 农耕时代,女人们在居住地附近搜罗野果食材,同时负责缝缝补补。
- 后来,城邦之间不断上演地域冲突,为的是争夺蕴含丰富资源的疆土。
- 工业时代,人类开始追逐劳动力、资本、技术、贵金属、铸币权和能源。

- 进入比特时代，人类进而追逐带宽、流量、用户、数据、算力和量子优越。

正是人类对于资源永无止境的渴望，为物种的生存和繁衍赢得了必要保障。

遗憾的是，人类追逐资源的行为，本身就是一个大量消耗资源的过程。如果所追逐的资源并不能带来足够多的好处，或是追逐资源的成功率过低，那么，种群便会产生资源的亏空。一旦这种颓势不能及时扭转，任由资源亏空不断扩大，人类物种的生存就将因此受到严重威胁。

万幸的是，经过岁月的洗礼，我们学会了在出手之前，对获取资源行为的收益和成功率进行评估，以此来提升行为的合理性。这就好像大型猫科动物在每一次捕猎之前，都要评估本次捕猎的期望（收益和概率的组合）。如果猎物的收益有限，或是捕猎的消耗过大，或是捕食成功的概率过低，那么，按兵不动、保存体力便是最优策略。

猎物，好比投资的收益。消耗，好似投资的成本。

再加上对于投资成功概率的考量，共同形成了一个完整的估值行为。

估值的意义，在于通过评估投资标的的价值，以衡量一项投资行为的合理性。估值决策的合理与否，最终将决定一个投资机构能否赢得资本市场的种群竞争。

1.2 如何理解价值

估值，按字面意思即评估投资标的的价值。**评估的对象是价值，但评估的结果是价格。**为准确理解价值和价格的区别，首先分析一下价值所蕴含的属性。

第一，价值的本质是"有用性"。一件事物如果能让人从中获益，我们就认为这件事物是有价值的；如果不能让人从中获益，那么就没有价值。这种有用性的表现形式多种多样，可以是物质利益，也可以是精神的愉悦。"被需要"是"有用"的根本原因。

▶ 案例 1-1

演唱会门票的估值

陈先生的太太是某歌唱家的忠实歌迷，而陈先生对音乐和该歌唱家却并不感兴趣，也从未有过相关消费。某日，该歌唱家将在陈先生和陈太太所在的城市举办演唱会。由于演唱会门票供不应求，陈太太无法买到门票，于是请陈先生想办法购买门票。

陈先生原本并不需要该演唱会的门票，他一开始甚至不知道这名歌唱家是谁，因而演唱会门票对陈先生没有价值。但由于陈先生和他太太的婚姻所产生的联结，最终需求由陈太太传导至陈先生，使得门票对陈先生变得"有用"，价值也由此而产生。

第二，价值总是与特定对象相关联。一件事物有用性的高低，都是就特定对象而言的。同一件事物，对陈先生可能非常有用，对王先生可能一文不值。门票的价值，一方面取决于门票本身的属性，另一方面取决于与谁相关联。即便是黄金，如果特定对象不认可黄金的价值，黄金对其而言也一文不值。如果不能准确定位对象，也就无法判断一件事物对特定对象的有用性，对于价值的评估也就无从谈起。

第三，价值评估的结果是主观的。在对投资标的进行估值的过程中，投资者经常会使用各种理论假设、数学模型，并基于大量数据进行看似"精确"的测算。这些假设、模型和数据，会让人产生一种错觉，即价值评估是一门科学。

事实上，价值评估的结果并非通用的公理。价值的高低，本质上取决于特定事物满足特定对象需求的程度，也就是能为目标用户带来怎样的用户体验。然而，特定对象的需求本来就是一种非常主观的感受，同时需求本身也极其善变。正因为如此，互联网产品经理在设计产品之前，首先需要定位目标用户、识别其需求并据以组织产品的开发和运营。从构词法的角度也能看出一些端倪："价""值"二字都是单人旁，人的主观因素，或许在一定程度上决定了价值评估的结果。

第四，价值永远"测不准"。测不准的原因，除了价值评估的主观性和需求的善变外，还有另外两个：第一，投资者无法穷尽所有可能影响价值的因素。影响价值的因素有很多，投资者常常难以考虑周全，导致存在一些遗漏，进而影响评估的结果。第二，很多价值影响因素难以量化。比如，新能源汽车公司特斯拉（Tesla）的资产负债表中，并没有将首席执行官埃隆·马斯克确认为一项资产。然而，没有人能否认，马斯克的存在，能够大幅提升特斯拉公司的价值。

1.3 投资中的估值场景

在股权投资实务中，估值主要有以下两种场景：

1. 场景一："本轮融资的投后估值为1亿元人民币"

说明：这是风险投资⊖中的一个常见场景。一家企业从设立到最终在

⊖ 风险投资（Venture Capital，VC）是指投资尚未上市企业的股权。与之相似的一个术语为私募股权投资（Private Equity，PE）。VC和PE均为投资尚未上市企业的股权。实务中将VC视为PE的一部分，即VC主要投资处于初创期和成长期的企业，而PE投资的对象则包括处于初创期、成长期和成熟期等所有阶段的未上市企业，PE涵盖的投资阶段更广。本书不对VC和PE进行区分。

资本市场上市，通常需要经历多轮的股权融资，以获得企业持续发展所需的资金。其中，每一轮的股权融资，按照时间顺序排列，分别被称为"天使轮、A轮、B轮……"，依此类推。

在每一轮的融资中，风险投资机构按照一定价格，以增资或受让老股的形式，取得被投资企业的股权。其中，增资指的是风险投资机构向企业投入增量资金，以获得企业增发的部分股权。增资完成后，企业的注册资本将会增加。受让老股指的是，风险投资机构受让企业老股东持有的部分股权。受让老股完成后，企业的注册资本不变，变化的只是股权在股东之间的分布结构（老股东将一部分股权转给了新股东——风险投资机构，企业股权的总量不变）。

假定在风险投资机构投资企业之前，双方约定企业的估值为8000万元（即投资之前，企业的价格为8000万元），本轮风险投资机构将向企业增资2000万元。增资完成后，企业的估值变成了1亿元（=8000万元+2000万元）。其中，8000万元是企业"被投资之前的估值"，简称"投前估值"。1亿元是企业"被投资之后的估值"，简称"投后估值"。在增资的情形下，企业的"投前估值"小于"投后估值"（因为风险投资机构注入了增量资金）。在受让老股的情形下，企业的"投前估值"等于"投后估值"。

在场景一中，估值指的是本轮融资双方达成的交易价格（或市值）。

2. 场景二："当前医疗行业上市公司的估值偏高"

说明：这是证券投资⊖中的一个常见场景。2020年上半年，由于短

⊖ VC和PE主要投资未上市企业股权，而证券投资则专门指投资已上市公司股权（通常被称作"炒股"）。VC/PE是在股权交易的"一级市场"进行投资，证券投资是在"二级市场"进行投资。本书探讨估值的视角以VC/PE为主，以证券投资为辅，从一级市场和二级市场两个市场的视角来探究估值。

期内剧增的需求，众多医疗行业上市公司录得较大涨幅。2020年前三季度，排名前十的医疗主题证券投资基金，收益率均超过80%。就具体上市公司而言，主营"一次性PVC手套、丁腈手套"的英科医疗，股价从2019年12月31日的16.59元⊖持续上涨，2021年1月25日涨至299.99元，上涨了17倍。一些主营口罩等所用的医用敷料的上市公司，短期内股价亦至少上涨了数倍。

固然，需求提升令医用手套和口罩的需求急剧增长，进而带动相关上市公司的净利润快速增长，基本面向好可以成为上市公司股价上涨的理由。然而，当企业基本面大幅向好，伴随上市公司股价被推至高位，上市公司的股票变得不再那么便宜，投资的风险收益比正不断降低。在这种情况下，证券投资者通常会认为，当前医疗行业板块的上市公司估值有些偏高了。

在场景二中，估值是指证券投资者在交易上市公司股票时，买卖双方所共同认可的股价（或市值）。此时，估值依然指的是交易双方所达成的交易价格。

从上述两个场景可以看到，投资实务中的估值，本质上都是价格，这一价格与财务会计中的"公允价值"非常相似。

同时，在投资实务中，估值既可以被用来描述一个过程（买卖双方运用各种估值方法为企业估值的过程），也可以被用来指代一个结果（运用估值方法计算出的结果，即上述达成一致的交易价格）。

需要说明的是，估值主要看的是"总价"，而非"单价"。以上市公司为例，上市公司的市值，代表的是整个上市公司的股权价值。而上市公司的股价则是一种单价，计算公式为"总市值/总的股票数量"。经常

⊖ 本书中股价均按照除权收盘价口径。

有人会说："这只股票 100 元一股，属于高价股，太贵了；那只股票 2 元一股，属于低价股，很便宜。"

事实上，这种将不同上市公司股价进行简单比较的做法是片面的：由于不同上市公司总的股票数量（即总股本）并不一定相同，因而在比较上市公司"价值大小"的时候，比较单价（即股价绝对值的高低）没有意义，市值（股价 × 总股本）才是代表整个上市公司价值最为直接的指标。正因为市值是代表上市公司价值最为直接的指标，科创板才会将市值作为"上市条件"的一个重要维度。

1.4 估值的本质是共识

估值的本质是共识。 具体而言，估值是买卖双方关于投资标的价值的共识。

共识没有对错，只有合理与否。 如果买卖双方都认为交易价格合理，并按照该价格完成交易，那么就达成了一项共识。一级市场各轮融资的估值，二级市场各时点上市公司的股价或市值，都是一种关于价值的共识。

资本市场中常常存在这样一种现象：一些基本面不佳的亏损股由于被冠以某种"概念"，而被市场资金"爆炒"。尽管上市公司严重亏损、经营不善甚至即将面临退市，股价却在数日或数周内创近期新高。

同时，投资者还会看到资本市场中白马股的抱团景象。2020 年，A 股各行业的龙头白马股被众多机构投资者持续买入，股价持续上涨。作为对照的是，2020 年很多业绩良好、高成长的中小盘股却相对较为弱势。此时，能否认为亏损股或白马股的估值已经严重偏离基本面，市场的估值体系已经不再合理？

事实上，共识是否合理，只由买卖双方决定。只要买卖双方认可，他人的看法并不重要。亏损股和白马股、荷兰的郁金香、股价一年上涨180倍的游戏驿站股票（NYSE:GME）、自2009年至2021年价格涨幅超过100 000倍的比特币，以及歌唱家的演唱会门票，尽管在他人看来关于它们的价值共识可能并不合理，但只要买卖双方在交易时点一致认可并完成交易，从市场的角度而言，这些价值共识就是合理的。

▶ 案例1-2

运动鞋的价格

伴随新经济的出现以及"潮文化"的更迭，现如今的年轻人当中出现了各种千奇百怪的社群。在从事互联网行业风险投资时，我曾经考察过一家社交电商企业。该社交电商企业早期以运动鞋的售卖和验真起家。

在普通人的认知中，运动鞋的价值主要体现为外观、功能和品牌价值，一款顶级的运动鞋，至多也就价值数千元。然而，为了体验该企业的这款互联网产品，我在下载并注册登录软件之后了解到，运动鞋的标价已经超出了普通人的认知：最贵的一款篮球鞋标价5 200 000元。一款标价999 999元的知名运动品牌的篮球鞋，居然有11个人完成了付款。

有人可能会认为，这种虚标高价的行为只是一种营销策略。然而，通过对相关群体的调研我了解到，尽管标价最高的这款鞋极其昂贵，但却因长期缺货而有价无市。当该款鞋有货源时，需要摇号才能获得购买的资格。有价无市的原因，在于这款鞋的价格在互联网社区中已经成为群体共识。于是，一款成本不会超过4位数的鞋，最终成为一个不折不扣的奢侈品。尽管这种做法不应当受到鼓励，但这款鞋的的确确被赋予了一个社群的价值共识。

此外，生活中还有其他一些有趣的定价共识，常常左右购买者的意愿：

▶ 我们会在网购时购买价格不菲的品牌服饰，然而如果需要额外支付15元运费，却可能会因为不满而放弃购买。

- 朋友之间的聚餐常常需要花费数百元，然而在点外卖时，我们可能会耗费时间精打细算，为的就是享受"满减补贴"或是省几元的运费。
- 为了参加歌手的演唱会，歌迷们常常不惜花费数千元购买机票和演唱会门票，但旅行归来后，在使用打车软件叫车时，如果需要额外支付10元调度费，他们却有可能会因为不愿意支付而选择乘坐公交车或地铁出行。

投资者的投资意愿、定价偏好和决策行为，取决于关于物品价值的共识。

认为值得，才会投资。

1.5 共识的形成机制

一笔成功的投资交易，**始于认知，成于共识**。理解共识的形成机制，了解共识参与者的生态，有助于更好地进行估值。共识的形成机制如下：

1. 共识形成的过程

共识形成的过程包含两个步骤：第一步，交易各方基于对投资标的的理解，以及自身价值判断的理念和经验，分别形成各自关于投资标的价值的认知。第二步，交易双方相互传达己方关于价值的认知（即向对方"开价"），若双方就价值共识能够达成一致，则该笔投资交易最终能顺利交割。

在风险投资场景下，创业团队首先会基于自身对企业价值的评估，以及本轮融资所需的资金量，确定一个意向的融资估值，并在提交给风险投资机构的商业计划书（Business Plan，BP）和投资条款清单（Term Sheet，TS）中，明确本轮融资估值的下限。风险投资机构基于自身对被投资企业所处行业赛道的理解，以及对当前资本市场估值中枢的评估，通过从业务、法律和财务等维度对企业进行全面、深入的尽职调查，形成自身对于企业合理估值的判断，进而在保障留有足够投资安全边际的前提下，确定本轮投资估值可接受的上限。

然后，风险投资机构和创业团队开始进行进一步的商务谈判，向对方传达自己的价值认知和估值诉求，同时获取对方的价值认知和估值诉求。通过调整估值的高低，并结合包括对赌、回购等一系列的估值调整机制，最终形成一个双方共同认可的估值方案。

在证券投资场景下，共识的形成过程相对直接。买卖双方基于自身关于价值的认知，通过委买和委卖的连续竞价方式，或大宗交易的方式，最终按成交价的价值共识完成交易。

价值共识的形成，并非局限于投资过程，资金的来源同样会影响价值共识，即"'钱'的属性决定'投'的属性"（陈玮，2011）[1]。在风险投资场景下，基金出资人（通常称作有限合伙人，Limited Partner，LP）的属性往往会对价值共识产生影响。比如，一些市场化的母基金，基于对投资收益率的诉求，会要求普通合伙人（General Partner，GP）尽可能降低投资成本。然而一些政府引导基金，出于扶持区域内产业和企业发展的考虑，往往更看重风险投资基金要投资当地的企业并推动相关招商引资，而对GP参股本地企业的投资估值，有时可能会做出一些权衡，通过将政府引导基金的部分投资收益让渡给GP，来鼓励GP更多投资本地企业。在证券投资场景下，资金来自配置型资金还是短线博弈资金，来自机构还是"散户"，都可能影响相关参与方所形成的价值共识。

2. 共识形成的参与方

在一级市场中，共识形成的参与方相对较少，一般包括：创业企业或老股东（卖方）、投资机构（本方、买方）和其他投资机构（其他买方）。其中，创业企业追求更高的融资估值，以及关注投资机构所能带来的资源。老股东在追求更高融资估值的同时，还考虑股权变现。投资机构则追求更低的投资估值，以及关注包括估值调整机制在内的投资保障条款。投资机构之间有时候是竞争关系，有时候是盟友关系。如果创业企业特别优秀且释放的融资份额有限，此时投资机构之间属于竞争关系，因为各家机构需要争夺有限的投资份额。投资机构之间有时候是盟友关系，各家投资机构组成一个小型的"辛迪加"，共同和创业企业进行估值谈判。

在二级市场中，共识形成的参与方则相对较多。具体而言，二级市场形成价值共识的参与方包括：

（1）公募基金。公募基金的特点：可投资金体量大，偏好质地优良的行业龙头，持有股票周期相对较长。公募基金由于机构风险控制的要求，一般不投资 ST 股票。

（2）境外合格投资者。"北上资金"是其中具有代表性的典型。"北上资金"指的是通过沪股通、深股通等渠道，投资 A 股上市公司的境外资本。在"北上资金"中，大部分为境外投资机构或境外个人投资者，有一小部分被认为是"假外资"㊀，即境内机构或个人在香港开户，通过融资或配资获得资金，再基于前述通道和身份投资 A 股股票。"北上资金"体量较大，但操作手法相对公募基金更为多元，长线和短线风格都有。

㊀ 2022 年 6 月 10 日，证监会发布《关于修改〈内地与香港股票市场交易互联互通机制若干规定〉的决定》，对"假外资"进行从严监管，预计今后内地投资者借道香港，以较低融资成本套利的情况将有所减少。

（3）私募证券投资基金。私募证券投资基金的资金体量相对公募基金而言较小，从几千万元到几十亿元都有，操作手法和策略更为灵活。近年来，量化私募日渐活跃，为 A 股贡献了越来越多的流动性。

（4）"游资"。"游资"主要指一些资金体量较大的"散户"，资金体量从几千万元到几十亿元不等。部分"游资"的交易风格较为激进，利用资金体量的相对优势，专门买入当日涨停的股票，买入后次日或持有数日后抛出。"游资"通常与特定的证券营业部账户对应，同花顺曾经对"游资"及其交易风格进行过梳理。

（5）"散户"。"散户"指的是资金体量较小的个人投资者，在中外学术文献中通常被称作"零售投资者"或"噪声交易者"。根据中国证券登记结算有限责任公司《中国证券登记结算统计年鉴2021》[2]，截至 2021 年末，A 股共有 1.974 亿个投资者账户，其中 1.969 亿个账户为个人账户，占比超过 99.7%。就投资者数量而言，"散户"是 A 股的主力军，"散户"也是 A 股流动性的主要贡献者。

3. 为共识寻找依据

券商研究所的研报或探讨估值的教科书和学术文献中，存在着各种各样的估值方法（如绝对估值法、相对估值法）、估值模型（如加权平均资本成本法⊖、实物期权⊜模型、梅特卡夫估值模型）和估值指标（如市盈率、市净率、市销率、PEG⊜等）。投资者可能因此产生一种错觉，即由这些估值方法、估值模型和估值指标计算而来的企业估值，就是企业的真实价值。

⊖ Weighted Average Cost of Capital，WACC。
⊜ Real Option。
⊜ PEG 指标为市盈率与净利润增速的比值，通常用于高成长企业，一般认为 PEG 指标小于 1 的企业价值被低估。

前已述及，由于价值具有主观性，因此并不存在一个"客观"或公理般的价值。事实的真相是：

第一，由于价值太过主观，投资者估值时仿佛"在茫茫大海中捞针"。因而投资者在估值时，首要任务是确定估值的原点，找到一个可用于锚定的估值参照系。

第二，所有的估值方法、模型和指标，都只是投资者为价值共识所寻找的一种依据。如果缺少这样的依据，投资者在估值时就会觉得无从下手。

第三，事实上，并非投资标的的估值应该"这样测算"，而是在当前的资本市场中，"大家都在"用这些方法测算。

第四，投资者所达成的共识，是"某种估值方法本身"，而不是由该估值方法计算出来的"那个数字"。

在当前市场中，投资者使用各种各样的估值方法作为共识的依据，来为投资标的进行估值。比如：

- 使用市盈率（市值/净利润，或股价/每股盈利）来给制造业等行业公司进行估值。
- 使用市销率（市值/营业收入）或 P/GMV⊖（市值/交易流水）来给电商行业公司进行估值。
- 使用市净率（市值/净资产）来给金融行业公司（如商业银行）进行估值。
- 在区块链领域，广泛应用的共识机制包括：工作量证明（Proof of Work，PoW）、权益证明（Proof of Staking，PoS）、拜占庭容错（Byzantine Fault Tolerance，BFT）共识等。

⊖ Gross Merchandise Volume，GMV。

在投资实务中，共识的类型可谓五花八门：一个忽然闪现的直觉、交易双方一次愉快的交谈，甚至一个看对眼的眼神，都有可能成为交易各方的共识依据。

4. 共识的调整机制

估值包含了对未来的预期。风险投资机构都希望投中一个具有高成长潜力的公司，希望投在企业业绩增长的拐点。因此，在为创业企业进行估值时，投资机构难免会把那些尚未实现，但未来又有可能实现的"增长潜力"，包含在当前的投资估值中，从而令本轮融资估值产生一些溢价。

为了处理这部分增长的不确定性，投资机构往往会在与创业企业签署的投资协议或补充协议中，运用诸如对赌、回购、领售权、共售权、董事会席位等条款，作为对估值溢价和成长不确定性的调整。其中：对赌条款是指，双方约定如果创业企业在未来某个时点没有达到投资协议约定的业绩增长要求，创业团队股东需要向投资机构以现金或股权的形式进行补偿。回购条款是指，双方约定如果创业企业在未来某个时点未达到投资协议约定的业绩增长要求，或没有实现在资本市场上市，创业团队股东需要以"本金+利息"的形式，购回此前投资机构购入的企业股权。

这些估值调整机制所对应的协议条款，既是对创业企业的一种约束，也是对投资机构权利的一种保障，投资机构可以以此应对可能存在的逆向选择和道德风险。

1.6　估值中的陷阱

估值之路，并非坦途，常常有一些不易被察觉的估值陷阱，令人一不小心就掉了进去。

▶ 案例 1-3

估值被"带节奏"

深圳居民进出香港非常方便，逢年过节常常会去香港买一些免税的进口商品。在深圳乘坐地铁四号线前往福田口岸，到站后不用出站，按一下指纹就可以通关，到达港铁的落马洲站。然后，乘坐港铁直达上水、沙田以及九龙塘等地铁站的购物广场，一番采购后满载而归。整个行程往往2～3小时就可以完成，非常便利。

在港铁各站的购物广场中，除了服装店外，数量最多的店铺要数金店。这些金店的名号都差不多——周生生、周大福、周六福、六福、周大生。这些金店不仅店名很像，就连装潢风格都几乎完全一致：金碧辉煌、琳琅满目，让人觉得仿佛步入了宫殿。

金店之中，服务员着装正式、态度从容，令人觉得仿佛置身一场上流社会的顶级盛宴。服务员在展示商品时，戴着相当专业的白手套。所有的一切，似乎都在暗示进店的顾客："你瞧，本店是一个非常高档的场所，售卖的商品也都相当有档次。当然，商品卖得贵一点，也是理所应当的。"

金店这种金碧辉煌的布置、近乎完美的服务体验，是一种有针对性的"带节奏"：借助高档奢华的布置，利用每一个细节暗示顾客，店内的商品都是高档的、昂贵的。在这样的环境下，顾客更容易接受一个偏高的估值。在生活中，诸如此类"带节奏"的例子有很多。另一个常见的例子是，菜市场中的肉铺通过架设粉光灯来让肉的颜色更好看，以便卖个好价钱。

▶ 案例 1-4

周期性行业的估值

假定有一家上市公司，2020年亏损1亿元，2022年净利润为5亿元。如果公司的市值不变，都是100亿元，应该选择在哪个时点买入？一些投资者可能会选择在2022年买入，因为此时公司的业绩更好。反映在市盈率指标上，在2022年买入可以获得一个更低的相对估值。

在大部分情况下，上述投资决策是合理的。然而，如果该公司是一家处于周期性行业的公司，比如有色金属、煤炭、石油，上述决策则显得有些想当然：处于周期性行业的公司，业绩最好的时点往往在行业周期的顶峰，业绩最差的时点往往在行业周期的低谷。如果买在绩优,从市盈率指标来看固然很便宜,但很有可能即将迎来漫长的景气度下滑周期。因而对于周期性行业而言,在企业质地优良的前提下,把握好行业周期的节奏,选择买在绩差、卖在绩优或许更为合理。

▶ 案例 1-5

跨市场的估值体系比较

资本市场中存在一个有趣的现象:同样的公司,在不同的资本市场板块上市,市场可能给出完全不同的估值水平。比如,某些早年在港股上市的公司,后来又实现在 A 股上市,从这些公司来看,无论是市值等绝对估值指标,还是市盈率等相对估值指标,A 股市场给出的估值常常都会高于港股市场的水平。

西部超导是一家从事高端钛合金材料、高性能高温合金材料、超导材料研发、生产和销售的公司。它曾在全国中小企业股份转让系统(俗称"新三板")挂牌,代码为 831628。后来,它于 2019 年 7 月 2 日从"新三板"摘牌,并于 2019 年 7 月 22 日在科创板上市。2019 年 7 月 2 日,它在"新三板"摘牌时的市值为 47.29 亿元,2019 年 7 月 22 日,它在科创板上市首日收盘市值为 242.66 亿元。仅仅相差不到一个月,同一家公司从"新三板"转板至科创板,估值就增长了 4 倍多。

基于上述观察,一些投资者可能会得出以下结论:同样的公司,港股市值远低于 A 股市值,应当选择估值更低的港股标的进行投资套利。西部超导在不到一个月的时间里估值增长了 4 倍多,原因只是换了个板块重新上市,股价已经被严重高估,因而科创板上市的西部超导并不适合投资。

前已述及,估值的本质是共识。不同的资本市场板块,市场价值共识不尽相同,估值体系也不一定具有可比性。对于同一家公司,即便 A 股市场给出的估值更高,也并不意味着港股中该公司的价值被低估。不同资本市场板块的估值指标之间,并不一定具有直接的可比性。若将这些估值指标作为投资决策的依据,就可能犯了错误,除非不同板块的市场共识体系真的发生了趋同（比如，沪港通、深港通带来的 A 股和港股的估值趋同）。准确理解估值的本质，是一切估值工作的起点。

1.7 极端市场环境下的估值体系重构㊀[3]

投资有时候会面临一些极端的资本市场环境，导致这些极端环境的事件包括地缘政治冲突、金融危机或传染病流行等。此时，市场原有的估值中枢可能失去锚定，原有的估值方法甚至可能完全失效。

2020 年初，各类资产的估值体系似乎都处于重构的边缘：2020 年 3 月，美股 10 天之内发生了 4 次"熔断"。而在此前的数十年中，美股只经历过一次"熔断"。一时间，股票等风险资产的价格大幅下跌。

股市大跌形成流动性风险，进而拖累原本具有避险属性的黄金。由于挤兑，黄金价格大幅下跌。由于对全球经济的悲观预期，原油价格大幅下跌，并带动各类大宗商品价格大跌。由于生产力受到影响，创新生产关系的加密资产也未能幸免。叠加其他资产抛售的挤兑效应，比特币从 10 000 美元 / 枚跌至 3800 美元 / 枚，同时也导致其他加密资产的价格崩盘。至此，股权资产、黄金、原油、大宗商品、加密资产等多头无一幸免。形成强烈对比的是，VIX 指数（"波动率指数"，俗称"恐慌指数"）在一个月内增长了数倍，涨幅甚至超过了次贷危机时期的水平。

在正常的市场环境下，市场参与者对投资标的估值都有着自己的依据，他们可能使用基于自由现金流折现的绝对估值法，也可能使用基于比价的相对估值法。随着极端市场环境的出现，使用绝对估值法的投资者认为，公司下游客户的需求、供应链的稳定、产能的保障、生产的组

㊀ 本文首发于 2020 年 3 月 30 日东方富海公众号，有删节；这里旨在展示如何重构估值体系，请勿直接用作投资参考。

织等各方面都会受到诸多不利影响，进而影响公司的业绩，因而估值应当下调。然而，由于无法评估负面影响的程度，使用绝对估值法的投资者在抛售资产的过程中，并不知道股价将何时见底。

使用相对估值法的投资者则更加困惑。一时间，他们发现原本相互锚定的对标资产都在持续、大幅地下跌。最终，本方投资标的的每一次下跌，都成为可比公司下一次下跌的原因，于是资产价格下跌形成了互为因果的局面。

一时间，投资者迷失了坐标，失去了判断准绳，估值中枢的各种锚定功能至此完全失效。随之投资者只剩下人类进化所形成、面对危险的本能应激行为——"断臂自保"。在一个所有投资者都在不计成本地抛售资产的环境下，一群原本平心静气的理性人，俨然变成了"迷途的羊群"。每个人都只会机械地模仿他人的卖出行为，任由恐慌情绪主导交易行为。此时，市场参与者的认知早已混乱，不计成本地抛售成为共识，恐慌性交易"踩踏"由此而产生。

然而，市场中存在这样一群投资者，他们在上一次的"熊市"中成功幸存，进化为不再仅仅依靠本能思考和行动的投资者。在大多数人"慌不择路"之际，这些曾经的幸存者正开始重塑认知、重构估值体系。在2020年的冬天，这些投资者开展了以下工作。

第一，评估影响机理和破坏力。先在心态上真正做到正视并接受不利局面，然后静下心来看清不利环境究竟正在怎样"搞破坏"，以及破坏力究竟有多强。

第二，观察最新的市场共识。以自上而下的视角"俯视"市场，观察市场中正在发生的故事。

第三，重构估值体系，进而优化和迭代自身关于估值的逻辑与策略。

由于未来难以预测，上述投资者想到要回顾历史，寻找一个可供参考的剧本。一些投资者开始研究"非典"时期资本市场的状况，然后通过比较"非典"时期与当下的环境差异（考虑的因素包括：宏观经济、产业景气度、社会融资规模、国际关系等），在评估传染病流行对产业和投资影响的基础上，模拟当下资产价格可能的走势，并基于这些信息和判断设计合理的投资和估值策略。以下便是我在2020年3月的一些思考。

1. 观察与评估

影响评估

可能带来两方面的不利影响：需求不足和供给受限。

（1）需求不足。首先，需求不足是因为生产生活的场景受限。具体而言：线下教育、商务会面、餐饮娱乐、航空酒店等可能因场景受限而导致需求不足。其次，基于对宏观经济增速可能放缓的判断，生产者的增员扩产、消费者的消费需求和能力，以及投资者的募投意愿，都可能较以往更为保守，从而导致需求下滑。此外，线下招投标活动的暂停，也降低了相关招标主体的投资和采购需求，以及投标主体中标后对下游的需求传导。上述的需求不足均有可能令企业的经营和业绩承压，进而对资产价格带来负面影响。

（2）供给受限。供给受限首先表现为企业的产能受限。作为投资者，需要结合企业的商业模式以及各类型资产的周转期，评估企业产能的复苏节奏，并基于企业产能的复苏节奏评估企业订单的交付进度。同时，特殊环境下员工管理也需要做勤、做精、做细：基于防控要求制订合理的复工计划，复工复产过程中对劳动安全的保护，对员工的情绪和心理进行适时管理，以及安全、高效地进行员工出差管理，这些都考验着一个企业的管理水平。

供给受限也令企业的资源整合面临挑战。首先，供应链受阻甚至中断，可能令企业面临原材料不足的困境，供应链中断的风险可能同时来自国内和国外。其次，现金流的不足，可能令企业的资金周转承压，令财务弹性、偿债能力下降。此外，行政审批进度放缓可能影响企业的业务开展，或是影响企业的上市[一]。

此外，供给受限还因为企业经营成本的提升。比如，可用劳动力缺失、招工不畅带来劳动力成本上升，以及原材料供给不足导致材料成本上涨等。

在评估了传染病流行可能带来的一般影响之后，还需将这些影响与具体的行业赛道相结合才能指导投资。这些影响对大部分行业而言是负面的，但同时也为一些行业带来了增量需求。

受负面影响的行业

对于以下一些可能面临负面影响的行业，在布局相关赛道时应当趋于谨慎，基于相关周期把握好投资节奏。

（1）社会零售。场景受限、需求下滑、物流受阻都可能令社会零售行业承压。其中，相较于必选消费（比如柴米油盐这些生活必需品），可选消费（比如汽车、家用电器、奢侈品等）承压更重，未来的不确定性压制了人们的消费欲望和能力，从而令消费决策变得更为谨慎。

（2）娱乐出行。场景的受限令航空酒店等行业受到了较为严重的冲击，受出行的安全性和便利性的影响，商务和旅游出行的需求受到抑制，进而降低了交通和住宿等相关需求。类似地，餐饮聚会、棋牌桌游等都

[一] 正因如此，风险投资机构和投资银行通常建议创业企业，在提交上市申报资料之前，账面上的资金储备需要具备一定的提前量，以防因为上市进度未达预期或未能顺利实现上市融资，使企业的发展因资金不足受到影响。

受到了不同程度的影响。

（3）共享经济。一方面，出于安全的考虑，人们对共享单车、共享充电宝等可能造成接触的产品和场景存有顾虑，进而降低了需求。另一方面，网约车终端用户的需求下滑，可能影响产业链中游电动车租赁的需求规模，进而传导至产业链上游，影响上游新能源汽车主机厂的出货量。

（4）线下教育培训。由于受到场景的制约，无论加盟还是直营商业模式，品牌方和加盟商的业务都受到影响，进而面临企业业绩特别是现金流方面较大的压力。

（5）房地产。一方面，销售端看房和咨询等消费场景面临制约，购房需求承压，高杠杆的房企也由此面临现金流中断的压力。另一方面，房地产建设端的拿地和施工进度也可能趋于放缓。

（6）广告投放。基于对未来一段时间经济景气度下滑的考量，部分广告主可能将放缓广告投放的进度并降低力度，通过收缩开支、维护现金流来抵御可能面临的风险。

（7）工业品。基于对全球宏观经济景气度下滑的预期，包括原油、工业金属、化工原料等在内的大宗商品的价格也在不断走低。

产生增量需求的行业

（1）医疗。比如，口罩、熔喷布、口罩机；体外诊断试剂、仪器及服务；疫苗、药用玻璃瓶和一次性注射器；防护服、一次性丁腈手套等。

（2）物流配送与生鲜外卖。这一类型企业的商业模式，很多与O2O（Online to Offline，线上线下结合）相关。2015年左右，国内关于O2O的风险投资曾掀起一股热潮，但在随后的一两年里，很多O2O企业因资产过重、盈利模式不清晰、伪需求、供应链管理水平不足等原因相继退出舞台。从后来的情况看，特定环境下产生的特殊场景需求，让一些 O2O 企业获得新生。

（3）"宅经济"。由于居家的原因，人们借助线上的方式满足其原本在购物中心、饭馆酒店等场景的购物和社交需求，进而促进了线上消费场景的发展，涉及电商、网络游戏、社交软件、在线内容、新媒体、直播带货等行业。

（4）在线教育与办公。学生居家上网课的场景，增加了对于平板电脑和在线教育内容的需求。居家办公期间，远程办公成为一种替代方案，远程尽职调查也成为投资行业的一种新尽职调查方式。此外，虚拟现实、增强现实产品解决方案，不仅被用作游戏娱乐，同时也被房产中介作为远程看房的一种替代方案。

（5）"人工替代"。在人工紧缺、通行不便及存在接触风险的环境下，无人机配送、服务机器人解决方案、智能快递收件箱等无接触配送和服务，同样迎来了增量需求。

关于环境的比较

历史并非总会重演，原因在于环境可能发生了变化，因而比较 2020 年和 2003 年的环境差异就显得尤为必要。与 2003 年相比，2020 年的环境中更有利的一面包括：

（1）"更厚的家底"。与 2003 年相比，2020 年我国国内生产总值已跃居全球第二，成为全球第一的制造业大国和贸易出口国。综合国力的不断增强，为应对极端环境创造了更丰富的手段和更大的腾挪空间。

（2）更强的信息技术水平。伴随基础设施的建设以及技术的进步，信息技术产品和解决方案日益丰富。这些产品和解决方案能够提供更准确、更及时的信息传递，更高效的信息处理，从而提高应对措施的合理性。

（3）更加丰富的场景和社群。伴随互联网和移动互联网的普及，出现越来越多新的互联网应用场景，以及更为多元化的社群。这些新的场景和社群，有利于提升全社会应对不利局面的管理水平。

（4）更成熟的民众心智。随着教育的普及和文化素质的提升，老百姓能够以更成熟、理性的心态应对所面临的突发情况，进而提升了应对突发事件的执行力。同时，2003 年的"非典"也为当下积累了更丰富的应对经验。

与 2003 年相比，2020 年面临的一些新的不利因素包括：消费占 GDP 比重提升，场景和需求受限对 GDP 增速下滑的影响可能更大；房地产业的杠杆率更高，守住不发生系统性金融风险底线的担子更重；与中国刚加入世界贸易组织不久的 2003 年相比，当前的国际环境更为复杂等。

2. 趋势判断及应对

中国应当如何看待这次突发事件

放眼全球，很多国家在防控疫情、物资、经济、资本市场等多方面严重缺乏能力，同时也非常缺乏安全感。此外，主要竞争对手目前依然自顾不暇。可以预见，地缘对抗的压力会暂时减弱。如果中国能以有远见、有策略的方式为他国提供医疗、经济、金融、人文关怀等帮助，对中国未来在全球范围内能源、金融、供应链等的布局大有裨益。

风险投资人应当如何应对极端的市场环境

我认为，风险投资人应当全情投入，而不是为了避险而远离市场：

（1）参与感。一个极端的资本市场环境，对投资和估值而言锻炼价值很大。投资者应做历史的参与者，而不是历史的旁观者。对于如此高辨识度的"游戏支线任务"，一定要亲身参与，呼吸"战场"上的空气，积累极端环境下的投资经验。

（2）试金石。无论一级市场还是二级市场，"黑天鹅"反而成了投资者尽职调查的利器。经过本次的压力测试，投资者可以筛选出底子更实、更经得起考验的企业实施投资。

（3）投资机会与投资成本。"黑天鹅"飞舞也为投资者提供了更多接触"白天鹅"和"幼年白天鹅"的机会。保持一颗真心，用资本和产业资源支持创业和创新，相信此时优秀企业家会比以往更愿意与专业的风险投资机构做朋友。

（4）调仓布局。就证券投资而言，群体性的无差别大跌，为投资者提供了很好的调仓时机，以及更高的投资估值性价比。

极端市场环境下的估值体系重构

我认为，估值体系重构的核心在于以下三点：

第一，对环境变化的全面评估。

第二，对市场情绪的重新把握。

第三，对评估企业质地的估值指标和参数进行调整。

具体而言，重构后的估值体系，除了已经成为共识的估值指标外，还需进一步关注以下方面：

（1）社会的平均"水位"。需关注中国以及全球的货币政策和货币供应量，关注各主权货币的利率和汇率水平，关注全球资本的流向和偏好。毕竟，这些资金可能通过风险投资的募资影响可投资金体量，影响投资行业的选择，进而影响投资成本和退出时的估值。

（2）准确把握市场情绪，严控投资成本。投资机构需要关注生产者、消费者和投资者的信心，准确把握全社会在新环境下愿意为企业开出的价码。我认为，风险投资人在对投资成本的关注度和敏感度方面，与二级市场的投资人仍有差距。原因在于：

1）一级市场常常是优质项目的卖方市场，优质项目的创始团队往往非常珍惜持有的公司股权，不愿因融资而过度稀释股权，因而优质项目的融资份额往往有限，投资机构之间通常需要竞争获得。在二级市场中，投资者有充裕的时间建仓买入，对估值的理解过程更为从容，对交易的控制力也更为充分。

2）一级市场的估值，通常被赋予了更多关于未来预期的溢价，投资者更愿意赚成长的钱而非交易对手的钱。而证券投资者则有更多手段来降低建仓成本。

3）二级市场定价机制更充分，更接近完全竞争市场。而一级市场的投资估值仅由少量投资机构和被投资企业确定，估值的波动程度更大。因此，在资本市场波动剧烈时，除了创业企业应严控成本外，风险投资机构也要对投资成本和基金运营成本进行进一步的优化。

（3）对行业赛道进行评分，给予不同的估值水平。可以把拟投资的行业划分为需求增强、需求削弱和需求基本不变等类型。负面影响越严重、影响持续的时间越久，投资者对投资成本控制的要求就应当更高。同时，投资者还应具有足够的远见，能够分辨出那些看似受到不利影响，长期却能提升需求的潜在机会。具体而言，目前市场已形成"新基建的投资机会巨大"的共识，其逻辑包括：第一，国家经济增长和产业升级需要；第二，主流资金流入，比如社保基金等机构投资者愿意投资；第三，在二级市场退出时，能获得较高的估值。

（4）全球化视野的创业企业，估值加分。创业企业的全球化视野和布局程度越高，其未来成长性的想象空间也就越大，核心竞争力也就越硬核。如果一家企业的供应链、技术、渠道、品牌、行业地位等方面在全球范围内获得认可，其理应获得更高的估值。

（5）危机处理好的创业团队，估值加分。面对极端市场环境，如果创业团队能够在组织创新、营销模式创新、成本管控、供应链协调、前瞻性布局、择机收编优质资源等方面具有独到之处，估值理应加分。

（6）现金流管理能力强，估值加分。在极端市场环境下，无论产业还是投资机构，现金流管理都已经成为重中之重。对企业而言，合理规划现金流的流转成为关乎企业生存和发展的重中之重；对投资机构而言，可以适当"减肥"（投资节奏放缓或降低仓位），但不能"缺血"（无可投资金）。

（7）存货管理优秀，估值加分。财务分析中有一种观点认为，存货余额高往往预示着企业可能面临产品滞销、资金占用以及存货跌价损失的风险。然而，在极端市场环境下，存货余额高不一定是件坏事。由于供应链的迟滞甚至中断，某些公司账上的存货甚至可能成为下游客户眼中的"香饽饽"。因此，一个高度匹配商业模式的存货管理模式，理应作为估值的加分项。

总之，在极端市场环境下，有"危"也有"机"。对环境进行考量，在极端环境下看清事实、保持理性，是估值不可或缺的一环。

| 第 2 章 |

迭代估值法

迭代估值法将估值转变为一个"不断缩小估值区间"的认知迭代过程,首先针对拟投资企业提出一个价值逻辑,然后从周期、行业赛道、商业模式、财务视角、交易维度、碳中和、非理性因素等估值因子出发,对价值逻辑进行持续优化和验证,最终作为投资和估值决策的依据。通过将"精准打点"转变为"覆盖范围",迭代估值法能够有效缓解传统基于财务报表的估值方法存在的依赖历史数据、过多的主观假定、信息失真,以及难以用于初创期企业估值等问题。与此同时,迭代估值法的运用需要以一定投资经验为基础。

2.1 传统估值方法及其优势

资本市场中存在各种各样的估值方法,投资者按照这些方法规定的规则,为投资标的进行估值。之所以使用这些估值方法,倒不是因为这些方法很完美。事实上,很多估值方法本身并不严密。使用这些方法估值往往也是迫于无奈，在某种情形下，投资者没有更好的选择，为了令估值不至于"无解"，只能"矮子里面拔将军"，凑合着用。

于是，交易各方事先达成一致：在某种情形下，因为没有更好的选择，只能一致同意使用某种方法估值。估出来的值，各方都要认账。由此可见，投资者所认可的共识，并不是某种估值方法估出的"那个数字"，而是某种估值方法本身。因此，所有的估值方法，都只是为估值所寻找的共识依据。一旦出现更合理的估值方法，原来的共识依据也就随之而瓦解。

投资者常用的传统估值方法主要包括：

1. 收益法

收益法认为，企业存在的意义是营利。只要能计算出企业未来总共能赚取的现金流，然后将这些现金流折算到当前时点，就是企业当前时点的估值。之所以要"折算到当前"，是因为货币具有时间价值。

使用收益法进行估值，需要设定一系列的假定、使用特定的模型，并拥有较为详细的财务数据。从形式上看，收益法很像是一门科学，类似于"已知核弹爆炸释放的当量，求解核弹中包含多少克放射性元素"这类问题。

2. 市场法

使用市场法的步骤：

第一步，为投资标的找到一个可比对象。比如，将投资标的同行业的上市公司，或是与投资标的商业模式相似的企业作为可比对象。

第二步，找到一个投资标的与可比对象共同拥有的、与估值最相关的属性指标。比如，净利润、销售收入、净资产等。

第三步，计算"可比对象市值 / 该共同拥有的指标"的比值，并将这一比值作为乘数，换算出投资标的的估值。比如，可比对象当年净利润为 2 亿元，市值为 100 亿元，市盈率为 50 倍。由于投资标的与可比对象具有可比性，因而投资标的也适用 50 倍市盈率这一乘数。假定投资标的当年净利润为 1 亿元，换算下来其估值应当为 50 亿元。

使用市场法有几个关键点：

第一，确定"可比"的依据要充分。通常依据包括：处于同一行业、拥有类似的商业模式、产品结构类似等。

第二，换算的乘数要合理。在很多情况下，换算比例并非总是 1∶1。比如，根据经验，小市值公司可能会享有估值溢价。如可比 A 公司净利润为 100 亿元，市值为 1000 亿元，投资标的 B 公司净利润为 10 亿元，而资本市场为 B 公司给出的市值往往高于 100 亿元。换算的乘数，通常属于一种经验数据。这种经验数据可以为估值决策提供一个参照系，但这一参照系往往粗糙和易于形而上学，有时并不可靠。但由于市场法使用起来方便快捷，因而投资者使用的频率比较高。

3. 成本法

成本法通常使用的公式为：估值 = 重置成本 × 成新率 = 重置成本 ×（1- 贬值率）。成本法首先计算出重新购置一个完全一样的投资标的的所需的花费。然后，考虑投资标的的成新率（折旧和贬值情况），计算出投资标的的净值。成本法同样依赖财务报表相关数据。

除了收益法、市场法和成本法的分类外，估值方法有时也被划分为绝对估值法和相对估值法。收益法属于绝对估值法，绝对估值法比较考验投资者类似于游戏或小说作者的"世界观架构能力"，本质是"架构并描述未来"，编写企业未来盈利或亏损的"剧本"。而市场法也被称为相对估值法，主要思路是锚定一个对标的可比公司，然后利用某种乘数折算出一个估值。

除了上述一般性的估值方法，对于特定行业或拥有特定属性的企业，业界还有其他一些常用的估值方法，比如，对于业务板块较多且成熟度不一的企业，采用分部估值法进行分部估值；对于创新药研发企业，运用风险修正的净现值法㊀和实物期权模型等进行估值。上述估值方法具有一个普遍特征，即可以描述为"基于财务报表的估值方法"。这类估值方法也是目前资本市场的主流估值方法。

基于财务报表进行估值，好处是显而易见的：

第一，财务报表能够提供定量数据，便于精确计算估值。财务报表基于货币计量的会计基本假设，通过财务报表要素的定义、确认和计量，将企业的业务数据转换为可直接比较的定量数据，这些定量数据往往可以直接用于企业的估值。

第二，财务报表采用通用格式，不同企业之间可比，便于估值的比较。财务报表通用格式的设计，提高了会计信息的可比性，使处于不同行业、拥有不同商业模式的企业的财务状况、经营情况和现金流情况可以进行比较，进而可以据以进行估值，以及进行估值的比较。

然而，"基于财务报表的估值方法"也存在着各种各样的局限。

2.2 传统估值方法的局限

当前，"基于财务报表的估值方法"存在以下一些局限：

㊀ risk-adjusted Net Present Value，rNPV。

1. 财务报表只能提供历史数据，而估值却更加关注未来

中文问答社区"知乎"上有段对话，揭示了基于财务报表进行估值的局限。

问：如何通过资产负债表给企业估值？
答：没办法。你给我看你去年 12 月 31 日的银行卡余额，我怎么能猜出你今年能赚多少钱[4]？

基于财务报表的估值，常常假定企业过去的经营和财务"剧本"在未来会重演。事实上，"剧本"有时候的确会重演，但很多情况下并不会。只有当形成企业过往财务业绩背后的规律，在未来依然将发挥主导作用时，历史才有可能重演。此时，在对企业的未来进行估值时，历史财务数据是有参考价值的。但如果形成企业未来财务业绩背后的规律，与此前发挥作用的规律完全不同，那么历史财务数据不仅不具备参考价值，甚至还可能对估值产生误导。

2. 过多的假定

我在 2017 年考察过一个新能源商用车主机厂㊀。在使用加权平均资本成本法为企业估值的过程中，尽管一再删减，但最终模型设定的假定数量依然高达 77 个之多！这些假定包括：企业未来的产品结构不变、收入增速不变、毛利率不变、不会发生通货膨胀、企业不会倒闭，当然也包括不会发生地缘政治冲突或流行性传染病等。

事实上，所设定的很多假定和实际情况并不完全一致，有的甚至完全脱离实际。然而为了实现可量化，为了满足投资者内心的"完美主

㊀ 汽车行业将整车生产企业称作"主机厂"。

义",为了计算出一个形式上看起来很精确的"单一最优解",最终不得不引入大量不太可靠的假定。

3. 财务信息存在失真和损耗

在将企业的业务信息表达为财务信息的过程中,投资者使用了大量会计原则和方法,包括:确认、计量、会计估计、配比、谨慎性原则。这些"深加工"往往将原始业务数据改得"面目全非",使得财务信息在反映业务状况时存在失真。

同时,为实现财务数据的可比和可量化,财务会计将处于不同行业、拥有不同商业模式的企业,输出为同一个财务报表模板。此外,还将那些难以量化的因子(比如宏观经济环境)排除在财务报表体系之外,信息由此产生大量损耗。上述信息的失真和损耗,最终会令基于财务报表的估值产生巨大偏差。

4. 难以用于初创期企业的估值

与证券投资不同,风险投资主要投资那些技术新颖、模式独特,但常常处于初创期的企业。在为这些初创期企业进行估值时,由于其技术和商业模式太过新颖,风险投资机构常常根本找不到市场对标,财务分析(特别是基于可比公司的比较)因此失去用武之地。同时,很多初创期企业的财务方面常常不够规范,有的企业甚至连账都没有,基于财务报表进行估值也就更加无从谈起。

此外,根据中国人民银行的数据,我国中小企业的平均寿命为3年左右[5]。就理论基础而言,也无法满足持续经营的会计基本假设。因此,在针对初创期企业的估值实务中,投资机构对于财务数据的考量权重往往较低。在某些情况下,风险投资人甚至根本不看财务数据。一些天使投资人和企业创始团队聊上几次，看对了眼，大笔一挥，隔天打款。

2.3 猜价格的游戏

▶ 案例 2-1

猜价格的游戏

小陈是一位风险投资从业者。在小陈小的时候，父母总爱和他玩一个游戏：每当他们给小陈买了一件新礼物，总会让小陈猜猜礼物的价格。

一开始，小陈对价格毫无概念，只能毫无根据地乱猜，结果自然与正确答案相去甚远。后来，随着游戏越玩越熟练，小陈开始总结自己的游戏攻略，居然发现了一些可以提高准确率的技巧：

（1）观察父母的消费观念。父母平日生活简朴，一般情况下不太会花高价购买那些华而不实的商品（追求性价比的习惯，对小陈后来从事风险投资工作也起到了深远影响）。了解父母的消费观念，能够令小陈在大方向上不至于偏差过大，进而有效缩小了猜价格的区间。

（2）询问购物的地点。父母购物的地点，是另一个重要的估值参照系。小陈自小在南京长大，在他儿时的印象中，位于新街口的金鹰国际商城的商品非常高档，但十分昂贵。同样位于新街口的另外两家百货商店——新街口百货和中央商场则属于东西不错，价格也可以接受，性价比较高。而位于小陈家门口的夫子庙，以及夫子庙附近的环北服装批发大市场，则主打超低价的外贸尾单。商品质量参差不齐，价格却非常便宜。搞清楚购物地点，可以让小陈进一步缩小猜价格的区间。

（3）发现礼物的意义。父母每次送小陈礼物，都希望礼物能够蕴含一些意义。比如，过年购买烟花的预算，和期末考试成绩正相关；1994 年世界杯之后，送了小陈一套正版的意大利足球队队服以纪念罗伯特·巴乔；考上南京最好的初中后，带着小陈到厦门旅游了两周；在小陈考上研究生后，送了小陈一台数万元的高性能 IBM 笔记本电脑。尽管父母平日非常简朴，但如果他们认为某件礼物对小陈而言意义特别重大，那么价格可能会突破常规区间的上限。因此，如果能准确发现礼物的意义，那么小陈的估价就不会被常规的"条条框框"所局限。

（4）基于物品属性，进行更为细致的评估。随着年龄的增长、知识与经验的丰富，小陈开始尝试根据物品的设计、工艺、品相、品牌等，对物品进行更为细致的观察和评估。后来，为了增加游戏的难度，小陈甚至会主动屏蔽物品的一些信息（比如品牌、购物地点），更为纯粹地聚焦物品属性本身来猜价格。先评估物品本身的质地，再用品牌、购物地点等更多信息来验证自己的判断。

（5）尝试与直觉对话。现在再玩猜价格的游戏，小陈会刻意不去了解购物地点和品牌，不去分析购物理念和意义，不去对物品属性进行细致分析，而是只给自己很短的观察时间，强迫自己在数秒之内凭第一感觉给出物品的价格。令人惊讶的是，这种"拍脑袋"得出的结论，常常会比想象得更为精准。后来，小陈甚至故意不再猜测整数价格，而是在所猜的价格后面加上一个零头（比如98元、218元这样的数字），常常又能为游戏双方带来更大的惊喜。

上述猜价格的游戏，用资本市场的语言可以表述为：

- "观察消费观念"和"询问购物地点"，是在了解市场及其参与者的估值偏好。
- "发现礼物的意义"，是在了解市场参与者关于价值的共识。
- "基于物品属性进行评估"，是基于理性，对投资标的的基本面进行分析，其实就是一种尽职调查。
- "尝试与直觉对话"，是在基于过往的项目经验和商业直觉，寻找一种价值发现的快捷方式。

环境、市场、认知、共识、基本面、经验、直觉，共同形成了本书估值体系的雏形。

猜价格这一游戏，蕴含了估值的理念和技巧，这些理念和技巧也为小陈从事风险投资工作带来一些启示。比如，从事风险投资工作每天都要见很多人，无聊的时候，对于男士，会猜一猜对方的身份；对于女士，会猜一猜对方的年龄。出差时，根据观察猜测当地的房价。尽职调查时，通过观察企业洗手间用纸的品牌，来推测企业的经营业绩和成本控制水平。通过观察企业停车场车辆的档次，来推测车辆档次与员工薪资之间的相关性，员工私家车档次高，可能意味着公司的薪资待遇有优势，因而管理团队的稳定性可能更高。这些看似游戏的猜价格行为，往往能够为投资和估值决策提供更多信息。

猜价格这一游戏，给人感触最深的有两点：

第一，最合理的估值，并不在于估值方法用得多么熟练，也不在于估值工具设计得多么复杂和精妙，而是在于能否**真正了解投资标的**（企业），**以及真正了解市场**（企业所处的宏观周期、产业环境和资本市场偏好）。

第二，只要能够真正了解企业和市场，即便对各种估值模型、估值方法一无所知（术），仅凭最朴素的工具，也能做出相对合理的估值（道）。

2.4 迭代估值法体系

1. 迭代估值法思维方式

接下来分享在投资实务中，我自己设计和使用的估值方法，本书将其称为"迭代估值法"。首先介绍迭代估值法的思维方式。

传统的估值方法，以收益法为例，估值过程如下：

第一步：选定用于估值的模型。

第二步：（不得不）设定好一系列的假定（比如50个或更多的假定）。

第三步：将财务数据代入估值模型。

第四步：计算出估值的结果。

这种估值方法的最终成果，是得到一个诸如"企业的估值为12.345 678 9亿元"这样"精准"的数字。

为了获得这个"单一而精准"的数字，投资者不得不接受在有限的模型中进行抉择，设定一系列可能有违事实的假定，并进行相当复杂的数学计算。一切的妥协，都是为了能够实现"可量化"。

然而，对于投资而言，估值本身并不是目的，只是一种用于指导投资决策的手段。付出巨大代价求得一个"单一而精准"的数字，并非投资决策所必需。为了获得对投资决策有用的信息，可以尝试换个角度看问题。

迭代估值法的思维方式如下：

第一步：确定一个估值区间，应当保证投资标的的合理估值包括在区间之内。比如，可以进行初始设定，投资标的的估值在1亿～100亿元。这看起来像一句"正确的废话"，由于估值区间范围过大，对投资决策几乎没什么用。不过没关系，这只是一个开始。

第二步：为投资标的构建一个"价值逻辑"。价值逻辑强，给的估值就高。价值逻辑弱，给的估值就低。这里的价值逻辑，本质上是提出的一个关于价值的假设（Hypothesis）。这一假设后续需要投资者通过尽职调查来进行证实或证伪。

第三步：衡量价值逻辑的强度，并以此为基础来缩小估值区间的范围。前已述及，真正了解一个企业及其所处的市场，对合理估值至关重要。投资者需要从宏观周期、资本市场、产业环境等角度来评估"市场"，从创业团队、商业模式、经营管理水平、财务状况等角度来评估"企业"。随着关于市场和企业的认知水准不断提升，可以持续缩小第一步中的估值区间范围。一旦估值区间缩小到一定程度，投资者对该区间极大值和极小值之间的差异不再敏感，这一估值区间对投资决策就有了参考价值。

迭代估值法的思路，主要受到我此前从事互联网行业风险投资时软件开发思路的启发。软件开发思路主要包括两种：瀑布模式和敏捷模式。

瀑布模式属于传统模式，通常适用于OA、ERP、CRM等"To B"（to business）⊖端软件的开发。瀑布模式的特点可总结为：开发周期漫长、环环相扣、时间顺序清晰、变动代价大。

敏捷模式则通常适用于游戏、社交、工具类等"To C"（to customer）端软件的开发。敏捷模式强调"唯快不破"，首先在最短时间内开发出一个MVP（Minimum Viable Product，最小化可行产品），然后基于用户的需求和体验进行快速迭代。瀑布模式显得有些"完美主义"，而敏捷模式则更像是一种"实用主义"。

迭代估值法，通过将估值转变为一个"不断缩小估值区间"的认知迭代过程，来将估值从一个高难度的"狙击"任务（瀑布模式），转变为一个更具操作性的"霰弹覆盖"（敏捷模式）。将"1亿～100亿元"的估值区间，通过认知迭代缩小至诸如"12亿～13亿元"，供投资决策使用已经足够。在大多数情况下，1亿元的估值波动已经可以接受（如果是初创期的企业，可能需要降至1000万元或更低级别，但原理是类似的）。更何况这只是一种认知层面的"估值波动"，风险投资机构还有机会通过商务谈判将估值降低到大概率被低估的区间，以此来增厚投资的"安全垫"。

迭代估值范式的优势具体体现在：

第一，就思维方式而言，迭代估值范式无须"为计算最优解"而不得不引入大量有违事实的假定，无须为实现"可量化"而不得不选择性

⊖ 关于"To B"和"To C"模式，第5章商业模式相关内容将详细阐述。

忽略那些对估值有重要影响但却无法量化的估值因子（比如环境、人的因素）。迭代估值范式令估值行为更加贴近真实的市场环境，同时估值的认知维度也更为全面。

第二，与基于财务报表的估值相比，迭代估值范式的评估维度更为多元，且无须将所有估值影响因子都转化为财务报表语言，因而适用的对象可以包括初创期企业、缺乏市场对标的颠覆性创新企业、财务数据不规范甚至缺失的企业。由于这一特点，迭代估值范式特别适用于天使投资和风险投资领域的估值。

第三，迭代估值范式是一个开放的认知迭代体系，已经提前为新的认知维度预留了类似于API（Application Programming Interface，应用程序编程接口）这样的接口，从而令新元素的融入成为可能。迭代估值范式未来可以根据技术的进步、商业模式的创新、认知的提升、社会生产力和生产关系的更迭，而不断进行优化、更新和重构。

对估值决策而言，**宁要粗糙的全面，不要精确的片面**。

认知维度的缺失，是投资最大的风险。

2. 构建价值逻辑

构建价值逻辑是迭代估值法的重要步骤。在探讨价值逻辑之前，先讨论什么是投资逻辑和投资策略。

投资逻辑

投资逻辑是投资实务中的常用词，指的是投或不投（某个标的）的结论和理由。当投资者收到一份商业计划书，或是选中一只股票，最终决定投与不投，不能仅凭个人喜好，或是仅凭情绪。投资者需要想清楚，投或不投背后的原因和依据。举两个投资逻辑的例子：

▶ 案例 2-2

居家上课令在线教育和平板电脑需求提升

学校安排中小学生在家上网课，在线教育的内容需求由此大幅增加。同时，上网课需要使用平板电脑，因而平板电脑的需求量大增。由此可以推测，在供应链顺畅的前提下，在线教育公司和平板电脑生产商的订单量将显著增加，进而增厚相关上市公司的业绩。此时投资在线教育或平板电脑生产企业，大概率能获得不错的投资收益。

▶ 案例 2-3

数字人民币应用推广，银行 IT 服务的需求会增长

进入 2020 年，央行数字人民币（Digital Currency and Electronic Payment，DC/EP）逐步在全国多个城市进行试点。未来 DC/EP 对中国乃至全球的货币和金融体系意义重大。DC/EP 的试点和推广，属于一种从无到有的增量市场需求。作为配套，中国人民银行和大型国有银行，以及未来中小银行和其他金融机构，需要对自身原有的银行 IT 体系进行优化和升级，以匹配诸如数字钱包、合规通证（Token）⊖等相关基础建设新的需求。因此，为银行提供数字人民币相关银行 IT 服务的公司将由此受益。

然而，投资中找准因果关系是一件很难的事。有时候，投资者构建的投资逻辑似是而非，经不起推敲。比如，在 2020 年初，有人构建了"新冠重症患者需要吸氧，所以氧气可能供不应求"的投资逻辑，于是去购买氧气制备类上市公司的股票。事实上，中国的氧气产能非常充沛，特别是一些大型钢铁厂，如果将工业制氧的产能向医疗行业转移，很快便可弥补氧气的不足。最终，相关上市公司股价的不及预期，也对该投资逻辑进行了证伪。

有时候，即便投资者已经发现投资逻辑被证伪，却仍然"不悔改"。《周期》一书作者霍华德·马克斯[6]曾提及，投资者常常会"以歪曲的

⊖ 关于通证的内容，本书将在第 10 章进行阐述。

眼光看事实,选择性地感知,偏见地解读"。尽管投资逻辑已经被证伪,然而投资者总是心存幻想,期待某日一觉醒来,发现亏损原来只是一场梦。投资者之所以不愿认错,是因为人的本性存在一种刻意保持言行一致的倾向。因此,投资在很多情况下都是反人性的。不断内视反观,跳出过去的自己看自己,才能获得投资体系的升华。

有时候,市场中甚至会存在一些难以理解的"投资逻辑"。比如:

"双11"即将到来时,卖显示屏的"京东方A"大涨,原因是"京东"一定会大卖。

美国大选时,和候选总统名字相似的A股股票(澳柯玛、川大智胜、波司登)收获涨停。

曾经有投资者说,今年不投资4个字的股票,只因今年3字出"妖股"。

事实上,这些已经不能称作投资逻辑了,只能称为想当然。此外,还有投资者将公司创始人的颜值、星座、面相等,作为构建投资逻辑的依据。如此景象,只能令人感慨:投资领域,八仙过海,各显神通。

投资策略

投资策略指的是一系列预先设定好的行为模式。一旦预先设定的条件触发,就采取相应的投资交易行为。用计算机编程中的条件语句"if…then…"来描述投资策略的含义非常契合。举一些投资策略的例子:

▶ **案例 2-4**

"大炮一响,买黄金和军工股票"

这是证券投资中一个基于经验的策略共识。这是因为,一旦某地发生战争,资本市场的投资者就会不自觉地产生代入感,进入应对危机的模式。在危机之下,经济可能发生严重的通货膨胀,而黄金是硬通货,因而大量投资者会选择购买黄金或黄金类上市公司的股票。同时,考虑到抵御可能的外在威胁,军工股的重要性被市场认可,因而一些投资者倾向于购买军工股。事实上，上述关于黄金股和军工股的投资策略，更像是一种情绪的宣泄、情感的寄托。尽管这种投资行为存在一定非理性因素，但确实是资本市场中存在的、有一定共识基础的投资策略。

▶ 案例 2-5

"经济下行，投资医药和必选消费"

当宏观经济不景气的时候，制造业、石油化工等行业可能因为需求急剧下滑而遭遇"戴维斯双杀"，即公司业绩和市场愿意给出的估值水平双重下滑。而医药行业由于其需求刚性和抗周期的属性，经济下行对其影响并不直接。此外，在经济下行时，民众常常压缩可选消费（比如汽车、奢侈品）的开支，"能省则省"，而将有限的资金用于必选消费（比如柴米油盐、乳制品等）的开支，因而一些投资者认为在经济不景气的情况下，必选消费的投资逻辑仍然是存在的，并据以制定相应的投资策略。

此外，投资策略还可以按照一级市场和二级市场进行划分：

二级市场的投资策略相对多元，通常被划分为主动型投资策略和被动型投资策略两种。其中，主动型投资策略认为自己比市场更"聪明"，寄希望于通过更多的主动操作，来赚取高于市场平均水平的收益。

主动型投资策略包括：

（1）成长投资，即选择那些当前业绩并不突出，但可能拥有高成长潜力的公司。成长投资策略在企业业绩尚未爆发时以低价买入，最终收获一个"独角兽"企业⊖和行业龙头，以此来见证和分享企业的成长。

（2）价值投资，即寻找被低估的好公司，赚取均值回归的价差。巴菲特通常采用这一策略。

（3）趋势投资，即假定股价的涨跌存在惯性。这类投资者不参与股价漫长的"筑底"过程，而选择在股价上涨趋势确认后，在股价上涨的

⊖ "独角兽"企业，是指十年之内市值达到 10 亿美元的创业公司。

过程中买入。而当上涨动能后继乏力，股价跌破诸如"5日线"或"10日线"等技术指标时，这类投资者便选择卖出，因而其行为常常表现为"追涨杀跌"。在趋势投资策略下，尽管投资者难以获得"筑底"阶段的最低投资成本，却常常能够受益于股价的上涨惯性，在股价上涨的某个阶段获得投资收益，并在股价确认转入颓势时及时止损。

（4）量化投资。这一策略主要利用计算机程序和算法，同时基于行为金融相关理论，设定高频交易、统计套利、对冲等策略，进而获得相对于指数的超额收益。

被动型投资策略则认为，人的认知是有限的，再如何努力也难以超越市场的平均收益率水平。常见的被动型投资策略主要为购买 ETF 指数基金。

在一级市场中，投资策略通常被划分为"Pre-IPO 投资策略"和"成长型投资策略"两种类型。

（1）Pre-IPO 投资策略。这一策略将企业上市的可能性作为投资标准。该策略认为，企业上市的可能性越大，就越应当投资这家企业。Pre-IPO 投资策略有其存在的历史背景：在过去很长一段时间里，一级市场和二级市场之间存在显著的价差。2009 年创业板开板后，投资的企业只要能在创业板上市，即便资质平平，风险投资机构也能获得数倍甚至数十倍的投资浮盈。曾经有一段时间，Pre-IPO 投资策略盛行，能否获得 Pre-IPO 项目的投资份额，成为有限合伙人评判风险投资机构竞争力的重要标准。

2021 年 9 月 2 日，国家提出深化"新三板"改革，设立北京证券交易所。北京证券交易所的正式推出，增加了"类 Pre-IPO 项目"的供给，令一、二级市场的估值切换更为平滑，定价时点更为提前，缩小了一、二级市场之间的价差，也由此提高了新股上市后的破发概率。叠加股票发行注册制在全市场的推行，以及退市制度更为高效地执行，Pre-IPO 投资策略将进一步式微。

（2）成长型投资策略。这一策略认为，企业能够在资本市场上市固然可喜，但企业本身拥有高增长潜力才更为重要。对于一个拥有高增长潜力的企业而言，即便未能及时上市，仍然能活得很好。成长和潜力，总是能给投资带来更丰富的想象力。

价值逻辑

为便于理解，本书对价值逻辑与投资逻辑进行以下区分：

（1）价值逻辑是迭代估值法中的一个专有名词，与投资逻辑相似，都是投资者提出的一个假设。

（2）投资逻辑更偏向于一种定性思路，价值逻辑则需要在投资逻辑的基础上进行定量估计。用投资逻辑判断能不能投，用价值逻辑判断投得贵不贵。

（3）在本书中，价值逻辑可直接表述为"成长性逻辑"。

（4）成长性逻辑包括业绩的成长和估值的成长。企业的业绩增长，可以直接提升企业的"内在价值"。企业的估值增长，则还要考虑市场对该类企业的定价偏好。业绩的增长，以及市场情绪和偏好带来的估值增长，是投资收益的两大主要来源。

总结一下关于价值逻辑的概念：

价值逻辑 = 成长性逻辑

成长性逻辑 = 业绩的成长逻辑 + 估值的成长逻辑

其中：

业绩的成长逻辑基于"关于企业的认知"。

估值的成长逻辑基于"关于市场的认知"。

构建价值逻辑是一件很难的事。这是因为，构建价值逻辑是一种从无到有的创造，而不是根据他人观点所做的归纳，无法通过简单模仿行为而习得。投资者需要根据经验和观察，构建一个关于价值逻辑的假设，然后进行充分和专业的验证。在构建价值逻辑时，投资者当然可以"抄作业"，比如，一些投资者根据公募基金的定期报告所公布的基金持仓，直接在二级市场买入公募基金此前已经买入的相关股票。这一做法的风险在于，关于价值逻辑的认知永远"慢半拍"。在专业能力和信息不占优势的情况下，投资者一不小心就有可能沦为价值逻辑构建者的"接盘侠"。

3. 衡量价值逻辑的强度

投资的本质是认知的变现。

投资最大的风险，是认知维度缺失的风险。如果某个关键因素没有考虑到，投资失败的概率将显著增加。

比如，违法的 P2P 理财产品通常向投资者开出很高的年化收益率，以吸引大量追求高利息的投资者。然而投资者看上的是理财产品的高利息，而违法者看上的是投资者投入的本金，二者的认知维度由此产生了差异。最终，投资者由于认知维度的缺失，获得了几个月的利息，却永久性地失去了本金。

2010 年以前，中国资本市场的风险投资基金，很多都属于综合型基金，即一只基金可以同时投资信息技术、先进制造、医疗健康等不同行业。后来，伴随行业竞争加剧、社会分工细化，专注于投资特定行业的专业型基金（比如创新药基金、半导体基金）逐渐成为主流。和综合型基金相比，专业型基金由于更加聚焦，因而在行业认知、基金人员配备、项目发掘、资源聚集和整合、投后赋能等方面优势更为明显。

然而，当前存在这样一种倾向，比如，管理一只医疗器械基金的风险投资人，为了追求专注和极致，只关注那些与医疗器械行业相关的信息，对于其他领域的信息，如新能源汽车、半导体、消费、人工智能等，采取主动屏蔽的态度，以免由于信息的过载，影响投资的专注度。

我认为，这种"两耳不闻窗外事"的做法是值得商榷的。一位风险投资人的判断力、估值的水平，取决于其认知的边界。见多识广，考虑问题才能更周全。关注其他领域最新的技术、模式和打法，能够获得更多的思路和灵感。

比如，从事医疗器械行业的投资，不仅需要关注医疗行业的三大领域——医疗器械、医药和医疗服务，还应当关注：

（1）先进制造。在当下高质量发展、自主可控、发展和安全并重的大环境下，制造业是值得重点配置的行业赛道。医疗器械有着较强的制造业属性，很多产品直接就是仪器、设备等。了解制造业的产业规律、发展趋势和投资逻辑，对投资医疗器械行业大有裨益。

（2）新材料。制造业发展，材料先行。自主可控的高性能材料是制造业持续发展的基础。材料在医疗器械行业中也无处不在，比如，高分子材料在高值耗材中的应用，纳米晶材料在粒子加速器中的应用等。了解材料的性能、壁垒和产业化前景，才能更深入地理解医疗器械。

（3）消费。一些医疗器械细分领域，有着显著的消费属性。熟悉消费行业关于需求、产品、渠道、品牌的分析思路，有利于从事医美、保健和康复医疗器械等领域的投资。

（4）科技。新的技术进步能够提供越来越多的跨行业应用解决方案。伴随诸如人工智能、大数据、区块链、脑机等在医疗器械领域日益普遍的应用，医疗器械投资人也应当熟悉跨行业的技术应用。

（5）不仅要关注一级市场，还要关注二级市场。因为二级市场关乎一级市场的退出流动性和估值，二级市场情绪也关乎风险投资基金的募资。

（6）不仅要关注股权，还要关注房地产、金融衍生品。房地产是与募资高度相关的行业，而关于金融衍生品的模式，则可能为基金带来更为创新的模式（比如特殊目的并购公司，Special Purpose Acquisition Company，SPAC）。

（7）不仅要关注利率和汇率，还要关注加密资产。由于区块链的出现，风险投资人甚至也被区分为古典投资人和区块链投资人两大群体。除了关于传统金融资产的价值共识，还要关注年轻人的一些新的价值共识。

因此，作为一位风险投资人，**需要在输出端保持专注**，只在自己具有认知和资源优势的能力圈中进行投资。同时也要在**输入端保持开放和多元**，各种千奇百怪的黑科技、冷知识、新文化，什么都要懂一点，才能更好地进行投资与估值。

认知维度的丰富，可以使风险投资人更加敏锐地感知价值逻辑的强度。

关于价值逻辑的强度，本书会从以下维度进行衡量：

（1）周期。包括：宏观经济周期、资本市场周期、风险投资项目及基金周期、投资者情绪周期等。

（2）行业赛道。包括：企业所处行业的市场容量、投资时机、行业需求、产业链视角分析、政策评估等。

（3）商业模式。包括：用户、需求、资源、盈利模式和商业模式分型等。

（4）财务。包括：资产质量、盈利能力、财务弹性等，以及对财务舞弊识别的考量。

（5）交易。包括：交易环境、交易的对手方、交易各方的交易定式，以及对交易过程中估值要素等的把握。

（6）碳。企业与碳"和谐相处"的程度，将对企业价值产生影响。

（7）对预测、直觉等非理性因素的考量。

上述的这些维度，将被用来衡量价值逻辑的强度，最终共同为估值提供一个认知迭代的刻度。

最后，再次强调迭代估值法的核心理念，即**要始终保持不断迭代**。即使只是一个非常细小的认知改进，也要体现在迭代估值法的实施当中。

不断拓展认知的维度，以便更好地驾驭关于价值的共识，是迭代估值法最核心的态度。

4. 迭代估值法的产生背景

迭代估值法的产生，也经历了持续迭代的过程。一些重要片段记录如下：

▶ 案例 2-6

实习报告

迭代估值体系，从我在东方富海[一]的实习开始。

2008年，我还在厦门大学会计系读博士。这年暑假，机缘巧合，我获得了东方富海的实习机会。东方富海是一个开放、透明的学习型组织。公司坚持"没有秘密，只有原则"的理念。正是在这样一种公开、透明、学习型的氛围下，我汲取了大量的养分。公司所有关于投资项目的会议——立项会、项目讨论会、初审会、投资评审会、项目检查会，即便对于我这样一位实习生，也是完全开放的。

于是，从各位同事撰写的尽职调查报告和投资建议书中，从项目小组上

[一] 东方富海，全称为深圳市东方富海投资管理股份有限公司（Oriental Fortune Capital，OFC），是一家中国领先的创业投资机构。

会时阐述的投资逻辑中，从风险控制委员会揭示的投资风险中，从各位同事关于项目判断的激烈争论中，我"贪婪"地汲取着营养。同事们只言片语的背后，往往蕴含着深刻的投资理念。实习结束时，我基于对风险投资体系的粗浅理解，以及各位同事关于投资和估值的各种理念碎片，写了一份 13 000 余字的实习报告，尝试总结关于风险投资的一个方法论框架。这份框架也是我的风险投资方法论的缘起。

▶ 案例 2-7

PE 理念集合

2010 年博士毕业后，我加入了东方富海。一方面，我依然从身边的同事汲取营养，另一方面，我认识到自己的差距，于是便寻思如何来加强学习。

在理论研究中，文献综述是经常使用的一种学习方法。通过阅读前人的文献，来为后续的研究进行铺垫。于是，我开始进行关于投资理念的"文献综述"，搜集当时市场中各知名投资机构和投资人的投资理念。

当时，微信还没有上线，知乎、哔哩哔哩、喜马拉雅这类先进的学习方式还没有流行。于是，我从浏览各知名机构的主页开始，了解各家机构的投资理念和投资风格。同时，各类媒体对知名投资人的专访也是重要的信息来源，我从新闻稿、访谈记录的只言片语，一点点提炼关于投资理念的"干货"。

花了一个月左右的时间，我总结了一份 13 800 字的研究报告——PE 理念集合，把当时市场中各主流美元基金和本土风险投资机构，以及相关知名投资人的投资理念进行了汇总。尽管现在来看其中一些观点后来被证伪，一些投资理念只是"成功者事后的经验总结"，一些甚至是带有目的性的信息传递，但这份关于投资理念的文献综述，仍然对于我这一投资新手大有裨益。

▶ 案例 2-8

PE 投资的 100 个问题

2011 年之前，我更多是在进行"输入"。2011 年之后，我开始尝试进行一些"输出"。具体思路如下：

（1）总结出影响企业估值的因子（定性）。

（2）为这些影响因子赋予权重（定量）。

（3）基于上述定性因子和定量权重，构建一个估值模型。

（4）输入影响因子的相关数据，模型可以自动算出企业的估值。

我将行业、团队、商业模式、技术、生产与管理能力、财务、法律、投资方案设计、企业印象及收益预测等十个方面，确定为企业估值的影响因子，并将这些影响因子进一步细化为尽职调查需要弄清楚的"PE投资的100个问题"。尽管耗费了大量时间，但这一思路被证明是可行的。

然而，在为影响因子分配权重时，面临两个非常棘手的问题：

第一，很难找到权重分配的依据。尽管可以根据经验为上述十个维度分配权重，但具体到每个项目的实际情况时，上述权重显得过于主观和先验。

第二，上述影响因子被默认为并列关系，但事实上，在不同的项目中，各个影响因子之间存在着大量非线性的作用机理，因而无法确定权重之间的嵌套关系。

最终，PE投资的100个问题未能完成。然而，也正是这份研究，成为迭代估值法的雏形。它最重要的意义体现在：

第一，初步架构了价值评估的维度。

第二，坚定了我关于迭代估值法中"迭代"和"区间"的理念。

▶ 案例 2-9

关于市场的感知

关于市场的感知，是迭代估值法中估值影响因子的重要来源和验证依据。风险投资人通常会通过以下方法来感知市场：

从投资项目中直接感知市场。这是风险投资人感知市场最直接的方式。一位专业的风险投资人，平均每年需要考察上千家拟投资企业。大量的"一手"投资案例不断优化着投资人的估值体系。同时，相对于证券投资者而言，一级市场的投资人和企业走得更近，和创业团队的接触也更为深入，这些都有利于风险投资人形成更为敏锐和真实的市场感知。

从融资事件看估值。风险投资人会关注每天新发生的融资事件，通过各种途径了解感兴趣企业的融资估值，以此来捕捉一级市场对特定类型企业的估值共识。需要注意的是，一级市场由于其私募属性，有些融资事件的估值不一定公开，甚至还可能存在故意"虚报"融资估值（对外界虚报一个高于实际的融资估值）的情况。此外，在验证融资估值信息的时候，还需要了解诸如估值调整机制（对赌、回购）等附加的估值条件。

阅读拟申报 IPO 企业的招股说明书。一些风险投资人会定期登录证监会网站，阅读正在排队的 IPO 申报企业的招股说明书，通过了解这些企业的行业赛道、商业模式、技术创新等，来评估当前拟上市企业的供给生态。一方面，目前的排队企业，正是数年前风险投资机构投资的企业，可以回顾过去几年一级市场的投资偏好。另一方面，了解排队企业的情况，也有助于推演未来二级市场的格局，比如，某一类型的企业大量上市，可能形成二级市场同质化企业的供给过剩，最终影响风险投资机构减持时的流动性和估值水平。

定期研究次新股。除了阅读排队企业的招股说明书之外，定期对次新股进行研究也是感知资本市场的一种途径。了解近期通过 IPO 审核的企业都具有何种特征，能够更为准确地把握最新的 IPO 审核理念和要求，同时，也可以为证券投资储备一些不错的投资标的。

总之，无论直接经验还是间接经验，只要有助于完善和提升关于市场和企业的认知，就能帮助投资者更为合理地进行估值。

2.5 估值能力：新手和老手的差距

估值的过程，包含了观察、分析、推理和预测，最终共同用于指导投资决策。估值属于一项综合能力，而非一种单一的技能。在生产线上，一个工人通过 1 万小时的训练，或许可以达到熟练的程度，然后便可能触及该工种技能水平的天花板。然而，投资者估值能力的天花板却非常高，即便经过大量投资项目的训练，投资者估值能力可提升的空间依然很大。因此，提升估值能力的过程，也是投资者不断自我修炼、迭代和开悟的过程。有人甚至认为，投资应当是一个人职业生涯的最后一份工作。这是因为，这份工作对投资者的知识储备、项目经验、人生阅历，对心态和情绪的驾驭、对人性的解读，以及对所处时代的理解都有着极高要求。

一位经验丰富的投资者在估值能力方面的优势体现在以下两方面：

第一，拥有多种成熟的价值逻辑模型。一位专业的风险投资人，平均每月要看上百份的商业计划书，以及非常频繁地进行现场尽职调查，同时，还会对所关注行业的融资事件、拟申报 IPO 企业的招股说明书，以及上市公司估值等保持持续关注。基于上述直接或间接的估值案例，风险投资人可以建立大量适用于不同情形的价值逻辑模型。此外，在建立了价值逻辑模型之后，风险投资人还会在考察新企业的过程中，利用新的数据将模型训练和打磨得更加完善。

因此，这些价值逻辑模型成为风险投资人的"快捷方式"，在遇到新项目时，他们仅需简单比对，便可轻易调取符合适用范围的模型。这些现成的模型，是经验丰富的风险投资人基于此前"非标准化"的估值经验，提炼出的"标准化"的判断模块。这些标准化的模块，大大提高了认知形成的"自动化程度"，令风险投资人能够获得高效、高精度的估值体验，而不用每次估值都从零开始。

第二，对方向和概率的预判能力。一位经验丰富的风险投资人，由于拥有丰富的经验和敏锐的观察力，一方面，可以根据项目情况，快速选择更为匹配的模型，避免价值逻辑出现方向性的错误。另一方面，可以凭借多年培养出来的对势和对人的敏感度，捕捉到不易被察觉的迹象，进而对价值逻辑各方向的实现概率进行合理预判，并能基于情况的变化及时纠错。

作为对比，一位缺乏经验的风险投资人，由于缺乏足够多的项目训练，往往尚未形成体系化的估值分析框架。一方面，这会导致其每遇到一个新项目，都需要从零开始构建价值逻辑，由此增加了试错成本，降低了决策效率。价值逻辑的缺乏，也会导致其在尽职调查中抓不住重点。比如，在进行访谈时，无法基于价值逻辑进行体系化的访谈问题设计，而是仅凭个人喜好来提问，最终可能因此忽略了很多关键信息。另一方面，如果缺乏价值逻辑的指导，一个关键点的误判、一个关键信息的错误解读，可能导致得到一个完全相反的结论，降低了投资决策的精度和效率。

当然，投资老手也有自己的弱点。在大多数情况下，投资老手赖以成名的经验，可以为其估值决策提供便利，然而，这些过去的经验，都是基于过往投资案例、采用归纳法从个案中提炼出来的一般规律，如果新事物具有很强的颠覆性，且所蕴含的价值形态在过往案例中从未出现过，那么投资老手关于这一部分的认知便是缺失的。因此，过往丰富的经验，也有可能成为阻碍风险投资人进化的羁绊。由于经验主义作祟，新事物越具有颠覆性，投资老手会错得越离谱。所谓盈亏同源，说的就是这个道理。

因此，一位投资人只有经历大量项目实战的洗礼，及时复盘，保持信息、思维和观念的持续更新，对环境和趋势保持高度敏锐，不断否定过去的自己，才能持续提升自己的估值能力。

2.6 风险投资需要具备的能力体系[7]

风险投资的魅力，在于只看结果，不看过程。因此，风险投资是自

⊖ 本文首发于东方富海公众号（2019年5月7日）。由于风险投资与估值所需具备的能力体系有诸多共通之处，故将其放在本章最后，略有删节。

由的——自由的思想（每个人都可以有自己的投资理念和投资策略）和自由的行为（可以自行选择投资的赛道和投资标的，而且风险投资人一般不需要严格执行"朝九晚五"坐班）的要求。风险投资的残酷，同样在于只看结果，不看过程。只要一只基金管理失败，投资机构自此再也难以募资。因此，一个稳定、有效和自适应的能力体系，对风险投资而言至关重要。

风险投资的能力体系，可以划分为以下五个维度：

1. 世界观

世界是有趣的，世界是可知的。 对世界充满好奇，就有了无尽的动力；相信世界可知，就有了精通一个全新行业的信心。如果缺乏对新事物的好奇心，那么很可能不适合从事风险投资。单纯的金钱刺激，难以支撑一个人对风险投资的真正热爱。以探索之心从事风险投资，才能体会到风险投资的真正乐趣。

与此同时，也要相信世界可知。能够从事风险投资的人，都拥有不错的禀赋。要真正相信，只要感兴趣，只要投入足够的时间和精力，只要能不断优化自己学习和工作的方法，文科生看医疗、年长的风险投资人看新经济，没有什么不可能。

敬畏心。 少年得志的最大问题，在于丧失了敬畏心。小时候的尖子生，大了以后未必出类拔萃。人终究是渺小的，面对未知且多变的世界，留有一份谨慎、一份敬畏，才能走得更远。人生在世，每个人都有一个自己的"银行账户"，这个账户里存的是善良。如果失去原则、弃善从恶，即便一时大富大贵，其本质也是在透支账户。透支到一定程度，便无法"厚德载物"。如果能保持一份敬畏心，投资成功的概率可能会更高。

2. 认知力

认知水准决定了风险投资人能在行业中走多远。认知力又可划分为：

正确的归因。对于每个投资项目的成败，风险投资人都要尝试找到正确的因果关系（Causality）。错误的归因会扭曲风险投资人对规律的认知，导致得出错误的推论，进而降低投资决策的成功率。

极强的思辨能力。风险投资不能放过每一个可能的逻辑谬误、思维漏洞。对于一个拟投资项目的判断，需要时常运用"左右互搏"的方法，让自己内心的正方和反方认知都达到极致，这样才能形成最为全面和深刻的认知，进而提升投资决策的合理性。

不断验证并否定自己的能力。第一，风险投资人要记得时常观察过去的自己。第二，风险投资人要有勇气抛弃过去的自己。要注意不能被过去的成功迷住双眼。当下自己的认知只是能量的瞬时聚合，要学会在不断"涅槃"中提升自身的修为。

3. 感知力

敏锐的感知力，能够帮助提升捕获信息的效率，以及利用信息的效果。具体包括：

观察力。一位成功的风险投资人，大都拥有极强的观察力。观察力本质上是一种获取信息的能力。遗漏重要的信息，对投资决策而言可能是致命的。观察力与天赋有关，也与婴儿期和幼年的成长经历有关。值得庆幸的是，成年后的有效训练，能够在一定程度上弥补观察力的不足。

商业敏感。商业敏感是对商业规律的一种感知。高度的商业敏感能够帮助发现投资机会，规避投资风险。商业敏感源于过往的经验、对规律的把握，最终以商业直觉的表现形式在偶然间触发。

察觉和引导他人情绪的能力。 风险投资是一个和人打交道的工作。对他人情绪的敏锐捕获和干预，能够让风险投资中的很多工作事半功倍。

4. 架构力

在互联网行业中，互联网架构师是一个重要且高薪的工种，代表着大格局、高视角、深谋远虑。风险投资中的架构力，具体包括：

凭借不完整事实做出正确决策的能力。 风险投资人需要学会搭建投资逻辑，找到关键因素，拆分需求，综合定量和定性进行判断。

具备由个案总结出规律的能力，进而形成投资直觉。 风险投资人需要将经验和案例拆解、建模，并形成大脑的某种"快捷方式"。

搭建并完善通用投资技能的能力，并由点及面形成特定行业的知识结构。 投资技能可分为通用投资技能和特定行业的投资技能。两个层次的体系都需要搭建并不断完善。

5. 交易能力

交易是影响估值达成的"最后一公里"。交易能力将直接转化为实实在在的利润。风险投资的交易能力主要体现在：

快速权衡利弊的算账能力。 风险投资人需要对各方利益高度敏感，要以最大化基金利益为主线，以兼顾其他方利益为约束，非常快速地推导出最优于己方的交易结构。快速，非常重要。

交易架构的理解、设计和实施能力。 具体分为三步：第一步，要能看得懂交易架构，了解交易设计的各种利弊。在风险投资中，特别是涉及跨境投资、VIE（可变利益实体，Variable Interest Entity）架构和并购的交易，交易架构本身就非常复杂，首先要能看得懂。第二步，要能根据自身需求，自主选择和设计交易架构。自主设计交易架构的能力，需要基于案例经验的积累。第三步，能够解决交易过程中出现的各种问题，顺畅地实施并完成交易。

此外，除了上述能力体系的五个维度之外，还有一点非常重要，即及时对能力体系进行完善和更新，以适应不断变化的投资决策环境。

| 第 3 章 |

估值和周期

我们生活在一个充满周期的世界。把周期作为迭代认知最广泛的参照系，积极拥抱周期、敏锐识别周期、用心感知周期的脉搏，能让我们看清这个时代愿意为创新赋予的价值共识。

3.1 识周期，知进退

▶ 案例 3-1

云端的周期

还是风险投资从业者小陈的故事。小陈从事风险投资工作后，坐飞机出差便成了家常便饭。平均下来，基本上每周都要坐飞机。有一段时间，小陈特别不爱坐飞机，每次坐飞机心里都有种不安感。

起飞前，飞机一开始加速，小陈的心跳就开始加速。

飞机升空后，小陈的心就悬了起来。

遇到强烈的气流颠簸，小陈紧张得快要不能呼吸。

只有当飞机落地,听到厦门航空熟悉的"人生路漫漫,白鹭常相伴",小陈感觉自己才真正松了一口气。

在小的时候,小陈总是特别想坐飞机,一坐飞机就兴奋。大了以后,不知是不是因为变得越来越"理性",胆子越来越小,坐飞机时的心理活动也越来越丰富。

事实上,人的这种心理波动,是可以解释的:人是一种不会飞的动物,长期生活在地面,而在坐飞机时悬在空中,脚不能着地,心里自然不踏实。同时,作为乘客,我们无法掌控自己的飞行轨迹。参与感的严重缺乏、掌控力的极度丧失,令人感到局势发展无法预料也无法干预,内心由此产生强烈的失控感与不安感。

此外,在坐飞机时,乘客无法预知何时会来气流,气流的强度有多大,气流会持续多久。这种不确定性,会让人时刻处于紧绷的状态。一旦遇到气流,一旦气流的强度和持续时间超出乘客的阈值,脆弱而敏感的神经就会受到极大的挑战。坐飞机时的这些心理活动,虽无大碍,却总会让人白白出一身冷汗。

有一次,小陈去一家虚拟现实公司做尽职调查,公司的一位副总正好是一位退役的民航飞行员。于是,小陈向这位退役飞行员请教如何调整坐飞机时的心理活动:

"有没有什么办法让我在坐飞机遇到气流时保持淡定?"

"简单,你把飞机当作轮船,把云海当作海洋,把气流当作波浪。当你找到了气流的节奏,找准了气流的周期,说不定你还可以随着气流的起伏好好睡一觉呢!"

小陈仔细一想,有道理啊!这种方法的巧妙之处在于:

在无序中寻找有序,在随机中把握周期。

把握了周期,就有了预判。

有了预判,就可以进行应对(虽然不能驾驶飞机,至少心理上可以应对)。

有了应对,就有了掌控力和参与感。

有了掌控力和参与感,就能重新找回属于自己的节奏。

投资其实也一样:

了解各种各样周期的框架。

识别投资者在某个周期中所处的位置。

了解周期运转规律。

从周期中找到估值的锚定。

对发展趋势的概率进行预判。

制定合理的投资策略。

最终增加投资的赢面。

简言之，周期对投资的意义在于：

识周期，知进退。

3.2 周期：估值最初的坐标系

研究周期是为了缩小投资标的估值区间范围。将不同类型的周期作为参照系，能够帮助投资者从不同角度对估值体系进行"纠偏"和"校准"，从而进行迭代估值。

基于周期视角进行估值，需要注意两点：

第一，注意周期的适用范围，避免用错周期。

第二，可用的周期视角越多越好。视角越丰富，估值认知越全面。

基于周期视角进行估值，需要考虑以下问题：

第一，有哪些周期？

第二，各个周期是怎样运行的？

第三，周期与周期之间有什么联系？

第四，哪些周期会对估值产生影响？

第五，如何产生影响？

周期本质上是基于过往观察，对某些重复性规律所进行的总结。其中，有些周期通过了科学家或经济学家的实证检验，被证明存在着某些规律。学者的验证过程为：首先，拿到已经成为事实的历史数据，并根据需要对这些数据进行处理，之后导入特定的模型。然后，通过运用"回归分析"等方法，得到诸如"周期 X 年一个轮回，在周期中的 A 阶段，大概率会发生 B 事件"这样的结论。大家便可以"对号入座"，当满足特定条件时，提前做好"可能发生 B 事件"的准备。

另外，有一些周期并没有通过实证检验，原因可能是缺乏历史数据，可能是缺乏可用的模型，也可能是检验的结果不够显著，得不出某些"确定的"结论。然而，尽管这些"未经证实的周期规律"的轮廓可能很模糊，但对于投资和估值而言却依然具有参考价值。还是此前曾经提到过的理念："有没有考虑到"，远比"是否足够精确且可量化"重要。只要考虑到了，就可能带来更多的信息，进而据以获得更多的推论，为认知维度和估值锚定提供更丰富的视角。要想应对其中存在的不确定性，为其分配概率即可。

粗略总结了一下，和周期或多或少有些关联的关键词至少包括：货币、通货膨胀、利率、流动性、杠杆、信用、债务、政府、央行、价格、需求、供给、供求关系、库存、消费、投资、储蓄、贸易、大宗商品、经济增长、房地产、汇率、全球化、产业分工、美元、黄金、石油、科技创新、能源、流行病、人口及其结构、人口迁移、老龄化、就业、教育、文化、资本市场、情绪、国际关系、战争、环境、气候、太阳黑子。

乍一看，其中很多关键词来自宏观经济学。在学校学习宏观经济学时，常常会觉得宏观经济学中很多名词较为抽象和晦涩，然而从事投资工作以后会发现，宏观经济学中的确包含了诸多蕴含规律的关键词。当然，我们无须迷信那些宏观经济理论、模型和结论，对于这些关键词，投资者可以根据自己的观察和试错，给出属于自己的经验数据和解读。

上述这些与周期有关的关键词，有的只是与周期具有相关性，有的可能是周期运行的驱动因素，有的则是周期运行的结果。同时，这些关键词之间也存在着千丝万缕的联系，以及非常复杂的作用机理。

对于这些关键词，本书没有将其进行结构化，也没有刻意梳理出它们之间的内在逻辑。只要在投资和估值时能够考虑到这些要点，并能够根据实际情况进行合理解读和灵活应用就足够了。

接下来探讨在投资和估值中，都有哪些类型的周期。

3.3 宏观经济周期

经济学家基于观察和研究，发现了一些若隐若现的规律，接着，他们将历史数据导入计算机，利用统计软件进行模拟和假设检验，进而总结关于各个经济周期的定量和定性规律。然后，投资者参考这些规律，对企业未来的业绩和资产价格（比如股价）的走势进行预测，进而指导投资和估值行为。

在投资和估值中，有一些宏观经济周期，常常会被投资者当作决策的参照系来使用。按周期由短到长进行排序，分别为农产品周期、基钦周期、朱格拉周期、库兹涅茨周期和康德拉季耶夫周期。在投资不同行业时，将相匹配的周期作为锚定，可以有效提升投资和估值决策的合理性。

1. 农产品周期

很多农产品，比如猪肉、大蒜、生姜，通常会在 1～3 年完成一次价格涨跌的周期，它们依据的是，猪的出栏时间、蔬菜和水果的种植周期。其中，根据经验，猪的周期比鸡、蔬菜、水果的周期要长一些。那么，如何基于农产品周期进行投资和估值决策？一方面，投资者需要掌握相关行业的专业知识和经验，了解其中存在的周期性规律。另一方面，投资者也需要善于在日常生活中进行观察，去菜市场和超市了解价格，去农村实地考察养殖和种植情况，来验证自己关于周期的判断。

▶ 案例 3-2

生猪和小龙虾的产业周期

2019 年以来，猪肉价格快速上涨，伴随猪肉价格的上涨，养猪行业的相关上市公司，无论收入和净利润等财务表现，还是股价都迎来了显著上涨。打开相关上市公司的年报，可以看到公司净利润的增速通常会以 1～3 年为一个周期，呈现出一种"大小年"的规律，其背后也是农产品周期在发挥作用。再比如，2021 年 5 月，由于供给过剩，4～6 钱 / 只规格的小龙虾，虾塘收购价已经降至 3～4 元 / 斤，批发价也仅为 10 元 / 斤。投资者在投资这类农产品养殖和加工企业时，需要考虑农产品周期对企业估值的影响，把握好投资成本和投资时机。一般而言，国家开始收储猪肉的时候，常常是投资布局的时机。伴随猪肉价格的上涨，国家开始投放猪肉储备的时候，常常便是相关资产的卖出时机。

2. 基钦周期

基钦周期是由经济学家约瑟夫·基钦（Joseph Kitchin）发现的一种为期 40 个月左右的经济短周期。基钦周期有时候也被称作库存周期。一个完整的库存周期包括"主动去库存、被动补库存、主动补库存、被动去库存"四个阶段，四个阶段通常耗时约 40 个月。

▶ 案例 3-3

3C⊖产品的库存周期

手机、平板电脑等 3C 产品，常常会面临补库存和去库存的局面。如果市场需求旺盛，导致产品供不应求，那么产品库存将处于一个较低的水平。此时，企业选择扩产主动补库存，可以获得更多的销售收入。随着市场需求

⊖ 3C 为计算机（computer）、通信（communication）和消费电子产品（consumer electronics）的简称。

被满足,企业的库存水平将进一步提高。随着市场需求萎靡,企业产品出现了滞销,进而积压仓库,不仅占用企业的资金,还将令企业承担产品过季、损耗等风险。此时,企业会选择主动缩减产能,减少原材料的备货。同时,为盘活库存所占用的现金流,企业也可能通过打折销售来降低库存。因此,投资者在为诸如苹果产业链(俗称"果链")、小米生态链等3C产品的产业链企业进行估值时,可以锚定基钦周期评估企业的库存及其变化,以此来预判企业未来的产品单价、销售收入、净利润和现金流,进而评估企业在未来一段时间内的成长性。

3. 朱格拉周期

朱格拉周期由克莱门特·朱格拉(Clement Juglar)提出,又被称为设备投资周期。8～10年为一个朱格拉周期。观察设备投资、损耗和更新周期,能够为判断诸如设备提供商的销售订单成长性提供一个参考。

▶ 案例3-4

工业机器人行业的朱格拉周期

对于丰田或本田这类型的主机厂,生产一款新一代车型,从汽车生产线的设备采购、试产、达产,到后期的维修、技改直至淘汰整条生产线,需要经历8～10年时间(目前朱格拉周期呈现日益缩短的趋势)。因此,在为一些工业机器人或系统集成商进行估值时,投资者需要考虑其下游客户(比如主机厂)的设备更迭周期,进而推测出工业机器人或系统集成商未来获取销售订单的趋势,并据以测算企业的业绩和估值。

4. 库兹涅茨周期

库兹涅茨周期由西蒙·史密斯·库兹涅茨(Simon Smith Kuznets)提出,又被称作房地产周期,一个完整的库兹涅茨周期为15～25年。自2000年以来,中国几乎经历了一个完整的库兹涅茨周期。根据中国的情况来看,库兹涅茨周期中房价上涨的时间占大多数,下跌的时间段相对较短但下跌得非常剧烈。在过去的 20 年中，中国的房价似乎一直在上涨，直至近几年才有所放缓。放缓的原因包括经济增长方式的转变、全社会的杠杆率水平的变化、人口老龄化带来的购房需求改变等。同时，房地产周期还是一个影响广泛的周期，上游涉及房屋建造所需的各类设备、建材、人工，下游则会影响到家具、白家电、建筑装饰装修等行业。此外，房地产行业本身还具有明显的金融属性。

5. 康德拉季耶夫周期

康德拉季耶夫周期由苏联经济学家尼古拉·D. 康德拉季耶夫（Nikolai D. Kondratiev）提出，约 50 年为一个康德拉季耶夫周期。周期越长，所基于的分析框架就越高阶，预测起来难度也就越大。康德拉季耶夫周期是较难把握的一个周期。我认为，中国改革开放至今，可以理解为一个康德拉季耶夫周期。经济增长、改革开放、基建投资、人口红利、技术创新、消费升级、国力增强、教育普及、文化自信，整个中国都呈现出一片欣欣向荣的景象。因此，中国年轻人已经默认经济和社会的高速发展是一种常态。

反观日本，在经历了 20 世纪 80 年代经济的大起大落之后，日本从昭和进入平成。在日本年轻人的眼里，康德拉季耶夫周期则是另外一番景象：在日本资产泡沫破裂后，每天看到的新闻都是经济衰退、企业破产、民众失业、社会"内卷"。在"失去的二十年"中，日本出现了广泛的"御宅文化"，很多日本年轻人都成为"NEET㊀族"。他们对社会失去信心，对自己也失去信心。每天待在家中，自暴自弃。

从中国改革开放至今和日本"失去的二十年"来看，康德拉季耶夫

㊀ NEET 为"Not in Education, Employment or Training"的缩写，意思为"不上学，不工作，也不参加就业辅导"。

周期在中日两国活出了不同的模样。就投资而言，投资者需要立足康德拉季耶夫周期选对赛道，特别是需要把握"国内国际双循环"中内循环的投资机会。就估值而言，投资者需要将康德拉季耶夫周期作为最为广泛的锚定，并基于这一最广泛的锚定为时代进行估值。同时，我们也要学习日本的经验，学习在康德拉季耶夫周期出现起伏时与其共存之道。

除了上述五种宏观经济周期，美林投资时钟也是投资者常用的周期视角。美林投资时钟的基本原理为：将宏观经济划分为四种状态——经济增长 + 通货膨胀、经济衰退 + 通货膨胀、经济增长 + 通货紧缩、经济衰退 + 通货紧缩，并根据历史经验，给出各种状态下投资组合（股票、债券、商品、现金）的配置建议。尽管美林投资时钟给出了资产配置的建议，但从中美资本市场的历史数据来看，要想对抗财富的缩水，投资者最好还是投资些什么，而不是持有大量现金。就资产配置而言，若非为了应对流动性的需要，现金是最糟糕的资产。

在运用宏观经济周期进行投资估值时，需要注意两点：

第一，基于宏观经济周期进行估值不能形而上学，不能全盘接受过往的定量结论。这是因为，宏观经济周期本质上是基于对世界的观察，透过模糊的表象，从一个低阶视角（从过去看现在、从局部看整体、从静止看发展）总结的关于经济社会运行的规律。这些关于规律的总结，与完整的事实相比，可能会存在片面和形而上学的情况。对于周期背后的因果关系，以及周期本身精确的作用机理，投资者在认知方面必然存在欠缺。因此，周期工具需要谨慎、批判、灵活地运用。

第二，宏观经济周期应当尽可能地与其他周期组合起来使用。只有从多周期联动的视角，才能将规律看得更全面，将趋势看得更准确。比如，生育周期带来劳动人口的增长，一方面将提升房地产周期的景气度，另一方面也催生消费需求，进而影响库存周期。再比如，通货膨胀周期会影响全社会的货币流动性,从而可能影响投资设备扩产的意愿(朱格拉周期),继而影响达产后的库存周期。采用组合周期视角能避免因视野受限而遗漏某些关键的周期规律。

3.4　行业赛道的周期

在投资过程中,具体的行业赛道,也会存在某些周期性的规律。

区别在于,有些行业的周期性规律非常明显,仿佛"暴风骤雨般猛烈",比如煤炭、钢铁、化工、汽车这类行业,行业内企业的业绩与经济景气度高度相关,通常这类行业被称为"顺周期行业"。有些行业的周期性规律则"润物细无声",比如医药、医疗器械和必选消费这类行业。经济的增长或衰退,对这类行业内企业的业绩的影响似乎有限。

还有一类行业比较有趣。有学者发现,当经济下行时,民众倾向于增加娱乐、酒类等的消费,以此来对抗负面情绪。此外,日本自20世纪90年代起,动漫、游戏等行业的发展,或许也和日本此前的经济下行有关。

接下来,本书选取几个典型行业,分析这些行业蕴含的周期规律,以及这些行业自身的周期会对其他行业产生何种影响。由于涉及的行业众多,个人的投资赛道能力圈难免有限,不当之处可以共同探讨。

1. 房地产

在评估房地产行业未来的成长性时,首先需要关注生育周期,足够的适龄人口是房地产行业需求的来源。同时,需要关注全社会的债务周期,杠杆率过高,购房者的支付能力受限,支付意愿可能也会受到负面影响。在评估房地产企业的成长性时,还需要关注地方政府土地拍卖的周期、房地产企业拿地的周期,以及新房竣工和交房的周期等。

房地产行业的影响范围很广,与房地产周期相关的行业包括:

(1)建材行业。

投资逻辑:房地产行业景气,上游的钢铁、水泥等建材行业的需求显著增加。

涉及周期:库兹涅茨周期、基钦周期。

上市公司举例:海螺水泥、甬金股份、山东钢铁。㊀

(2)工程机械。

投资逻辑:房地产行业景气,建设需要的挖掘机等大型工程机械的需求增加。

涉及周期:库兹涅茨周期、朱格拉周期。

上市公司举例:三一重工、中联重科。

(3)定制家具。

投资逻辑:伴随交房周期的到来,家具的需求呈阶段性增加趋势。伴随年轻人个性化家居需求的兴起,定制家具的需求增长。

涉及周期:库兹涅茨周期、基钦周期。

上市公司举例:欧派家居、索菲亚、金牌厨柜。

(4)定制家具设备。

投资逻辑:交房周期的到来使定制家具的需求增长,进而带来定制家具设备的需求。同时,定制家具企业批量上市(比如,2017 年,金牌厨柜、尚品宅配等多家定制家具企业上市),其所募集的 IPO 募投资金带来定制家具上市公司的设备投资增长,进而推动下游定制家具设备公司

㊀ 说明:本书中提及的所有公司,都不作为任何投资建议,仅作为案例来演示投资和估值理念。

的订单增长。

涉及周期：库兹涅茨周期、朱格拉周期、下游客户的 IPO 周期和募投资金使用周期。

上市公司举例：弘亚数控。

（5）白家电。

投资逻辑：购房者购房后，产生白家电的相关消费需求。

涉及周期：库兹涅茨周期、基钦周期。

上市公司举例：格力电器、美的集团。

（6）风险投资基金的募资。

投资逻辑：风险投资基金的募资周期，与房地产行业景气度周期同向变动。早些年，一些企业和个人投资房地产获利，然后便拿出一部分收益，以有限合伙人的角色参与风险投资基金。因此，房地产行业的景气度，在某种程度上影响着风险投资行业的募资周期。随着母基金和政府引导基金等机构有限合伙人的不断发展，房地产与风险投资基金募资周期的相关性也在逐步降低。

涉及周期：库兹涅茨周期、风险投资基金募资周期。

上市公司举例：略。

2. 新能源汽车（以乘用车为例，暂不考虑商用车）

2020～2021 年，无论 A 股还是美股，新能源汽车头部上市公司的股价都迎来了快速上涨。无论是美股的特斯拉（TSLA.O）、蔚来汽车（NIO.N）和理想汽车（LI.O），港股的小鹏汽车（09868.HK），还是 A 股的小康股份（601127.SH）、北汽蓝谷（600733.SH）和长安汽车（000625.SZ），一年内均录得数倍甚至十余倍涨幅。相关上市公司股价快速上涨的背后，体现的是新能源汽车行业的高景气度。2018 年前后，新能源汽车行业的股票曾经历过一次大幅上涨。但在随后的 2019 年，整个新能源汽车行业经历了补贴加速退坡、去库存、货币流动性收紧等冲击，相关上市公司特别是主机厂的股价长期低迷。与房地产行业类似，新能源汽车行业也是一个影响广泛的行业，接下来按照产业链线条来论述。

（1）新能源汽车主机厂（乘用车）。

投资逻辑：主动补库存、碳中和的需求、技术的突破（比如续航里程的提高、新材料的应用）、成本下降、路权优势等。

涉及周期：基钦周期、碳达峰和碳中和周期。

上市公司举例：特斯拉、北汽蓝谷、长安汽车。

（2）动力锂电池。

投资逻辑：下游主机厂的景气度提升，带来对新能源汽车三大核心零部件——"三电"（电池、电机、电控）的旺盛需求，同时叠加国外日益增长的需求（碳汇交易的需求、对电池等关键零部件的需求）。

涉及周期：基钦周期。

上市公司举例：宁德时代、国轩高科、亿纬锂能。

（3）动力锂电池设备。

投资逻辑：电池生产企业的高景气度，催生其锂电生产设备的投资需求，进而带动上游锂电设备订单的增长。此外，由于锂电池设备行业与工业机器人行业有较高程度的重合，从 2020 年下半年至 2021 年的数据来看，工业机器人行业亦处于高景气度周期。因而在 2021 年，从事锂电池设备的工业机器人制造企业在订单方面都有着不错的表现。

涉及周期：基钦周期、朱格拉周期。

上市公司举例：先导智能。

（4）上游电池材料（锂、钴）。

投资逻辑：新能源汽车渗透率的提升，电池生产企业的高景气度，催生上游对锂、钴等电池材料的需求。

涉及周期：大宗商品周期、基钦周期。

上市公司举例：天齐锂业、寒锐钴业。

（5）下游汽车电子及辅助驾驶系统。

投资逻辑：当新能源汽车的渗透率达到一定程度后，以新能源汽车这台大型"服务器"或"智能手机"为载体，相关操作系统（比如华为鸿蒙车机系统）和应用软件生态将逐步丰富，叠加 5G（第五代移动通信技术）带来的基础设施性能的提升，带动诸如感知系统、决策系统、ICT（信息与通信技术）、智能座舱、智能网联整车等相关汽车电子硬件和解决方案产业的繁荣。

涉及周期：基钦周期。

上市公司举例：德赛西威。

此外，与新能源汽车行业相关的周期还包括："国五"和"国六"尾气排放标准的落地周期、新能源汽车补贴退坡周期以及对应的"抢装潮"周期等。

伴随新能源汽车渗透率的逐渐提升，以及相关技术、解决方案和场景的不断创新与落地，新能源汽车未来将成为一个支撑中国新增长方式的支柱行业。同时，就投资层面而言，也要关注周期回落时赛道产能过剩的风险。

3. 5G 行业

投资逻辑：根据建设节奏 5G 划分为不同的建设周期。比如，5G 第一阶段的投资机会，主要来自 PCB（印制电路板，PCB 又要考虑上游三大原材料——铜箔、树脂和玻璃纤维布，其他包括木浆、油墨、铜球等）、天线/滤波器、基站、光模块、有线主设备。当上述基础设施投资基本完成后，第二阶段的投资机会则来自 5G 的应用场景、网络可视化等。此外，还可关注 5G 专网、物联网、工业互联网、车联网等场景的解决方案应用。

涉及周期：技术研发周期、基站投资建设周期、朱格拉周期、基钦周期。

上市公司举例：中兴通讯、中国电信、烽火通信。

4. 苹果产业链

投资逻辑：苹果（AAPL.O）是一个体量庞大的"巨无霸"，苹果产业链已经可以自成体系。苹果每次发布新品，都会对产业链上下游产生巨大影响。产业链公司的业绩，往往伴随苹果新品发布的"大小年"而波动。比如，苹果发布一款新品，歌尔股份、立讯精密等苹果供应商的业绩都可能因此增长。苹果手机结构的巨大改动，比如摄像头位置的变化、屏幕尺寸的变化，则可能影响投放给检测设备供应商的订单，进而影响相关公司的业绩。同样，如果被从苹果供应链名单中剔除，则公司的投资逻辑可能将面临被证伪。

涉及周期：苹果产品的发布周期、库存周期、技术迭代周期。

上市公司举例：歌尔股份、立讯精密、欧菲光。

5. 游戏

投资逻辑：在评估游戏行业公司的成长性时，需要关注的周期因素如下。

（1）游戏的生命周期。不同类型游戏的生命周期大相径庭：一款优秀的大型多人在线角色扮演游戏（Massive Multiplayer Online Role Playing Game，MMORPG）的生命周期甚至能达到 6～8 年，而一款网页游戏无论多么优秀，生命周期能坚持一年已经实属不易。

（2）游戏版号的发放周期。游戏版号是相关监管部门批准游戏出版运营的批文号。2018年，游戏版号暂停签发，导致包括腾讯在内的多家游戏行业公司股价大跌。2021年下半年，游戏版号再次暂停签发。游戏版号的签发周期，直接影响游戏公司的新游戏能否上线，是评估游戏公司成长性和估值的重要参照。

（3）生育周期。此外还需结合生育周期考虑游戏用户人群的需求。比如，中老年玩家可能更青睐诸如休闲类、棋牌类等游戏类型，而年轻玩家的需求则更为广泛。

（4）游戏的上线/发布周期。一款新游戏的上线，如果与竞品特别是行业龙头产品的上线档期相冲突，可能会造成用户分流，进而影响该款游戏最终的市场表现。

涉及周期：产品生命周期、政策周期、生育周期、竞品发布周期。

上市公司举例：腾讯控股、吉比特。

6. 教育

投资逻辑：评估教育培训公司的成长性时，需要先划分产品类型和目标人群，分类考虑相应的周期因素。

（1）生育周期会影响适龄的培训人群，特别是学前教育（比如早教）和K12教育（幼儿园、小学、初中和高中教育）。同时，政策周期也可能影响学前教育和K12教育类公司的成长性，比如当禁止暑期补课、禁止校外的K12教育培训时，该类公司的业绩将大幅下滑，投资逻辑甚至可能被证伪。

（2）经济景气度可能影响"考研"和"考公"的培训——历史数据表明，经济景气度越低，考研的人数越多，应届生也可能更倾向于报考公务员，由此催生相关培训需求。

（3）当资本市场火热的时候，"投资理财"等类型的培训需求可能较为旺盛。

涉及周期：生育周期、政策周期、高校扩招周期、资本市场周期。

上市公司举例：新东方、好未来、中公教育。

7. 航空和酒店

投资逻辑：对航空业而言，评估成长性需要考虑的因素如下。

（1）燃油价格。燃油价格决定了航空公司的成本。当经济景气度高的时候，油价上涨预期强，航空公司将面临较高的成本，因而估值时需要考虑经济景气度带来的油价涨跌周期。

（2）汇率（美元周期）。航空公司由于涉及客机的采购、维修等业务，会涉及以美元等外汇进行结算的情况，同时燃油的采购往往采用美元计价，汇率也可能由此影响成本。此外，由于涉及国际航线，航空公司的收入端也可能受到汇率的影响。

（3）需求。经济不景气会使航空公司的订单量大幅减少，因而在估值时亦需要考虑诸如流行病、战争、国际关系等影响需求的重大因素。

涉及周期：宏观经济周期、美元周期、油价周期等。

上市公司举例：中国东航、春秋航空。

与航空业类似的还有酒店业，在评估其成长性时，也需要考虑诸如房价、汇率、需求等因素及其变化周期。

8. 农林牧渔

投资逻辑：农林牧渔行业有着明显的农产品周期属性。比如，二级市场的养猪企业正邦科技（002157.SZ），股价自2018年7月年内最低点起，一年内录得数倍涨幅，猪肉的价格甚至一度超过牛肉的价格，农产品周期由此尽显。但农产品周期来得快去得也快，进入 2021 年，猪肉价格又快速下跌（2021 年 5 月，生猪批发价降至 20 元 / 公斤）。

涉及周期：农产品周期。

上市公司举例：正邦科技。

9. 国防军工

投资逻辑：相对其他一些行业而言，国防军工行业的订单比较难追踪。同时，国防装备的更新换代周期、不同时期的战略规划和投资预算，甚至包括美国总统的更迭周期都需要纳入国防军工行业投资的考虑当中。此外，技术路线的升级换代所带来的需求变化，也应当纳入行业投资的考虑之中。

涉及周期：国防装备更新换代周期（朱格拉周期、库存周期）、不同时期规划及预算周期、美国总统的任期。

上市公司举例：中航沈飞。

10. 信创产业、数字人民币和银行 IT

投资逻辑：在经历了芯片等"卡脖子"的阵痛后，2019 年起，我国将信创产业（信息技术应用创新产业）纳入国家战略。信创产业是指，为保障我国的信息技术安全，过往由国外厂商掌控的核心芯片、操作系统、服务器等领域，未来将实现进口替代。信创战略的提出，为银行 IT 带来了新的更新换代需求。伴随数字人民币试点的铺开，叠加信创产业带来的银行 IT 的升级换代，相关银行 IT 解决方案提供商迎来了新一轮的行业景气周期。在评估银行 IT 等行业的成长性时，需要关注上述相关周期。

涉及周期：信创投资周期、银行IT更新换代周期、数字人民币推广周期。

上市公司举例：宇信科技、长亮科技。

除了上述十大行业赛道之外，还有很多行业也呈现出周期性的规律，在评估成长性和估值时需要加以考虑。比如：

证券行业上市公司的业绩，往往和当年的社会融资规模（流动性周期）相关。一般而言，货币流动性越高，证券行业的业绩越好。

保险行业公司的业绩，往往和生育周期相关。未来伴随人口老龄化程度的进一步加剧，以及医保控费力度的提升，保险行业将迎来新的市场需求。

传媒和营销行业的订单，往往和宏观经济的景气度周期相关。宏观经济景气度高，企业有更多的资金和意愿加强广告投放，反之则需求下滑。

电子烟行业的景气度，短期内受到政策的监管周期影响。长期来看，随着消费习惯和人口年龄结构的变化，电子烟行业的渗透率将迎来显著提升，电子烟设备生产企业、香料供应企业、烟标印刷企业以及部分终端零售企业，或许将迎来结构性的机会。

此外，伴随中国人口年龄结构的改变，"千禧一代"可能从传统白酒转向诸如苏打气泡水、果酒等新品类的饮料，赤藓糖醇替代果葡糖浆的趋势日渐显现，相关行业公司的估值逻辑也可能由此而发生改变。当然，现泡奶茶也是"千禧一代"重要的消费选项。

总之，投资者只有真正懂一个行业，能够吃透行业周期所蕴含的趋势性规律，才能做出更为合理的投资和估值决策。

3.5 风险投资视角下的周期

一位风险投资人在管理基金的过程中，也需要关注一系列与风险投资相关的周期，具体包括：

1. 项目周期

风险投资人通过承揽获得一个拟投资项目后，对内需要经过投资机构的立项会、项目讨论会、项目评审会、项目投资决策委员会等决策流程；对外需要从业务、财务和法律角度，对创业企业的高管、供应商、客户、竞争对手以及中介机构和行业专家等进行访谈与调研；确定投资后，还需完成后续的商务谈判、投资协议起草和签署、投资打款、工商变更等交割流程。一个完整的项目周期，一般至少需要3～6个月。如果将项目周期拓展至"投资+投资后管理+项目退出"的完整过程，那么项目周期短则1～2年，长则6～8年。项目周期是风险投资人评估成长性和估值时特有的思维模式。

2. 基金周期

国内风险投资基金的存续期一般为5～10年，国外风险投资基金的存续期可能长达十余年。在一个基金存续期内，为提高资金使用效率、节约资金成本，很多风险投资基金采用分期打款的形式，因而风险投资人需要考虑有限合伙人的打款周期。需要结合当时市场的估值水平和企业质地，对投资节奏进行把控，控制好基金的投资进度。需要结合被投资企业发展情况和资本市场环境，选择合理的项目 IPO 申报周期。同时，还需要规划和主导被投资企业上市后的退出周期，以便从投资回报率和投入资本收益率（Distributed to Paid-in Capital，DPI）两个维度，为基金争取更高、更快的投资收益。风险投资人对于基金周期的考量，也呈现出风险投资特有的属性。

3. 中国多层次资本市场的建设周期

多层次资本市场是风险投资退出的主要渠道，正因如此，一个新的资本市场板块的开设，总会带来一阵风险投资的热潮。曾经听一位风险投资前辈说，2000年左右他选择从事风险投资，就是因为听说国家即将推出"高新技术板"。后来，尽管没有等来"高新技术板"，但前辈们对于高科技风险投资的坚守，还是获得了来自中小企业板和创业板的褒奖。2010～2011年风险投资基金募集的火热，与2009年创业板的开板、创业板当时平均100多倍的市盈率不无关联。2013年12月14日，"全国中小企业股份转让系统"（"新三板"）的开板，令风险投资机构看到了新的投资和退出渠道，众多"新三板基金"应运而生。再后来，科创板的开板、创业板注册制的实施、北京证券交易所的开板，都为风险投资行业带来了新机遇。在从事风险投资的过程中，对于中国多层次资本市场建设周期的把握和提前布局至关重要。同样的板块，不同的时间，市场的估值中枢可能大相径庭。

4. 二级市场投资者情绪周期

尽管风险投资基金的有限合伙协议约定，不允许投资二级市场股票，但二级市场投资者情绪周期却与风险投资的"募投管退"息息相关。在牛市阶段，由于二级市场赚钱效应明显，投资者的情绪被充分调动，大量资金会溢出到一级市场，进而有利于风险投资基金的募集。在过去十多年中，2010年下半年和2015年上半年，出现了典型的二级市场带动一级市场的情形，多只风险投资基金实现了超额募集。在熊市阶段，二级市场投资者情绪低落，同时由于资金被套牢，很难有多余资金投资一级市场，2018年便是一个典型。

二级市场投资者的情绪，不仅会影响二级市场的股票估值，也会影响一级市场的投资估值。二级市场估值中枢抬升，一级市场投资估值也会随之水涨船高，反之亦然。根据经验，二级市场由于情绪导致的估值体系变化趋势，会在半年至一年后的一级市场估值中有所体现。因此，风险投资人应关注二级市场投资者的情绪周期。

5. IPO审核周期

IPO审核周期影响着风险投资基金投资项目的退出，是风险投资人需要重点考虑的周期因素。在中国从事风险投资，最为担忧的莫过于监管层暂停IPO。从过往历史看，当二级市场步入熊市，为了"维护股价"，监管层常常会选择暂停IPO来降低股票供给，以期股票市场止跌。在过去十余年中，风险投资最为艰难的年份，莫过于2012～2014年IPO暂停的3年。2010～2011年众多风险投资基金完成了超额募集并投资了很多项目，随后IPO便暂停了3年，这些风险投资基金一时间失去了项目退出渠道，可谓举步维艰。

事实上，股价下跌的原因有很多，包括宏观经济波动、货币流动性紧缩、前期涨幅过高、退市机制不畅等。暂停IPO会打击创业企业的积极性。近年来，随着理念的迭代，监管层已经不再将暂停IPO作为宏观调节手段，同时还通过注册制改革、缩短IPO审核周期等举措，极大激发了中小企业的创业热情，以及风险投资机构投资高科技、硬科技企业的热情。尽管从事证券投资不太喜欢IPO提速，因为增加了上市公司的供给，分流了场内的资金，同时也不喜欢"大小非"⊖的解禁和减持，因

⊖ 公司上市前的股东。

为减持可能令股价承压，影响上市公司的估值，但就资本市场的健康发展而言，应当为创业团队和风险投资机构设立通畅退出的激励机制，以此来鼓励创业、创新和创投。从 2022 年上半年的情况看，A 股的退市机制较以往有了很大程度的改观。有上市，有退市，才能让资本市场更健康。

3.6　周期的估值逻辑

按照我的猜想，宇宙的运行方式可能有两种：

第一种，事物不断突破原有的边界，不断轻易地打破旧秩序，最终走向失控。

第二种，尽管事物在不断尝试突破阈值，但大多数时候都会被闸门挡回来，难以轻易逃逸。只有当条件特别适合，甚至存在一些偶然因素的情况下，才能突破阈值，建立新的秩序体系。

第一种运行方式看似直接，但由于旧的秩序很难持久，因而在大部分时间里，宇宙都将运行在一个非稳定的状态，这对于生态内大部分种群而言很难适应和存活。同时，这种运行方式很容易就会走向失控，从而令整个系统发生剧烈的熵增[⊖]，最终可能令系统走向无序和混沌。

第二种运行方式，一方面不排斥创新（条件合适就可以突破阈值建立新秩序），另一方面在大部分时间里，原有秩序依然会发挥主导作用，从而形成一种规律性的自我调节机制，令系统在发生熵增时进行熵减的干预，最终令系统重回有序。**系统的这种自我调节的机制，表现出来的形式就是一系列的周期现象。**

⊖　熵是热力学中的一个概念，可以简单理解为"混乱程度"。一个系统如果发生熵增，就说明正在走向无序（不好）。如果发生熵减，就说明系统正在走向有序（好）。

至少从目前的感知来看，这个世界充满了周期性的规律。我们无须探究周期产生的根本原因，既然处于这个充满周期的世界，索性就把这些周期研究透彻，然后用来帮助我们解决问题，比如运用周期来进行估值。接下来完整总结一下，如何基于周期进行迭代估值：

第一步，形成周期的思维，主动去感知周期。首先，投资者要真正认可周期的存在。然后，投资者需要主动去感知周期的存在，基于碎片化的观察体会周期的真实"触感"，最终形成一个又一个关于周期的思维框架。

第二步，基于相关的周期，进行估值区间的迭代。比如：

康德拉季耶夫周期可以帮助投资者从时代的视角，确定一个最外层的估值区间。如，欣欣向荣的中国和"失去了二十年"的日本，由于二者的成长潜力存在巨大差异，因此在为二者确定初始的估值中枢时，就应当基于康德拉季耶夫周期进行充分考量。至此，康德拉季耶夫周期帮助投资者完成了估值区间的第一次迭代。

- 库兹涅茨周期、朱格拉周期、基钦周期和农产品周期，可以帮助投资者从货币流动性、具体行业周期等角度，完成估值区间的第二次迭代。
- 投资者情绪周期、资本市场周期等，可以帮助投资者提升关于当前市场估值体系的认知。基于当前市场所认可的估值体系，投资者可以完成估值区间的第三次迭代。
- 此外，基于风险投资或证券投资等不同类型投资的特点，投资者还可以从项目周期、基金周期、主力运作周期等不同视角，来为特定类型投资进行估值区间的第四次迭代。

在基于上述周期进行估值区间迭代时，需要从四个方面进行灵活、合理的运用：

第一，需要把握好周期本身的各种属性，以及这些属性对估值的影响。周期的属性包括一个周期的久期、内在结构、频率、节奏、坐标（起点、终点）、位移，以及周期作用于估值的振幅、变化方向、反馈路径、影响强弱和概率。

第二，需要把握好多个周期叠加后对估值的影响。包括：周期之间的共振、抵消、扰动、驱动、联动、拼接、嵌套，以及其他更为复杂的结构和作用机理。

第三，从周期的规律中，寻找用于构建价值逻辑的原材料。周期视角更像一个环境的视角，尽管可以帮助投资者缩小估值区间，但颗粒度不够细。投资者需要在这些周期中，寻找到可以进一步用于构建价值逻辑的原材料，进而用于构建投资标的的价值逻辑。

第四，放弃精确的数量模型，用心去感知周期。投资者不要尝试把周期具象化。这是因为，具象化往往意味着认知的降维。追求精确的模型或定量结论，有时候反而会让人远离事物的本质。

感知周期的最高境界，就是找到"那种感觉"：虽然对周期的感知有些模糊，永远"隔着一层纱"，但能够确信范围已经基本覆盖了"靶点"。各种周期形成了一种网状结构——动态、有弹性、自适应、基本靠谱。

| 第 4 章 |

行业估值的逻辑

"先选赛道,再选选手"是风险投资的行业共识。在选择投资的赛道时,"顺势而为"往往比"困境反转"拥有更高的确定性和投资性价比。立足行业估值基因、市场容量、行业增速、产业链格局、行业需求和政策风向,能够系统评估赛道属性对创新型企业估值的加持。

4.1 钓鱼的故事

▶ 案例 4-1

钓鱼中的投资感悟

小陈的父亲是一位钓鱼迷,在小陈很小的时候,他就经常带着小陈去钓鱼。于是,小陈也成了一位有着 30 多年钓龄的老钓友。

钓鱼很容易上瘾。以下是一些只有钓鱼人才看得懂的心理和行为:

(1)第二天钓鱼,前一晚基本都会失眠。

(2)大半夜每隔一段时间,就爬起来看一下时钟,巴不得立刻天亮。

(3)以为睡了很久,醒来发现还是半夜,然后更加难熬。

（4）一闭上眼，满是浮漂上下浮动的画面。

（5）清晨的闹钟，无比悦耳动听。

（6）到了鱼塘/水库边，一刻也无法等待，以最快的速度拴上鱼线、下饵垂钓。

（7）非常反感其他钓友靠近自己的地盘。

（8）久久没有鱼上钩，于是各种鱼饵换了个遍，依然没有效果。

（9）收杆时总会患上"拖延症"——一定要"再钓最后一个饵"，仿佛最后一杆一定会钓到大鱼。

（10）不钓鱼的时候，没事就把渔具拿出来挥舞两下，悉心擦拭，过过干瘾。

对于一位股民而言，"（1）～（4）"=周日晚上，"（5）"=交易日的9:15，"（6）"=交易日的9:30，"（7）"=别人打听自己的持仓，"（8）"=持有的股票不涨，"（9）"=坚持到交易日的15:00才关闭交易软件，"（10）"=非交易日阅读研报、浏览股吧。

钓鱼如此令人着迷，原因在于勾起了我们来自远古狩猎时的某种共鸣。钓鱼很像是在打猎：第一，钓到鱼能够带来获得感。钓鱼人往往自己不爱吃鱼，以前钓鱼回家吃不完，总是到处送鱼给亲戚朋友。智能手机流行后，钓鱼人不再为送鱼而烦恼，和钓到的鱼拍照发朋友圈然后放流，已经成为钓友们的常规操作。钓鱼不为鱼，只为一种获得感。第二，充满未知的新鲜感。现如今，野钓日益流行。野钓最大的魅力在于，每一次下钩，都不知道可能钓上什么种类的鱼，这种体验比在精养鱼塘钓鱼有了显著提升。此外，各种充满新鲜感的陌生钓场、富有探险意味的野外环境，都勾起了我们的祖先远在渔猎时期的记忆。

钓鱼人最不愿见到的，就是忙活了一天，浮漂却一动不动。比这更不愿见到的，则是别的钓友"连杆爆护"，自己的钓点却"静如止水"。在面临这一局面时，钓友通常有两种策略：

第一种：坚守。这类钓友相信，大鱼距离自己的钓点已经很近了，再坚持一下，鱼就会咬钩。此时如果更换钓点，然后别的钓友在自己原来的钓点钓到大鱼，这种感觉比踏空一只大牛股还要难受。小陈偏爱坚守的策略。

第二种：游钓。如果在某个钓点蹲点了一段时间，依然没有鱼咬钩，且换了鱼饵也不行，有些钓友会认为，这一定是钓点的问题。于是，他们会重新观察，并和当天战绩好的钓友进行交流，然后重新选择钓点、不断试错，直到找到一个能钓到鱼的钓点。小陈的父亲偏爱游钓的策略。

第一种策略，好比逆向投资，在大多数人都不看好的时候依然坚守。

第二种策略，好似趋势投资，不断观察环境、总结原因并及时改变。

正因如此，小陈可能更适合风险投资这类"买定离手、长期坚守"的投资。如果小陈的父亲也从事投资工作，他可能更适合在二级市场从事趋势投资。

钓点，好比投资的行业赛道。

天气，好比影响行业的外部环境。

钓饵和钓法，则属于具体的投资策略。

对投资而言，要钓到大鱼，首先要选一个好的钓点（投资赛道），然后提前查看天气预报（行业景气度、政策），进而制定合理的投资策略并实施。

4.2 投资中的行业赛道能力圈

风险投资人主投什么样的行业赛道，决定因素多种多样：

行业前景。 投资的最终目的是盈利。一些风险投资人为了获得更好的投资收益，自然更愿意投资那些景气度高、投资机会多的朝阳行业。

个人禀赋。 风险投资人自身的专业背景，往往会决定其主投行业。一只创新药风险投资基金，往往只会招聘具有医药背景的人才，应聘者甚至最好曾是医院科室主任或大药厂的研发总工。一只信息技术风险投资基金，可能只愿意招聘信息技术行业出身的人才，最好还是来自"BAT"（百度、阿里巴巴、腾讯）的产品经理。

所在投资机构的风格。 一些国有背景的风险投资机构，更愿意投资处于成熟期的企业（Pre-IPO项目）。由于Pre-IPO项目机会往往不容易获得，因而投资机构可以放宽投资行业的限制，同一只基金可以投资不同行业的成熟企业。因此，一些国有背景风险投资机构的投资经理，可能同时覆盖多个行业赛道。

个人兴趣。比如，年轻的风险投资人投资互联网和游戏，女性投资人投资消费和医美，关注养生的投资人投资医疗和体育，对文娱行业感兴趣的投资人投资娱乐和社交。如果一位风险投资人能够投资自己感兴趣的行业，那么无论工作体验还是投资收益，大概率都会有一个不错的结果。

▶ 案例 4-2

行业投资能力圈的确定

早在刚毕业进入风险投资行业时，我就在思考自己未来应当投资什么赛道。作为一位会计专业背景的风险投资人，尽管在学校学过一些财务分析和估值方法，但在确定主投行业时，却不如医药、机械、计算机等专业背景的风险投资人来得一目了然。思来想去，我认为自己在行业方面没有特长，唯一的特长是喜爱网络游戏和互联网产品，有着对新技术和新模式的热爱。此外，还考虑到可能比年长的风险投资人更能理解游戏和互联网的需求与体验，同时赛道本身也比较有趣，于是将互联网确定为主投方向。随后几年，伴随移动互联网、智能手机和 4G 的出现，基于技术创新和模式创新的互联网创业项目层出不穷，正好也与我选择的投资赛道不谋而合。

2015 年，伴随二级市场的牛市，移动互联网行业投资来到了一个小高潮。随后，一级市场基于商业模式创新的项目日渐式微，"忽悠"的项目越来越多，好项目越来越少。

就在此时，我接触到了投资工作中的第一个医疗项目——一家从事分子诊断（Molecular diagnostics，MDx）和"CAR-T"创新疗法的医疗企业。早年填报高考志愿的时候，我就希望当一名医生，结果最后也没当成。尽管如此，业余时间我还是爱阅读诸如中医、分子生物学之类的书。2015 年，我在考察该医疗企业时忽然意识到，当时互联网行业所强调的"刚需"，在医疗行业得到了充分的体现。医疗行业所蕴含的，正是人类最为刚性的需求——健康和生存。刚性需求的背后，体现的是行业投资的机会。此外，伴随人口老龄化的加剧，医疗行业的投资机会和社会意义都将日益凸显。因此，我将医疗确定为第二个主投方向。

在涉足互联网和医疗行业之后，某年夏天，我参与了一家新能源专用车主机厂的尽职调查。经过一段时间的调研，我不禁感叹新能源汽车真是一个高成长的大赛道。彼时，新能源汽车行业渗透率尚不足5%，替代燃油车的想象空间巨大。于是，新能源汽车成为我的第三个主投赛道。

上述三个赛道的选择，互联网源于兴趣，医疗源于行业机会、个人情结以及投资的意义，新能源汽车则看重的是行业前景。后来，我选择专注于医疗行业中的医疗器械细分赛道。医疗器械这个赛道很有意思，同时叠加了医疗、先进制造和科技三个优质行业的属性，正好也是此前医疗、新能源汽车和互联网三个赛道的结合，这是一个有趣的巧合。

在能力圈中做投资，赚取认知范围内的钱，只投资看得懂和有产业资源积累的行业，已经成为当下风险投资行业的共识。

4.3 行业赛道的初始估值

曾经有段时间，一些投资人对美股中概股游戏公司偏低的估值一直百思不得其解。彼时，一些不错的中概股游戏公司，每年收入和净利润稳定增长，产品线层次丰富，生命周期配置合理，拥有超过70%的高毛利率，现金流也非常好，资产主要由货币资金组成。然而，就是这么看似"完美"的企业，估值却一直处于很低的水平。当时的美股市场，游戏公司通常只有十几倍甚至几倍的市盈率。

相比之下，当台积电不再为华为代工芯片时，同为芯片代工企业的中芯国际便寄托了众人的期望。尽管中芯国际的纳米制程水平与台积电、三星相比还有较大差距，但这仍然无法阻止科创板在中芯国际上市首日为其给出7500亿元的市值。同样，科创板的一些芯片公司，尽管大幅亏损，但估值已达到数百亿元。在一级市场中，一些持续亏损的芯片公司，融资估值也常常动辄高达数十亿元。

不同赛道之间，似乎天然存在一种估值的"血脉歧视"：无论"王者荣耀"多么火爆，终究也只是一款游戏。作为和平盛世时期的一种消遣工具，它注定在"估值血脉"方面要弱上"卡脖子行业"一截。在资本市场中，类似的"血脉歧视"现象时有发生：

▶ 2017年左右，一家每年亏损数亿元的小分子创新药研发企业，虽然只有几款"me-better"类型的管线，且刚刚进入临床试验二期，但估值却达到数十亿元。对于一些创新医疗器械上市公司，资本市场更是给出100多倍的市盈率。

▶ 对于一家盈利的传统制造企业，风险投资人只能接受10～15倍市盈率的估值水平。也就是说，即便企业每年的净利润为1亿元，估值也很难超过15亿元，这还是当下的价格。十年前同样的传统制造业企业，投资的市盈率倍数更是只有8～10倍。

▶ 以前，对于一家从事光伏电站建设和运营的公司，风险投资人能够接受的市盈率倍数往往只有个位数水平。风险投资人甚至会将这类项目视作一个类固定收益的项目，基于企业已经拿到的项目订单、从发改委获得的"路条"，以及进入补贴目录的情况，基本可以测算出企业未来的现金流折现。这类项目由于缺乏爆发式增长的想象空间，风险投资人往往只能接受较低的估值。

由此可见，不同行业赛道中的公司，所赚得的每一元钱的净利润，"含金量"并不相同。"含金量"的高低，最终反映在市场给予赛道的估值上。

当然，这种关于"估值血脉"的共识，会随着时代的发展而变化。比如，在碳中和战略实施的环境下，伴随碳排放交易市场的建立，"风光锂储"（风电、光伏、锂电池、储能）正在迎来较大幅度的估值提升。然而，随着供给的增加，以及带量集中采购步伐的推进，靶点类似的创新药、生物类似药正在步仿制药的后尘，估值水平较数年前出现显著下滑。需要强调的是，尽管资本市场存在估值"血脉歧视"的现象，但这终究只是一种资本逐利的市场行为，行业本身并无贵贱之分。

对于风险投资人而言，如果投的是一个传统行业，一旦投资成本过高，或是企业发展未达预期，由于这类传统行业难以获得较高的估值容忍度，风险投资人在退出项目时便会有些棘手。因此，每一位风险投资人，都希望能投资那些退出时估值更高的行业赛道。我认为，以下几类行业赛道，天然拥有一个相对较高的初始估值。

1. "战略要地"

长期以来，中国本土的核心软硬件，无论是电脑端还是移动端都被国外产品所占据。从 IOE（IBM、Oracle、EMC）到 Wintel（Windows-Intel），这些产品的触角遍及政府、企业、科研院所等方方面面，给国家安全带来了极大隐患。随着"棱镜门事件"、思科漏洞等的曝光，以及西方对华为、中兴通讯等公司的打压与封锁，我们已经清醒地认识到，中国的核心软硬件系统必须实现全面国产化。

基于此，自 2019 年起，中国开始大力推动"信创产业"（信息技术应用创新产业）的发展，以此来实现 IT 基础设施（比如芯片、服务器、云服务等）、基础软件（比如操作系统、中间件）、应用软件（比如 ERP、政务应用）、信息安全软件和硬件（比如防火墙）等的国产化。

其中，诸如华为的鸿蒙系统、拥有芯片代工能力的中芯国际等，便属于不可替代的"战略要地"。同理可得，新能源汽车产业链、光伏和储能基础设施、保障民生健康的医药和医疗器械的研发与制造能力，甚至包括核武器在内的军工产品的生产和制备能力，都是一国必须占据的"战略要地"。这类"战略要地"对应的行业赛道之所以值得更高的估值，原因在于其可以"庇护"很多其他行业。缺少了芯片，我们可能连手机都开不了机，更不用说玩手机游戏了。缺少了国家安全，我们可能什么都做不了。

2. "底层行业"

本书将"底层行业"定义如下：这类行业可以为其他行业赋能，甚至可能完全改变其他行业的生态。比如，互联网和移动互联网，为商业社会带来了互联网思维，以及各行各业的"互联网+"应用。5G为我们带来了通信体验的大幅提升，伴随基础设施的落地，将有诸如工业互联网、虚拟现实、增强现实、智能驾驶等更多的新应用、新场景、新业态涌现。此外，人工智能、区块链、工业机器人等在各个具体行业的应用落地，将很大程度改变当前存在的各种业态。

投资"底层行业"拥有诸多优势。首先，"底层行业"往往是一个拥有很大市场容量的行业，产业链本身就蕴含了巨大的投资机会。其次，"底层行业"能够为其他多个行业赋能，进而带来其他行业更多的投资机会。"底层行业"就好像阳光和雨露，滋润着万物的生长。

3. 新鲜感溢价

新鲜的事物天然拥有估值溢价。虽然投资者都将贵州茅台视作白马股的典型，但由于关于贵州茅台的市场认知和价值共识已经极其充分，证券分析师的研究报告也已不计其数，普通投资者已经很难基于认知优势来获取超额收益。最终，股价要上涨，只能依赖大体量的资金来不断推高估值。

新鲜事物的估值溢价，主要来自三个方面：

（1）认知的相对优势。新的事物由于市场认知相对不足，存在更多的认知偏差。如果投资者能够基于专业能力发现低估的机会占得先机，待市场充分发掘新事物价值的时候，在市场情绪最为高涨时卖出，将是一次合理的投资行为。

风险投资人对于新鲜感溢价，可能有着更为深刻的感受。在从事二级市场投资时，风险投资人往往拥有一个优势——由于风险投资主要投资新技术、新模式以及新的行业赛道，而上市公司往往都属于较为成熟的行业和企业，因而风险投资人对于新事物的认知，有时候会比二级市场的平均水平更早一些。

于是，一些风险投资人尝试从一级市场获得关于新事物的认知，然后提前在二级市场中完成布局。尽管有时候等待风口的时间会很久，但不失为一种稳妥而有趣的逆向投资策略。当然，伴随科创板和创业板注册制改革的实行，以及北京证券交易所的开板，更多拥有高成长潜力的中早期企业也有了上市机会，二级市场投资也由此呈现出"一级市场"的特征，即认知阶段前移，行业研究的要求越来越高。

（2）健康、年轻的状态。以次新股为例，一个刚刚晋级的上市公司，经历了证监会和交易所的重重考验，最终拿到了上市门票。此时，公司就好像刚刚经历了高考的大一新生，在规范性、成长性以及心气等各方面都处于良好状态。相比一些历史遗留问题重重、积重难返的"老"上市公司而言，这些刚刚上市的公司显得更加生机勃勃⊖。同时，资本市场给予其更有效的资源配置，将在未来一段时间对公司的经营管理提供加持。因此，投资者会发现，次新股的相对估值指标，往往要高于同行业

⊖ 当然，也不排除有些新股存在通过盈余管理甚至造假闯关 IPO 的情况。

的对标上市公司。

（3）更为简单的交易环境。以证券投资为例，次新股由于刚刚上市，流通股的筹码结构相对简单，散户甚至可以先于机构和"游资"完成建仓。同时，由于机构和"游资"建仓需要时间，因此次新股的控盘度一开始往往相对较低，与一些已经被高度控盘的"庄股"相比，在这类股票上"散户"有时能够占据先发优势。此外，上市一年内的次新股也不存在来自"大小非"的减持困扰[一]。

投资就是投未来，在成长性价值逻辑下，朝气蓬勃、精力旺盛的年轻行业和企业，往往能够相对那些缺乏第二曲线的"迟暮者"获得更多的市场青睐。

4. 辨识度的溢价

在科创板开板之前，我曾经把科创板 IPO 申报企业的招股说明书都学习了一遍，希望能发现一些新鲜的技术、模式和细分赛道。其中一家从事量子通信的申报企业，给我留下了深刻的印象。

IPO 申报企业的招股说明书第六节"业务和技术"，主要介绍发行人所处的行业及业务情况，这一节的篇幅一般不会超过 100 页。然而该企业招股说明书（申报稿）的"业务和技术"一节，足足有 150 页。这一节之所以篇幅如此之长，主要是因为涉及大量关于量子技术的介绍。

在面对这些晦涩难懂的技术时，我一个深刻的体会是，如果一个投资标的拥有极高的辨识度和技术壁垒，那么这种壁垒可能为其在资本市场赢得一个较高的估值。在极端情况下，如果投资标的拥有极强的辨识度，即企业是"唯一"的，那么，由于市场中缺乏对标企业，在投资标

[一] 在注册制环境下，次新股在一年内也存在减持，但由于减持量较小，对股价的影响也较"大小非"减持要小得多。

的缺乏估值锚定的情况下，无论市场为该企业给出多高的估值，都将无法被证伪。由此可见，**独特性产生稀缺**。在供求关系影响下，企业更高的辨识度往往意味着更高的估值。

4.4 评估市场容量

行业赛道的市场容量，是构建价值逻辑的关键因素。一般认为，应当投资那些"天花板很高"的行业赛道。所谓"天花板很高"，是指行业的市场容量很大。市场容量大，才能为企业的成长性留足空间。如果一个行业的市场容量只有1亿元，即便某企业的市场占有率为100%，营业收入也只有1亿元。如果一个行业的市场容量达到1000亿元，那么即便行业内某企业的市场占有率只有1%，营业收入也可以达到10亿元的规模。

市场容量有多种统计口径，具体包括：

（1）一年之内行业所有产品的销售收入总额。比如，2020年，中国所有渠道销售咖啡取得的收入总额为1000亿元。1000亿元就是中国咖啡市场一年的市场容量。

（2）行业内潜在的产品销售收入总额。比如，假定中国共有14.1亿人，其中10%的人都喝咖啡。假定每人每周喝一杯咖啡，咖啡的平均单价为15元。那么当前中国咖啡市场潜在的市场容量为14.1亿 × 10% × 52 × 15=1099.8亿元/年。其中"10%"为行业渗透率。

（3）根据单个企业的销售收入和市场占有率，反推行业的市场容量。比如，2020年，星巴克在中国全年的咖啡销售额为200亿元，星巴克在中国的市场占有率为20%，由此可以推测出中国咖啡市场一年的市场容量为1000亿元。

市场容量的测算并非总是一目了然，因而投资者在评估市场容量时，需要善于发掘潜在的市场。

▶ 案例 4-3

O 药适应症的拓展

2019 年 10 月，Opdivo（纳武单抗，俗称"O 药"）经国家药品监督管理局（NMPA）的优先审评审批后，拿下了第二项适应症，实现了中国市场适应症的扩展。也就是说，O 药以前在中国只能用于 A 疾病的治疗，在这次批准后，也可以用来治疗 B 疾病。因此，O 药在中国市场所对应的市场容量，从 A 疾病对应的市场，拓展至 A+B 的整个市场。

市场容量的测算，除了需要发掘潜在的市场，还要排除不属于的市场。

▶ 案例 4-4

平板电脑市场容量的误判

某券商分析师曾分享过一个误判市场容量的案例。在测算平板电脑市场容量时，这位分析师假定平板电脑和智能手机类似，每位家庭成员人手一台。事实上，平板电脑与智能手机不同，一个家庭往往只会购买一台平板电脑，用于老人看电视剧或孩子的在线教育，而不会像智能手机一样人手一部。由于对应用场景的理解不够透彻，高估了平板电脑的市场容量，进而高估了相关上市公司的业绩和股价。

市场容量的评估，不仅要考虑存量或保有量，还要考虑增量。一个行业的增长情况，往往是投资者更为看重的信息。市场容量增长主要来自以下两个方面：

第一，需求的边际变化。比如，流行病的出现，令口罩、熔喷布、丁腈手套和疫苗等的需求快速增长，进而带动相关赛道的市场容量快速增长。

第二，供给的持续集中。比如，在从事医疗器械投资时，风险投资人往往将国产替代率作为细分赛道的选择标准。内窥镜、彩超、核磁共振设备等医疗器械细分赛道，一方面市场容量巨大，同时中国本土产品的国产替代率非常低。从供给侧的角度看，即便国产替代率只提升10%，也将对应着数十亿元甚至数百亿元的市场增量。另一方面，由于国产替代率不高，本土产品被纳入集采的可能性也较低。因此，在内窥镜、彩超、核磁共振设备等领域，如果出现优质的本土企业，将会是非常好的投资标的。

▶ 案例 4-5

骨科高值耗材的带量采购

2021年6月21日，《国家组织人工关节集中带量采购公告（第1号）》正式发布，第二轮骨科类高值耗材国家级带量采购正式启动，初次置换人工全髋关节、初次置换人工全膝关节成为本轮国家级带量采购的品种。伴随骨科高值耗材的带量采购，未来该细分赛道众多同质化、缺乏研发和产品优势的中小厂商将面临巨大挑战，其原先占据的市场份额，也将加速向行业龙头集中。供给侧的集中，令行业龙头获得了相对份额的提升。

需要说明的是，从市场容量更大，并不必然得出估值应当更高的结论。如果一个企业具有极高的辨识度，且拥有较高的产业整合价值，那么即便对应的市场容量有限，最终风险投资机构也可以通过并购实现退出。从商业模式的角度来说，我们无须将标的企业的禀赋直接在一个容量有限的市场中进行变现，而是可以将该企业的禀赋注入并购买方的禀赋中，通过优化买方现有的禀赋，帮助买方未来在容量更大的市场中实施变现。由于可以为买方带来更大的产业价值，标的企业由此也值得更高的并购估值。简言之，小赛道中的"专精特新""隐形冠军"，仍然具有较高的投资价值。

4.5 判断赛道爆发的拐点

对投资时机的把握,是投资和估值决策的重要内容。为了获得更低的投资成本,为了节约资金的时间成本,为了尽快分享企业业绩和估值的成长,投资者都希望能够买在"否极泰来"的拐点。于是,证券投资者发明了筹码结构、成交量、技术指标等捕捉拐点的指标,并采用趋势投资策略,尽可能提高资金的利用效率。

与证券投资类似,风险投资同样也希望买在爆发的拐点。当然,由于风险投资基金存续期更长,且为封闭式基金,因此风险投资所关注的拐点,更多来自行业和企业的基本面。风险投资更希望抓住一个行业赛道的高景气度拐点,或是被投企业经营的拐点(比如,创新药企的一款一类新药刚刚获批),以及财务业绩的拐点。总体而言,风险投资对于拐点的时间颗粒度的把握,较之证券投资要更为粗放一些。

判断行业赛道爆发拐点的步骤如下:

第一步,在大的周期框架中寻找拐点节奏,并在不同周期之间进行交叉印证。

第二步,基于敏锐的观察,捕捉行业赛道中发生的一些变化。

第三步,根据变化,推演影响及其强度。

第四步,基于影响及其强度,构建投资逻辑和价值逻辑。

第五步,选择赛道中处于领先位置或高辨识度的企业实施投资。

▶ 案例 4-6

分子诊断行业的爆发拐点

我曾经对一家分子诊断公司——A 基因公司进行尽职调查。A 基因公司的主营业务是为疑似癌症患者提供分子诊断服务,产品的最终形态为供医生诊断使用的检测报告。具体而言,公司的业务是抽取一小管疑似癌症患者的血液，然后用仪器和试剂对血液进行检测，以确定患者的 DNA 是否异常，以及异常的类型。然后，医生可以根据患者 DNA 异常的类型和用药指南选择合适的抗癌药（这类药物称作"靶向药"）来进行对症治疗。

以前，当一位患者被确诊患上癌症后，医生常常会实施手术切除肿瘤，或是进行放疗、化疗等，试图全面杀死癌细胞。然而，这些癌症传统疗法也存在一些弊端：在对抗癌细胞的同时，也杀死了很多正常的细胞，对患者身体造成了全面损伤。

后来，一些科学家发现，患者之所以会患上癌症，外界的"破坏分子"（比如细菌、病毒等）只是外因，真正的根源在于人体的 DNA 发生了变异（基因突变），原本的 DNA 排列发生了顺序错乱，或是 DNA 链的组成部分出现了缺失或冗余。DNA 的这种突变，经由 RNA 和蛋白质，最终长成了肿瘤。

基于这一理论，科学家们发明了靶向药，这些靶向药通过一些方法，切断了肿瘤生长的营养传输途径，使得肿瘤无法再继续生长。靶向药就好像一位技术高超的射手，能够精准射杀那些"靶标"，而不会错杀健康的细胞。因此，与癌症的传统疗法相比，靶向药对人体的损伤更小，治疗也更具针对性。

然而，靶向药也存在明显的局限。由于靶向药太过具有针对性，一款靶向药只能用于一种或有限几种特定的"靶点"，对于其他"靶点"则无能为力，无法做到抗生素般的"广谱"。同时，靶向药的用药成本非常高，一年至少要花费数十万元。因此，对靶向药而言，精准用药非常关键。如果用错了药，不仅无效，还白白损失了医药费。因而在一些国家，进行分子诊断是使用靶向药的前提。从经济学的角度来看，靶向药和分子诊断产品（A 基因公司的产品）互为互补品，即当靶向药需求增加时，分子诊断产品的需求也会同时增加。

在对 A 基因公司进行调研的过程中，我们发现靶向药在中国呈现严重供不应求的情况——每年全球靶向药销售额达千亿美元，而国内可用的靶向药只有寥寥二十余种。同时，当时国外有数个大品种的靶向药专利即将到期（意味着不掌握专利的药厂可以进行仿制，称为"专利悬崖"），国内已经有数十家药企向当时的国家食品药品监督管理总局（CFDA）申报了靶向药新药申请。由此可以推断，中国的靶向药供给将快速增加，渗透率将显著提高。

靶向药销售即将快速放量，也将拉动互补品分子诊断产品的需求，因而分子诊断行业正处于行业景气度即将爆发的拐点，是一个非常好的投资赛道。

在这个案例中，我们首先观察到靶向药的供给严重不足，以及靶向药供给即将因为"专利悬崖"而快速增加。然后，基于靶向药和分子诊断产品的互补品关系，构建了分子诊断产品将因为靶向药放量而放量的投资逻辑，并利用 CFDA 发布的仿制药申请公示对投资逻辑进行了初步验证，最终得出分子诊断行业将面临高景气度拐点的初步结论，并决定在该行业赛道中进行投资布局。后来，我们把赛道中所有排名靠前的公司都走访了一遍，最终投资了另一家优秀的分子诊断公司——B 基因公司。投资以后，B 基因公司又经历了数轮融资，目前已经迈入"独角兽"的行列。

2018 年 4 月，国家发布了进口抗癌药零关税政策，加快了靶向药的审评审批进度，并通过带量采购等方式，大幅降低靶向药的售价，这些举措也将进一步提高靶向药的行业渗透率。尽管降价对靶向药行业而言不一定有利（毛利率降低），但对分子诊断行业而言却是利好——降价能够进一步提升靶向药的行业渗透率，基于互补品的逻辑，靶向药渗透率的提升，将进一步催生对分子诊断产品的需求。进入 2020 年，伴随新的需求出现，分子诊断行业又迎来了另一个高景气度的拐点。

赛道拐点的判断，理应被纳入迭代估值体系。投资者如果能够预判一个行业赛道的爆发趋势，赛道内投资标的的估值体系也将被重构。赛道爆发拐点的判断，是一个动态、具有前瞻性的估值决策行为。

4.6　产业链的位置

确定了行业赛道之后，投资者需要对产业链的上下游进行梳理，了解产业链各企业之间如何进行资源互补，以及相互之间所发生的价值交换和传递。

处于产业链不同位置的企业，谁更被其他企业所需要，谁的估值就可以更高一些。如果企业的招股说明书中出现诸如"发行人的上游供应商众多且同质，原材料市场价格稳定"的表述，就说明该企业不会被供应商所掣肘。如果某企业的核心原材料或零部件来自单一供应商，在这种情况下，供应商将拥有定价权，在谈判中也就更为强势。在投资估值合理的前提下，投资该企业的供应商，可能是一桩更好的投资。谁更被产业链中的其他方需要，就可以被称为"占据了产业链的优势位置"。这种优势可能源于先发优势、强大的资源和极强的禀赋以及行业的标杆地位等。

▶ 案例 4-7

空调压缩机零部件供应商

我曾经考察过一个生产空调压缩机零部件的 A 企业，它主要为下游的白家电龙头 B 企业供货。几轮尽职调查下来发现，企业的净利润具有一定体量，创业团队也非常踏实和勤奋，但我们最终还是没有实施投资。主要是因为：

（1）被强迫要求建设配套工厂。下游的白家电龙头 B 企业非常强势，B 企业向 A 企业提出要求：B 企业在哪个城市建厂，A 企业就必须在 B 企业厂房附近同时建设厂房。

（2）过高的存货账面余额。在向 B 企业供货的过程中，A 企业被要求先将货物放在相邻而建的 A 企业厂房中，当 B 企业要求供货时，A 企业才把存货发送至 B 企业的厂房，因而是由 A 企业承担存货的资金占用、管理成本以及潜在的跌价损失，B 企业则实现了零库存管理。

（3）大量的应收账款。A 企业账面上积压了大量来自 B 企业的应收账款。尽管从安全性的角度而言，由于 B 企业是行业龙头，A 企业一般不会发生坏账损失，但收款账期却需要 6～12 个月。正因为如此，A 企业尽管净利润尚可，但经营性净现金流却长期为负，现金都被更为强势的 B 企业占用了。

最终我们没有投资 A 企业，不是因为 A 企业做得不好，事实上 A 企业的团队非常勤奋和专注,而是因为 A 企业所处的产业链位置缺乏优势,一旦行业遇到波动,风险将最先传导至 A 企业,而 B 企业则拥有转嫁风险的能力。

▶ 案例 4-8

基因测序产业链

有一种观点认为,在基因测序行业,产业链上游的基因测序仪生产企业更具投资价值,比如因美纳(illumina),而产业链中游的众多基因测序服务企业,由于普遍使用包括因美纳、罗氏(Roche)等国外企业生产的测序仪,企业价值因此大打折扣。一旦上游企业对测序仪销售进行管制,中游企业将面临类似"芯片卡脖子"的巨大威胁。

总之,投资赚钱不累的产业链位置,投资以后也会轻松一些。

4.7 行业需求的验证

行业增长的动因,通常有两种:

第一种,政策推动。这一类型的行业需求,属于将行业未来的需求提前释放,比如,在光伏、新能源汽车和风电等行业,常常会出现因为"补贴退坡"而引发的阶段性"抢装潮"。

▶ 案例 4-9

风电行业的"抢装潮"

风电行业政策规定,2018 年底之前核准的陆上风电项目,2020 年底前仍未完成并网的,国家将不再补贴。于是,2018 年底前核准的陆上风电项目为了获得补贴,纷纷赶在 2020 年底之前"抢并网",进而令风机企业的订单快速增长。然而,对于风机企业而言,风机的总需求没有发生太大变化,只是提前释放了 2020 年之后的订单,行业未来的订单潜力可能已经被提前透支。

第二种，需求拉动。 这一类型的行业需求，则是行业内自然形成的增量需求。这一增量需求可能来自环境的变化、技术的进步或特定事件的发生等。比如，老龄化带来的康养需求。这种增长的背后，有确定的市场需求作为支撑。再比如，由于碳中和战略的实施，前述风电行业作为绿色电力（简称"绿电"）的代表，行业需求逻辑已经完全改变。和未来陆上风电和海上风电的新增装机需求的出现相比，"抢装潮"带来的需求提前释放或许又变得不那么重要了。

总而言之，增量需求拉动，行业未来的成长性更有保障，而政策推动带来的订单，需关注后续成长的可持续性。

为准确评估行业需求，风险投资人常常采用"左右互搏"的方式。具体而言，将投资经理分为正、反两方，其中正方只能阐述"行业好的理由"，反方只能阐述"行业不好的理由"。这种"极限辩论"的方式，有助于充分评估行业需求的真伪。

▶ 案例 4-10

新能源汽车行业的需求评估⊖

我曾计划前往一家新能源商用车主机厂进行尽职调查。为验证行业需求的真伪，我组织了一些同行，就新能源汽车行业需求的真伪进行了"左右互搏"。

正方的逻辑

（1）新能源汽车行业拥有巨大的战略意义。

第一，经济增长需要有较大体量的支柱产业作为支撑，新能源汽车行业正适合扮演这一角色。根据奥肯定律，一国 GDP 增速与失业率呈负相关。因此，需要有大体量的行业来保障我国经济的可持续性增长，GDP 增长带动就业率上升，民生和社会稳定才有保障。

⊖ 本案例探讨的时点为 2017 年，主要为展示当时对于价值逻辑的思考过程。时至今日，新能源汽车行业已经发生了一些新的变化。

以前，中国的经济增长主要依靠房地产、"老基建"（铁路、公路、机场等）、出口贸易等支撑。在全社会去杠杆和产业升级、西方经济不景气带来需求下滑的背景下，旧的增长方式难以持续，需要有新的、体量足够大的行业作为经济增长的基础支撑。汽车行业是一个体量足够大的市场，同时亦具有充分的进口替代空间。在汽车行业中，新能源汽车是一个大体量的增量市场，具有巨大的战略意义。投资新能源汽车行业，符合国家经济转型和产业升级的需要。

第二，能源战略的需要。石油是一种全球性的战略资源，石油储备关乎国家的安全与发展。据统计，2020年中国的石油进口依存度超过70%，且多年来一直呈现持续增长态势。由于新能源汽车无须消耗化石能源作为动力，且电能的来源非常广泛，包括煤电、光伏、风电、核电、水电、生物质能发电等，因此提升新能源汽车在汽车行业中的渗透率，有助于降低对于石油能源的依赖，符合国家的发展战略⊖。

第三，汽车工业的"弯道超车"。多年以来，中国的汽车工业受制于发动机的制造水平，与国外相关行业龙头存在较大差距。发展新能源汽车，特别是战略性布局新能源汽车产业链中游的"三电"——动力电池、电机和电控的技术以及产品储备，有助于中国汽车工业"弯道超车"，降低对于燃油车的依赖。

（2）增量空间巨大，行业高速增长。

2017年左右，新能源汽车在汽车行业的总体渗透率不足5%。由于汽车行业的市场容量巨大，一旦新能源汽车的发展趋势被验证，伴随新能源汽车市场渗透率的提升，其对应的市场容量增量就会非常可观。同时，根据2017年中国乘用车市场信息联席会（简称"乘联会"）每月发布的汽车产销量数据，新能源汽车持续保持大双位数甚至三位数的增速，增长势头非常迅猛。此外，国外包括"BBA"（奔驰、宝马、奥迪）在内的知名车企纷纷发布燃油车禁售时间表，以及中国下沉市场（三、四线城市和农村市场）未被满足的"汽车下乡"潜在需求，都令新能源汽车行业的市场容量和增速充满想象空间。

⊖ 2021年下半年开始的由于煤价高企而造成的电荒，则为我们提出了一个新的研究议题，即如何定位化石能源和清洁能源之间的关系。关于这一问题的探讨，详见本书第8章。

（3）购车者的旺盛需求。

第一，新能源汽车拥有路权优势[一]。在一些城市，购买燃油车上牌是一个非常大的难题，通常需要摇号才能上牌。而购买一辆新能源汽车，不仅可以享受数万元的购车补贴，而且在购车当时就可以即刻"上牌"，相对燃油车而言，新能源汽车的路权优势带来了非常大的便利。

第二，新能源汽车加速快、驾驶体验好。一辆顶级的燃油车将时速从零提升至100公里/小时，最短也需要花费5秒左右。而一辆普通的新能源汽车，就可以实现5秒加速至100公里/小时，新能源汽车加速过程中所带来的优良行车体验是燃油车无法比拟的。

（4）新能源汽车提供了一个全新的场景。

新能源汽车提供了一个比智能手机还要多一个维度的"4D"场景，叠加物联网、5G、人工智能等新技术的应用落地，汽车将成为一个高度智能化的"机器人"，甚至是"脑机"，在新能源汽车被重新定义的过程中，将涌现出更多新奇、有趣的硬科技投资机会。

综上所述，正方认为，新能源汽车拥有确定的市场需求。

反方的逻辑

（1）用车体验差，新能源汽车属于伪需求。

第一，新能源汽车的续航里程有限，远距离出行存在续航不足的风险，特别是在高速公路驾驶时如果电池电量过低，将带来严重的安全隐患。在北方寒冷的冬天，新能源汽车可能因气温过低而出现电池不能工作的情况。在炎热的夏季，为避免电量快速消耗，在驾驶新能源汽车时甚至不敢将车载空调开至凉爽的温度。此外，在驾驶的过程中，寻找充电桩有时也是一个难题。充电时间与燃油车加油时间相比也更为漫长。

第二，新能源汽车的电池衰减过快，300公里续航里程的新车，一年后可能因为电池衰减续航里程降至200公里。这会给购车者带来不好的驾车体验和心理感受。

第三，电池更换成本高。由于新车购置的补贴很高，覆盖了高昂的电池成本，因此购车者对成本的感受不明显。但如果电池出现故障需要更换，由

[一] 这部分内容最初写于2018年，和现在相比环境发生了一些变化。

于此时不再有补贴,因此更换成本将非常高,有时甚至会超过新车价格的一半,同样给购车者带来了不好的体验。

第四,由于电池衰减等原因,新能源汽车的脱手价格非常低,几乎没有转让的价值。相对燃油车而言,很少有人愿意购买二手电动车。

(2)产业链毛利率不断受到侵蚀。

一方面,上游的相关汽车芯片厂商,特别是国外芯片供应商,由于掌握了核心技术和零部件,其供货价格趋于刚性,甚至在下游需求旺盛的时候还有可能对汽车芯片进行提价,令整个新能源汽车产业链不得不面临供货成本的提升。

另一方面,新能源汽车补贴退坡加速,同时终端购车者对价格非常敏感,需求弹性较高。一旦主机厂在补贴退坡时为覆盖成本而不得不提价,新能源汽车的销量就会受到显著的负面影响。

因此,新能源汽车主机厂受到来自产业链上游和下游的"双重压力",为了保证产销量,将不得不承受毛利率被压缩的不利局面。

(3)技术路线风险。

除了三元锂电池和磷酸铁锂电池路线,行业内还存在氢燃料电池和固态电池等技术路线。这些替代性的技术路线尽管短期内由于存在技术瓶颈和成本过高等障碍,暂未成为主流技术路线,但一旦技术实现突破或通过量产降低成本,当前主流的电池技术路线就会面临破坏性的颠覆风险。

(4)新能源汽车其实并不环保。

当前基于锂电池的新能源汽车行业,在锂电池等核心零部件、整车的生产过程中仍然存在高能耗、高污染的情况。此外,锂电池退役后的报废处理,仍然是一个难题。如果处理不当,将对环境带来更大的负面影响。

行业需求的评估,对估值而言非常重要。一方面,需求的真伪决定了价值逻辑是否成立。另一方面,行业需求的动因,对于行业内企业业绩的定量测算也会产生显著影响——当期业绩的增长,究竟是"瓜熟蒂落",还是"寅吃卯粮"?行业需求的确定性、强度和可延展性,对政策的方向、力度和节奏的把握,都是迭代估值过程中需要考虑的问题。

4.8 行业政策的评估

投资就是投"势"。无论创业者还是投资者,作为个体,我们对"势"的影响微乎其微。没有企业的时代,只有时代的企业。因此,无论创业还是投资,都需要先看清趋势,并顺势而为。趋势产生的源头多种多样,可以是技术的创新,可以是文化的更迭,也可以是人口结构的改变。

除此之外,趋势产生的一个重要源头便是行业政策的导向。每一项行业政策的提出,都是为更高层级的国家战略服务的。政策通过对行业进行扶持或严管,来引导产业和资本的资源流向。

▶ 案例 4-11

电子烟行业的政策监管

随着消费群体结构的变化,以电子烟为代表的新型烟草正面临广阔的市场需求。然而,在电子烟早期的发展过程中,监管体系不完善,特别是关于电子烟的技术标准、零售许可管理以及税收的相关制度建设还有所欠缺。2022 年 3 月 11 日,国家烟草专卖局发布了《电子烟管理办法》,并于 2022 年 5 月 1 日起施行。该办法的发布,对电子烟产业及其投资带来了深远影响。在从事电子烟产业链的投资时,需要充分评估监管政策对产业链各环节的影响。无论是评估产业链上游的电子烟器具生产商、香料和包装印刷相关供应商,还是评估下游的电子烟品牌和零售渠道,都需要基于政策对产业链各环节的价值逻辑进行验证。

▶ 案例 4-12

教育产业的监管政策

2021 年 7 月 24 日,中共中央办公厅、国务院办公厅印发了《关于进一步减轻义务教育阶段学生作业负担和校外培训负担的意见》(以下简称"双减"文件)。"双减"文件规定,当前面向义务教育阶段学生的学科类培训机构，统一登记为非营利性机构。随即美股上市的新东方、好未来、高途等相关公司，一个交易日内股价下跌50%～70%。这一规定直接令相关教培企业的主要盈利模式不再可行，该行业无论商业逻辑还是价值逻辑都发生了显著变化。

针对教育行业类似的严监管，此前也曾经出现过。2015～2017年，很多上市公司都在关注民营幼儿园资产。由于商业模式的特点，幼儿园资产往往体量不大（一般几个园到十几个园不等），现金流和净利润情况也比较好，因而部分上市公司希望通过并购幼儿园资产来进行市值管理，我也参与了几次对于幼儿园资产的尽职调查。为了对幼儿园进行尽职调查，我在幼儿园待了好些天，每天陪小朋友们一起玩耍。现在回想起来，仍然感觉非常有趣和有爱。

2018年11月7日发布的《中共中央 国务院关于学前教育深化改革规范发展的若干意见》规定，民办园一律不准单独或作为一部分资产打包上市，上市公司不得通过股票市场融资投资营利性幼儿园，不得通过发行股份或支付现金等方式购买营利性幼儿园资产。于是，关于民办园的资本运作也再无下文。

从风险投资机构的视角来看，不同时期投资赛道的变化，也和行业政策更迭息息相关。

2010年以前，风险投资关注的行业中，还包括相当比例的传统行业。当时尽职调查的行业，还包括压力锅、棉被、辣椒酱、机械加工制造等传统行业。2010年10月10日发布的《国务院关于加快培育和发展战略性新兴产业的决定》提出，重点培育和发展节能环保、新一代信息技术、生物、高端装备制造、新能源、新材料、新能源汽车等产业。2012年7月20日国务院进一步印发《"十二五"国家战略性新兴产业发展规划》。在政策的指引下，风险投资机构此后的赛道布局，更加聚焦于拥有技术创新和模式创新的"战略性新兴产业"。

2012～2015年，伴随互联网思维的兴起，国务院于2015年7月4

日发布《关于积极推进"互联网+"行动的指导意见》。该文件提出运用"互联网+"推动各行业的创业创新，以此来促进中国经济转型和产业升级。"互联网+"不仅带来了互联网产业的投资机会，同时也带来了"互联网+其他行业应用"的投资机会。

此后，在政策方向的指导下，风险投资机构的投资偏好也在不断进行迭代：在2016～2019年金融去杠杆政策的大环境下，投资机构比以往更加关注企业的现金流，以及变现模式的效率。2018年之后，在中美贸易摩擦和硬科技较量的大环境下，在对于芯片、信创产业等硬科技的扶持政策引导下，投资偏好从过去几年看重"商业模式创新"，转变为更加看重"技术创新"。投资硬科技，已经成为风险投资赛道选择的一种共识。

| 第 5 章 |

商业模式的估值框架[8]

商业模式是一种分析企业的工具。对企业的商业模式要素进行解析,能够更加深入地了解企业的价值创造。商业模式同时也是价值评估的一个视角。本章在分析商业模式本质的基础上,基于商业模式要素构建了用于分析商业模式的框架体系,并对商业模式进行分型,提出了立足商业模式进行估值的经验法则和判断标准。在一个特定的时代环境中,某些类型的商业模式,天然拥有估值溢价的基因。

5.1 初识商业模式

2010年的某天,我偶然在公司翻开一本杂志,便立刻被刊物新颖的内容所吸引。这本名为《创富志》的杂志,介绍了各种千奇百怪、令人

⊖ 本章部分内容曾发表于厦门国家会计学院公众号"云顶财说"(2020年11月24日),标题为"商业模式的分析框架",有删节和补充。

咋舌的赚钱方式。杂志当时研究的对象，不仅有耐克、京瓷、万科这样的"传统企业"，还包括诸如阿米巴、平台、流量之类的新词。这在当时还是比较超前的，毕竟当时微信还没有上线（微信在2011年1月上线）。很快，我就把公司所有《创富志》搜罗干净并一口气读完，感觉非常畅快。这本杂志只有一个研究主题，便是"商业模式"。

后来，随着微信、米聊、愤怒的小鸟等第一代App陆续上线，手机也从一个单纯打电话和发短信的工具，演变成一个彻头彻尾的智能终端。在风险投资领域，众多投资经理认识到，除了科技可以创新，商业模式创新同样也是一种创新。于是，一些敏锐的投资经理，拿起刚买的iPhone 4，在美版App Store中寻找排名靠前的爆款App试用，进而在国内市场寻找类似的App，最终成就了若干获得数十倍投资回报的经典操作。

随着2014年互联网思维引领的牛市开启，商业模式创新也迈上了通往"神坛"的道路。2015年上半年，只要上市公司发布和互联网行业有关的重组公告，数个"涨停板"便接踵而来。当然，当时的冲动，也为后面几年种下了苦果。很多当时实施高溢价并购的上市公司，现在每年都要为账面上8~9位数的商誉发愁。时过境迁，现如今创业企业单纯依赖模式创新已经很难拿到风险投资的投资条款清单（TS）。随着中美科技竞争乃至对抗的深入，投资机构的喜好，已经进一步聚焦到了拥有硬科技的科技创新。

商业模式作为对企业经营原理的一种高度抽象，是风险投资人在投资时需要重点评估的维度。与行业赛道类似，商业模式在估值方面也存在一定程度的"血脉歧视"。风险投资机构关注商业模式有两个目的：

第一，对商业模式"好坏"进行评判，在投资之前为企业进行合理估值。商业模式是评估企业价值的重要估值因子，了解企业的商业模式，合理评判商业模式的优劣，有助于投资机构在投资之前充分发现企业的价值，并防范与商业模式相关的风险。

第二，在投资之后协助被投资企业进行商业模式的优化和创新，进而提升被投资企业的价值。在实施投资以后，投资机构基于自身的经验和资源，协助被投资企业优化和创新其商业模式，共同提升被投资企业的价值。这也符合企业和投资机构的共同利益。

5.2 商业模式的本质

尽管专业的投资者在每一笔投资当中，都会对企业的商业模式进行评判，但对于商业模式的本质，在概念方面往往还是有些模糊。我曾对国内外关于商业模式的研究进行系统梳理，以下是较为具有代表性的研究。

国外关于商业模式的权威研究，主要来自机械工业出版社出版的《商业模式新生代》一书作者——奥斯特瓦德和皮尼厄。奥斯特瓦德和皮尼厄（2011）[9]认为，"商业模式描述了企业如何创造价值、传递价值和获取价值的基本原理"。这一定义站在企业的第一人称视角，描述了企业经营的完整过程。以制造业企业为例，研发、采购和生产属于价值的创造，依托渠道进行销售属于价值的传递，而最终的变现——获得货款（现款或赊账）便是企业获取价值的方式。同时，奥斯特瓦德和皮尼厄还提出了经典的商业模式分析框架——"商业模式画布"，将商业模式拆解为客户细分、价值主张、渠道通路、客户关系、收入来源、核心资源、关键业务、重要合作以及成本结构九个构造块。"商业模式画布"目前已在国内外商业模式理论和实务中广泛使用。

国内关于商业模式的研究，主要来自魏炜和朱武祥。魏炜和朱武祥

（2009）[10]在《发现商业模式》一书中提出"商业模式本质上就是利益相关者的交易结构"。与奥斯特瓦德和皮尼厄站在第一人称视角不同，魏炜和朱武祥站在第三人称视角，俯视企业及其供应商、客户、股东、竞争对手等各利益相关者所构成的商业生态，并研究其中的一些运行机理。之后，两位学者还从商业模式重构、盈利模式透析、商业模式的经济解释，以及商业模式的具体应用等角度，进行了深入的理论研究和广泛的创业咨询实务应用。

商业模式，英文为"Business Model"，顾名思义即"商业+模式"。其中，"商业"指的是商业的逻辑，而"模式"则是商业逻辑的外在表现形式。我曾经尝试不考虑商业模式的本质，直接按照"模式"对商业模式进行分型，后来发现，这一做法有些舍本逐末。这是因为，理解商业模式的核心，不在于"模式"，而在于"商业"逻辑。这就好像，靶向药主要关注基因突变的靶点，而非具体的适应症。由于同一靶点出现基因突变，可能导致出现不同的病症，因此，只要靶向药能够对该靶点有效，便可适用于看似完全不相关的多个病症，因为这些病症源于同一个靶点。创新药作用于靶点的机理好似"商业逻辑"，而病症则是具体的"模式"，靶点是根本，病症是表现形式。

只有深刻理解企业商业逻辑的本质，研究显性的模式才变得有意义。二者的主次关系不可颠倒。因此，基于商业模式的估值，应当透过企业产品和服务的表现形式，抓住企业商业逻辑的本质，由内及外对企业进行估值。为了更好地理解和评估企业商业模式的本质，可以尝试搭建一套体系化的商业模式分析框架。基于国内外研究的启发，以及自身从事风险投资工作的经历，我设计了一个以估值为目标导向的、简化的商业模式分析框架，接下来分享给大家。

5.3 商业模式分析框架

商业的本质，就是要赚钱。营利是商业的终极目标。为了达到赚钱的目的，企业需要进行一系列的耐心铺垫。具体而言，需要想清楚以下五个问题：

第一，赚谁的钱？

第二，为什么对方愿意让我们赚钱？

第三，赚钱需要何种禀赋？

第四，怎么收钱？

第五，经商的环境如何？

这五个维度，分别对应以下五个商业模式要素：用户、需求、资源、盈利模式（变现）和商业模式的环境。针对一个商业模式，投资者需要对上述五个要素进行描述和评估，同时，还需重点关注以下四个方面的问题：

第一，各要素之间的因果关系。

第二，各要素的先后顺序。

第三，要素之间的交互作用机理。

第四，外部环境对商业模式的影响。

下面先阐述商业模式的五个要素。

1. 用户的识别

找准用户是构建和分析商业逻辑的开始。毕竟，用户是决定企业能否赚钱的关键人物。如果产品将用户定位错了，真正的用户大概率不会买账。

▶ 案例 5-1

冠脉支架的用户是谁

当高值耗材冠脉支架的带量集中采购（简称"集采"）成为讨论的焦点时，大家都惊讶于冠脉支架集采的降价力度。那么问题来了，在冠状动脉介入和植入领域，冠脉支架的用户是患者吗？

有人会说，冠脉支架的用户当然是患者：第一，支架是植入患者体内的，患者当然就是用户。第二，支架由患者付费（医保支付或自费），患者自然就是消费者。

那么，请思考以下几个问题：

第一，患者能否决定为自己植入**何种**支架？

第二，患者能否决定植入支架的**数量**？

第三，患者（及其家属）能否**亲自操刀**，穿着厚厚的铅服，冒着超剂量辐射的风险，来做这台难度不低的植入手术？

第四，支架植入后的**预后评估**，是由患者还是由医生来进行？

可见，尽管支架被植入患者体内并由患者付费，但由于医生具有购买和使用的决策权，并主导植入手术的操作、风险及预后评估，因此，冠脉支架真正的用户不是患者，而是医生。当然，如果冠脉支架被纳入集采，那么国家组织高值医用耗材联合采购办公室也属于用户范畴，因为其对集采的中标价拥有很大的话语权。

▶ 案例 5-2

教育培训的用户

K12教育指幼儿园至高中教育，K12教育培训的对象是该阶段的学生。然而，尽管教育培训的对象是学生，但做出购买决策的关键人士却是家长。此外，在评估教育培训的效果时，尽管学生可以发表看法，但最终评判效果好坏、决定学生是否继续上课的还是家长。因此，家长才是真正的用户，K12教育培训广告的受众，主要也是学生家长。当然，如果是成年人的职业培训（自主报名），学员本身就是用户。如果是用人单位组织的培训，那么用户就是用人单位。2021年7月24日，中共中央办公厅、国务院办公厅印发"双减"文件之后，教育部推出了免费的K12在线教育平台——"国家中小学网络云平台",K12教育培训行业的商业逻辑正面临着巨变。

▶ 案例 5-3

市政建设工程

中国的市政建设能力举世瞩目。一不留神,就会发现又建设了一个街心花园。然而,尽管每晚跳广场舞的是中老年人群体,但市政建设项目的真正用户却是政府。一个市政建设项目的规划和实施,最终由政府部门做出决策。政府部门需要根据总体市政规划、地方财政情况等进行综合评估,并且通过招投标的方式选择合适的施工方。由此可见,政府才是市政建设项目的真正用户。

用户的准确识别,是构造和评估商业模式的起点。错误的用户识别,可能导致错误的需求捕获,进而令整个商业模式严重跑偏。在确定用户之后,便来到了捕获用户需求的环节。

2. 需求的捕获

探讨需求的书可谓汗牛充栋。从 2013～2015 年互联网思维兴起至今,各大互联网巨头的员工,先后出版了许多关于需求和用户体验的书。阿里巴巴的前产品经理苏杰的《人人都是产品经理》、黎万强的《参与感》、贾尔斯·科尔伯恩的《简约至上》以及唐纳德·A.诺曼写的 4 本《设计心理学》等,都是探讨需求较为典型的作品。

简言之,准确捕获需求,就是要搞清楚用户真正需要的是什么。用户的抱怨和愤怒,往往是发现需求的源泉。此外,真正的需求,有时会披上伪装的外衣,需要产品经理悉心发掘。只有产品能让用户觉得好,商业模式才有可能赚到钱。

3. 资源的获取和整合

2014 年前后,出现了非常多模式创新的创业企业。风险投资人在对创业者进行访谈时，经常会问的一句话是："如果 BAT 也做你的业务，你怎么办？"

这句话可谓深入商业逻辑的本质。原因在于，单纯的模式创新并不足以构建企业的核心竞争力壁垒，只有拥有高辨识度的资源，并基于资源禀赋设计出一套合理的商业模式，才能让商业模式创新更加有底气。

因此，在问及上述问题时，风险投资人更希望听到创业企业回答"我们拥有 BAT 所不具备的某种资源和禀赋"，而不是诸如"我们具有先发优势"，或"这一赛道不是 BAT 的战略重点"。没有壁垒的先发优势很容易就会被模仿和赶超，同时，只要赛道足够有利可图，哪怕已经晚了，巨头依然会选择布局。

资源的种类和用法有很多，比如：牌照是一种具有垄断和寡头属性的强势资源，可以"一招鲜吃遍天"；通过改变资源的使用场景，来获取跨界创新的超额收益；或是改变资源的用途，创新性地实现"旧瓶装新酒"；也可以将不同资源进行整合，让资源之间形成协同效应；还可以单点突破，用专注和深度开辟一片新天地。

关于资源的类别，本章后续会进行阐述。简言之，**模式可以被轻易抄袭，只有高辨识度、高门槛的资源，才是商业模式的硬核。**

4. 盈利模式（变现）

一般认为，盈利模式不能等同于商业模式。商业模式是大的商业逻辑，包括对用户、需求、资源、变现、环境等的综合考量。而盈利模式则属于商业模式的真子集，关注的是商业模式如何进行变现。一个盈利模式的好坏，取决于其能否处理好**用户利益与商业利益的平衡**。其中，用户利益是用户获得的体验，是商业模式的手段；商业利益是公司期望获得的收入，是商业模式的目的。

▶ 案例 5-4

社交软件的变现

我曾经参与投资过一个陌生人社交公司，这家公司后来被纳斯达克同行业上市公司收购。一开始，该公司为了"拉新促活"（拓展新用户、活跃老用户），所提供的服务完全免费。用户体验达到极致，但公司却在不断烧钱。在这一阶段，用户利益得到了最大化，公司的商业利益为零。

后来，随着公司用户数的快速增长，以及活跃度和留存等运营数据的不断攀升，商业模式变现的条件慢慢成熟。于是，公司开始通过道具、会员、直播等方式进行变现。此时商业利益增加了（变现为公司所获得的收入），用户利益减少了（原本免费的服务开始收费了），天平正由一边倒转变为趋于平衡。

需要注意的是，商业模式需要避免变现过度。如果变现过度，则可能超负荷损害用户体验，造成用户的流失，并最终损害商业模式的资源禀赋（比如用户资源和口碑）。因此，无违和感、有计划地变现，也是商业模式的一门艺术。

5. 商业模式的环境

一个"好"的商业模式，通常会表现出两种特性：合理和匹配。其中，合理是指商业模式的结构设计合理，能够令价值的创造、传递与获取环节高效运转。匹配包括两层含义：第一，商业模式中各要素之间相互匹配，比如，某种资源非常适合为此类用户提供某种体验，以满足其需求；第二，商业模式匹配企业所处的时代与经济环境。

关于商业模式和环境的关系，举几个例子：

▶ 案例 5-5

大型医疗设备租赁

在流动性较为宽松的时期，大型医疗设备租赁是一种合理的商业模式。

大型医疗设备一般售价较高，一些资金实力不强的低级别医院可能因此而放弃采购。为了扩大铺货量以及提高市场占有率，设备商常常采用租赁的方式，进而获得更多的医院订单和收入。谁在医院投放的设备多，谁的摊子铺得大，谁就可以赚得更多收入。

然而，伴随 2018 年以来金融去杠杆进程的推进，在全社会流动性紧缩的环境下，医疗设备租赁资产重、回款慢的弊端日益突出，设备商面临巨大的现金流压力。我在 2018 年亲身接触的数家医疗设备租赁公司，为获得融资都走上了财务舞弊的道路。十年前，"大干快上"是快速致富的窍门。十年后，精益创新才是可持续发展的合理选择。前几年屡屡爆雷的信用债，似乎也在体现环境变迁对金融行业商业模式的影响。

▶ 案例 5-6

暴风集团

在个人电脑时代，暴风集团的"暴风影音"系列软件曾经独树一帜。公司早期的商业模式为"免费软件+互联网广告收入"，属于轻资产模式。随着移动互联网和物联网的兴起，公司也在积极寻求转型。自 2015 年起，暴风集团开始大力发展硬件业务，营业收入也由广告收入为主转变为硬件收入为主。

商业模式的转变，叠加金融去杠杆的负面环境影响，使暴风集团的资产结构逐渐"由轻变重"，现金流"由正变负"，毛利率"由高及低"，资产负债率快速提升，公司的造血功能丧失，现金流断裂，最终走上退市的道路。暴风集团原本希望借助商业模式变革拥抱新时代，最终却由于商业模式与大环境不匹配而品尝到了失败的苦涩。

▶ 案例 5-7

平台型企业的商业模式

自 BAT 出现后，平台型商业模式便展现出强大的长尾效应，挤压了互联网甚至传统行业的生存空间。伴随平台型商业模式的发展，针对其的诟病也日益增多，包括：

（1）"杀熟"。比如，打车软件的老用户在高频地点打车，比新用户在同样地点打车，价格高出很多；在电商平台中，同样的产品对老用户的售价要比新用户高。

（2）垄断。曾经有一些电商平台禁止自己平台中的商家在别的电商平台再开店，否则将取消其经营资格。同时，一些电商聚合平台基于垄断甚至独占优势，不断提高平台商家的抽成费。

（3）隐私安全。我们常常会有这样的经历：刚刚在某电商平台完成一笔网络购物，在打开某信息聚合 App 之后，该 App 便开始推送同类型商品的广告资讯。

（4）进一步挤压线下商家的生存空间。平台型企业有时候会通过发放超额补贴，挤占线下商家的合理利润空间。

2021 年 2 月 7 日，国务院反垄断委员会发布《关于平台经济领域的反垄断指南》，对平台型企业的监管进一步收紧。由此可见，即便拥有垄断优势的平台型商业模式，同样也会受到宏观经济和产业政策等商业模式环境的深远影响。

5.4　商业模式分型：价值承载点的位置

理解商业模式的本质，运用商业模式分析框架，可以帮助投资者更好地理解一个企业的商业模式。在此基础上，投资者可以对商业模式进行分型，为下一步的商业模式估值做准备。

商业模式的分型思路，包含以下三个考虑维度：

第一，商业模式的价值承载点位置。

第二，商业模式的价值动因。

第三，商业模式的用户类型。

本节首先阐述商业模式的价值承载点位置。

商业模式的本质是企业如何创造价值、传递价值、获取价值的基本原理。研发、采购、生产通常处于价值"创造"这一价值承载点位置，销售和变现（盈利模式）则通常处于价值"传递"和"获取"的价值承载点位置。关于商业模式的价值承载点位置，举几个例子来说明。

▶ 案例 5-8

创新药产业链：CRO、CMO 和 CDMO 模式

一款创新药的研发，往往需要经历临床前研究和临床研究的漫长历程，研发周期往往超过十年，研发投入也需要数亿元人民币至数十亿美元不等。为提高研发效率、降低研发成本，创新药企会将一部分新药研发工作交由合同研发组织（Contract Research Organization，CRO）来完成。CRO 通常专注于研发环节，一些 CRO 专注于临床前研究，另外一些提供临床试验服务。CRO 一般不涉及新药的生产和销售环节。因此，CRO 是一类以价值创造中的研发环节为价值承载点的商业模式。

除了专注于研发的 CRO 模式外，新药研发产业链中还存在合同生产组织（Contract Manufacture Organization，CMO）模式和合同研发生产组织（Contract Development Manufacture Organization，CDMO）模式。其中 CMO 专注于医药行业的生产外包，而 CDMO 则包括研发外包和生产外包两个环节，属于"研发＋生产"的复合型价值承载点模式。

本土知名的 CRO 公司包括药明康德、康龙化成、泰格医药、绿叶制药等，海外知名的 CRO 公司包括艾昆纬（IQVIA）、查士利华（CRL）、科文斯（Covance）等。随着这些行业龙头的不断进化，其业务也从 CRO 拓展至 CMO、CDMO 等多个方向，商业模式价值承载点的位置也在不断拓展。随着竞争优势不断累积，一家优秀的 CRO 龙头公司的市值甚至数十倍于一家普通的创新药研发企业。

▶ 案例 5-9

集成电路产业链：Fabless、Foundry 和 IDM 模式

在集成电路产业链中，无晶圆厂的集成电路设计公司（Fabless）是一类"研发＋销售"的复合型价值承载点模式。采用 Fabless 模式的公司，只从事芯片的设计与销售，而不具有芯片生产和代工能力。这类公司设计出芯片之后，会将芯片生产环节的工作，交由那些拥有芯片制造能力的代工厂

（Foundry）来完成。Foundry代工完成后，再将芯片交还给Fabless进行销售。Fabless模式主要依靠人力进行研发、设计和销售，而Foundry则需要投入大量的资金、产线、人力等来实施生产。

除此之外，集成电路产业链中还有一类集研发、生产和销售于一身的IDM（Integrated Device Manufacturer，垂直整合制造商）模式，这类公司拥有设计、晶圆制造、封装测试、销售等完整链条，拥有涵盖价值创造、价值传递和价值获取环节最为齐全的价值承载点。高通是典型的Fabless模式，台积电是典型的生产型Foundry模式，而IDM模式的代表则是三星、英特尔和德州仪器等。

▶ 案例 5-10

游戏产业链：游戏的开发和运营[一]

在游戏产业链中，有一类游戏公司专注于游戏的研发，被称作游戏开发商。游戏开发商组织程序员、产品经理等人员，通过分析需求、编写代码、完成测试等工作，研发出一款新的游戏产品。游戏开发商通常专注于游戏研发环节，有些游戏开发商并不拥有游戏发行和运营资源（比如销售渠道、用户等资源）。为了将产品变现，游戏开发商在开发出一款游戏后，常常对接游戏的发行商和运营商，请后者代为销售和运营，后者则专注于价值传递和获取环节。

就价值承载点的位置而言，有两个关于商业模式估值的问题：

第一，在对商业模式进行估值时，不同价值承载点是否有优劣之分？

第二，单一型和复合型价值承载点，有无高下之判？

我认为，商业模式价值承载点的位置，并无明显的优劣之分。不同价值承载点位置的商业模式，其估值的高低需要结合具体情况进行分析。2021年至今，全球制造业普遍面临芯片供给不足的局面。此时，Foundry

---

㊀ 随着Web 3.0和GameFi的兴起，游戏行业亦涌现出"play-to-earn"等新的商业模式。

属性的台积电在面对 Fabless 时，掌握了充分的定价权，不断提高芯片代工的价格，生产型的台积电更占优。而在面对创新药企的时候，有时也存在研发型的 CRO "店大欺客"的情况。因此，**与价值承载点的位置相比，价值承载点本身的辨识度和壁垒，才是影响商业模式估值高低的根本**。

关于单一型和复合型价值承载点的优劣。假定复合型价值承载点中的每个价值承载点，都拥有足够高的辨识度和壁垒，那么显然要比拥有同级别单一价值承载点要更胜一筹。但如果在复合型价值承载点中，某个价值承载点的辨识度和壁垒不够高，竞争对手只要想做就可以做，那么在这种情况下，"全面开花"还不如"做精做专"，舍弃缺乏壁垒的价值承载点，降低维持相关价值承载点的支出，这样做对提升商业模式的价值而言可能有更高的性价比。

5.5 商业模式分型：商业模式的价值动因

一个商业模式最根本的价值，来自商业模式所拥有的资源和禀赋。创业企业通过对商业模式进行合理设计与实施，能够最大程度地发挥资源和禀赋的价值。在迭代估值法中，这种将资源和禀赋转化为商业模式价值的作用机理，被称为商业模式的价值动因。商业模式的价值动因可以进行以下分型：

1. 技术创新驱动

技术创新能力是众多风险投资人最为看重的价值动因。一个商业模式的价值实现如果由技术创新驱动，在估值时将是很高的加分项。

技术创新能力的评估，主要关注：

（1）研发团队的过往经历、成果和禀赋。从研发团队的过往经历、成果和禀赋中，投资者能够了解团队的研发实力，并据以预判其未来研发成功的概率。

（2）企业是否拥有具有壁垒的技术平台。一般而言，投资者更希望看到企业掌握一类平台型的技术组合，并基于这一技术平台开发更多的产品和应用。

（3）学术能力。在医疗投资领域，投资者希望研发团队能够发表高SCI期刊影响因子的论文，同时，这些论文也是企业产品研发的学术依据。此外，投资者希望研发团队由一些行业学术带头人所带领，其对于技术路线和监管趋势的判断都非常有价值。

（4）是否拥有实验室和相关硬件保障。比如，是否拥有研发所需的实验室场地和设备，以及满足GMP⊖标准的小试、中试车间。有些初创期企业以合作的形式使用高校和科研机构的实验室资源，以降低创业初期的资本性支出。

2. 生产能力驱动

生产能力也是一个常见的价值动因。生产能力价值动因中，往往也蕴含着技术创新价值动因。对于生产能力价值动因的评估，需要关注：

（1）产能的规模和稳定性。一些大型公司在挑选供应商时，会对供应商的产能及其稳定性提出较高要求。在某些情形下，一些强势的大客户甚至会要求供应商增加设备、生产线等的投资，否则便将其从供应商名录中剔除。因此，一个公司的产能规模及其在订单充足时期的产能稳定性，可能成为其核心竞争力的来源。

（2）核心设备的先进性。比如，如果缺乏极紫外光刻机，便难以制

⊖ GMP，《药品生产质量管理规范》，全称为 Good Manufacture Practice。

造出 7 纳米以下先进制程的芯片。先进的设备可能成为商业模式具有辨识度的资源。

（3）生产工艺的优势。具有优势的生产工艺，往往来自企业对原材料的理解、对生产流程的经验总结和不断优化、对一些新型技术的应用等。良好的生产工艺最终可能提升生产效率、降低生产成本。

（4）生产的良率。良率即产品质量的合格率。合格率高、残次品少，企业付出的无谓成本就会少。决定生产良率的因素包括技术能力、管理水平和员工素质等。需要特别关注企业在产能饱满情况下的良率水平。

（5）产品交付是否及时。商机转瞬即逝，"双11"购物节的爆量订单、手机新品上市后的大量预购，都考验着企业的产品交付能力。同样，在承接和实施大型工程时，能否如期竣工也体现企业的竞争力。

（6）成本控制能力。成本控制能力的背后，体现了企业将技术进行产业化的能力，体现了企业的供应链整合和管理能力，以及生产和经营的内部管理水平。

（7）关键原材料、零部件和设备的供给是否稳定，以及价格是否可控。如果关键原材料、零部件和设备的供给受制于人，企业便可能面临被制裁、提价、无法保供等风险。

3. 掌握核心材料

掌握核心材料这一价值动因，可以通俗表达为"自家有矿型"价值动因。2021年8月10日复牌的盐湖股份（000792，SZ），由于参股蓝科锂业而获得察尔汗盐湖的"盐湖提锂"优质资源，在2021年碳酸锂价格快速上涨的市场环境下，股价由停牌前的8.84元/股，在复牌当日涨至最高43.9元/股，市值也一度超过2000亿元。同样"自家有矿"的天齐锂业，2021年股价也上涨了数倍。一家中药饮片生产企业，如果拥有属于自己的中药材规模化种植基地，或是一家小龙虾零售企业拥有自己的小龙虾养殖基地，都属于"自家有矿型"价值动因。

这类"自家有矿型"价值动因，意味着核心原材料的品质、供应规模和成本等自主可控，这一自主可控能力是商业模式估值的重要加分项。

4. 资金和杠杆驱动

资金和杠杆驱动的价值动因，往往依靠资金的体量来打天下。资金体量的意义在于：有些行业必须有足够大的资金体量，才能拿到参与的"门票"，比如芯片、新能源和创新药研发。此前提及的医疗器械设备租赁企业，以及房地产、基建和大型互联网平台，都属于这一类型。资金和杠杆驱动的价值动因过去曾一度成为主流，然而随着经济增长方式的改变，以及产业升级进程的不断深入，单纯依靠资金和杠杆的"大干快上"，将面临巨大的崩盘风险。

5. 销售和渠道驱动

这类商业模式的价值动因，主要基于销售和渠道的资源与禀赋。对于这一类型的价值动因，需要评估：

（1）销售体系布局的广度，特别是在重点区域的布局情况。

（2）重要的客户资源、商务能力及绑定深度。

（3）对产品的理解和专业能力。

（4）区域政商关系的维护。

（5）渠道商的品牌、流量和口碑。

6. 运营和服务驱动

运营和服务驱动的价值动因，主要是通过为客户提供贴心、及时、周到的服务和运营，来取得相关的收入。比如，有些工业自动化或企业通信服务的系统集成商，会派专人驻扎在重要客户的现场。一旦客户的设备和系统出现问题，就可以在第一时间进行处理和修复。

7. 信息、数据和算法驱动

信息、数据和算法驱动的价值动因，主要体现在拥有具有辨识度的信息和数据，或拥有竞争对手所不具备的算法或算力，与技术创新驱动的价值动因存在一定交叉。对于这一类型的价值动因，主要评估：

（1）技术团队的能力（比如工程师的专业水准）。
（2）数据资源的获取和处理。
（3）具有优势的算力和算法。
（4）对行业的理解，以及是否拥有成功的行业应用案例和经验积累。

8. 监管资源驱动

监管资源驱动的价值动因，源于企业所拥有的监管资源。如果创业团队在产业、学术、监管等领域拥有资源，甚至是行业标准制定的参与者，将在政策导向、行业趋势把握等方面拥有一定的优势。

9. 牌照驱动

牌照驱动的商业模式，其业务往往基于牌照来开展。与监管资源驱动的价值动因相似，牌照只是一个企业从事经营的敲门砖，企业价值的高低，最终还是取决于创业团队的商业化运营能力，而不仅仅是那张牌照。

与价值承载点位置的分型不同，商业模式的价值动因分型已经存在一定的"孰优孰劣"。当然，这种"孰优孰劣"并非一成不变，需要结合商业模式环境以及公司所处行业的具体情况进行动态评估。

5.6 商业模式分型：用户的类型

用户是商业模式分析框架中的一个重要维度。用户类型不同，商业模式的设计思路可能不同，所需匹配的资源可能不同，商业模式所体现的竞争力类型可能不同。最终，商业模式的估值也有所不同。

用户的类型多种多样，可以是个人，可以是企业，也可以是政府和事业单位。比如，茶饮店的用户，主要是大街上来来往往的个人消费者。一些大型的外卖店，用户可能是写字楼里的众多企业。一些市政工程类的公司，用户可能是政府或事业单位。

根据通常的分类习惯，按照不同的用户类型，商业模式可以划分为：

1. To C（to customer）模式

To C 模式的用户为个人消费者。由于用户的同质化程度比较高，且单个用户的客单价有限，因而 To C 模式一般都需要有足够数量的用户、足够高的活跃度和用户黏性来支撑商业模式的变现。To C 模式常常处于竞争较为激烈的红海市场，且一般而言 C 端用户对价格较为敏感。因此，对 To C 的商业模式进行估值，往往需要关注以下方面：

（1）公司的品牌和口碑。

（2）极致的产品和服务体验。

（3）对 C 端用户的针对性营销，确保认知水准不足的消费者也能认识到公司产品的价值。

（4）匹配目标用户的定价。

由于 To C 模式直接面向数量众多的 C 端用户，且市场竞争程度通常较高，因而 To C 模式需要经历非常残酷的市场竞争。

2. To B（to business）模式

在 To B 模式下，企业的最终用户是企业而非个人。To B 模式又可分为"To 大 B"模式和"To 小 B"模式。

在"To 大 B"模式下，商业模式的用户主要由大型企业组成。常见的大型企业用户包括电信运营商、银行、证券公司、保险公司等，也可以是诸如苹果、华为、特斯拉、比亚迪等行业龙头。"To 大 B"模式往往呈现出以下特征：

（1）用户集中度相对较高。

（2）成为这些用户的供应商难度很大。但一旦进入供应商名录，一般就不会轻易被除名，因而用户黏度一般都比较好。

（3）要想成为这类用户的供应商，首先，企业的产品要在技术、性能、成本等方面拥有过硬的水准。其次，企业需要拥有良好的商务能力和渠道能力，这也是面对这类用户时极其关键的核心竞争力。

（4）更多情况下，定价权属于用户。

（5）这些用户名义上是用户，实际也是公司商业模式中的核心资源。

"To 小 B"模式往往具有以下特征：

（1）用户数量往往非常多，因而用户集中度相对较低。

（2）用户变动相对较为频繁。

（3）客单价通常比较低。

（4）一旦下游行业出现不景气，用户数量就可能急剧减少。

（5）在众多小用户的面前，公司更有可能拥有定价权。

（6）由于小用户很多、很难核查，该商业模式的财务舞弊风险相对更高。

3. To G (to government) 模式

在 To G 模式下，公司的最终用户为"政府"。市政建设工程、电子政务系统解决方案、城市安防系统解决方案等，都是 To G 模式常见的业务类型。与 To G 模式类似的还有 To H（to hospital）模式、To I（to institute，包括学校和科研机构）模式。To G、To H、To I 模式的特征如下：

（1）产品和技术要达到要求。

（2）在产品和技术、价格达标的前提下，渠道和商务能力至关重要。

（3）需要拥有成功落地的项目案例，最好拥有待拓展客户的竞争对手或兄弟单位的成功实施案例。选择一个已经市场验证、项目落地经验丰富、拥有良好口碑的供应商，也符合相关用户单位的合规要求。

伴随商业模式创新的发展，还出现了诸如"B2B2C""C2M"（Customer-to-Manufacturer）等用户或资源呈叠加形态的商业模式类型。

5.7　商业模式估值的一般方法和原则

本章此前的部分，先后探讨了以下内容：商业模式的本质（价值的创造、传递和获取）、商业模式的分析框架（用户、需求、资源、变现、环境）、商业模式的分型（价值承载点、价值动因、用户的类型）。这些内容有助于加深投资者对商业模式的理解。接下来通过对投资实务的一些思路和经验进行结构化，提出一个迭代估值法下的商业模式估值方法雏形。

1. 商业模式估值的约束条件

商业模式估值最强的约束条件，是商业模式所处的环境。同样的商业模式，在不同的外在环境下，其成长性和生命力可能大相径庭，因而估值也会有所不同。商业模式环境通常对应第 3 章中的各种周期。

2. 商业模式最核心的价值

商业模式最核心的价值，外在表现为商业模式的辨识度，内在基础源于商业模式的资源和禀赋，以及商业模式各要素的合理设计与架构。商业模式的辨识度，可以从定性和定量两个方面来考虑：

（1）定性方面，辨识度表现为商业模式在价值链条中的重要程度。如果一个商业模式在整个价值链条中的重要性极高、"不可或缺"，比如，Foundry 模式的台积电停止为 Fabless 模式的华为进行芯片代工，于是，同为 Foundry 模式的中芯国际的重要性便更加凸显，市场也愿意给其一个更高的估值。

（2）定量方面，辨识度表现为在价值链条中所占的价值增量比重。如果一个商业模式提供了整个价值链条中可观的价值量，同时也提供了可观的价值增量，那么这一商业模式就值得给予比较高的估值。比如，动力锂电池占新能源汽车的成本比重达 40% 以上，动力锂电池对新能源汽车行业的重要性也由此显现。当然，如果在定性和定量两方面同时具备高辨识度，那么商业模式将获得更高估值。

3. 商业模式的"攻守两极"

评估一个商业模式的质地，需要同时考虑商业模式的"能攻"与"善守"。"能攻"，说明在当前时点，商业模式的亮点非常突出。比如，拥有一项壁垒很高的技术，拥有一项可以即时变现的优质资源，或拥有一款"爆款"产品。"能攻"往往是当下时点商业模式获得高估值的依据。然而，"过刚者易折，善柔者不败"。除了"能攻"之外，商业模式还要"善守"。

▶ 案例 5-11

二手房交易平台的商业模式

2021 年 8 月 18 日，杭州市住房保障和房产管理局主管的杭州市二手房交易监管服务平台正式上线了"个人自主挂牌房源"功能。这一功能打破了传统依赖中介机构的房屋销售模式，减少了二手房交易过程中的信息不对称，降低了交易成本。该功能上线后，房屋租赁交易服务平台的中概股贝壳（NYSE:BEKE）一个交易日内股价下跌近15%。由此可见，商业模式亮点突出固然重要，"善守"同样是一个优秀商业模式所需具备的品质。"能攻"决定了商业模式估值的上限，"善守"则对应商业模式关于不确定性的估值折价，决定了商业模式估值的下限，甚至决定了商业模式是否仍然成立。

4. 价值承载点的位置并不直接决定商业模式估值

一般而言，价值承载点为研发和生产环节，商业模式出现高辨识度属性的概率相对更高，但也并不绝对。曾经有一种说法，"渠道为王、流量为王"，如果将价值传递环节作为价值承载点，且具备全面覆盖的渠道网络、低成本的流量（特别是"私域流量"）等资源，商业模式同样具有很高的辨识度。

将价值获取作为价值承载点环节，即，商业模式拥有一种创新的盈利模式。在这种情况下，如果仅有这一价值承载点，由于盈利模式的模仿成本很低，很容易被竞争对手抄袭，商业模式的辨识度会不足。比如，游戏行业"Come-Stay-Pay"（游戏免费，游戏内道具和会员收费）的盈利模式，很容易被社交电商行业模仿。社交电商可以通过先让买家免费试用、满意后购买，来实现获客和变现的目的。只有当盈利模式创新与其他价值承载点进行叠加时，才能真正发挥出创新盈利模式的显著作用，令商业模式获得更高的估值。

单一型价值承载点与复合型价值承载点之间，也无绝对的优劣之分。复合型价值承载点固然可以提供更多的效能，但同样也需要投入更多的资源来维持。"单一"和"复合"孰优孰劣，要综合考虑商业模式投入和产出的性价比。缺乏辨识度的"大而全"，还不如拥有辨识度的"小而精"。

当然，也存在一种例外情况，即价值承载点的设计需要结合战略来思考的情形。此时，长期的战略布局往往比短期的性价比更重要。为避免受制于台积电，Fabless 模式的华为如果能补齐 Foundry 模式进化成 IDM 模式，虽然短期来看不够经济，但立足战略高度来看，因补齐价值承载点而承担的成本和不确定性还是值得的。

5. 商业模式价值动因对估值的影响

本章第五节介绍了价值动因的类型，接下来介绍如何基于这些价值动因对商业模式进行估值。

（1）技术创新驱动。技术创新驱动的商业模式价值相对较高。技术创新本身可以作为直接的变现方式，比如 CRO、游戏开发商等模式。同时，技术创新也可以不直接进行变现，而是作为一种赋能手段来改进生产、销售和运营等环节，进而打造商业模式体系的护城河。技术可以是单一技术，也可以是一个综合的技术平台。一般而言，同等级别下，技术平台的估值高于单一的技术。

（2）生产能力驱动。生产能力驱动的商业模式价值有高有低，评价指标主要为辨识度和壁垒。台积电、中芯国际的芯片代工产能价值很高，缺乏壁垒的 OEM 代工产能价值就相对较低。基于技术创新驱动的生产能力，其估值显著高于单一的生产能力价值动因。

（3）掌握核心材料。"自家有矿型"商业模式，在材料紧缺的时候，业绩可能非常好（比如掌握锂矿资源），但在周期低谷时期订单会非常少。这一商业模式类型的公司的估值，往往会随着产业周期而波动。

然而也有一种特殊情况，如果公司所掌握的核心材料是基于技术创新驱动和生产能力驱动的"自研新材料"，公司并非单纯地"挖矿卖矿"，那么这一类型的商业模式便可以穿越大宗商品周期，进而拥有单纯"挖矿卖矿"模式所不具备的长尾效应。

（4）资金和杠杆驱动。这类商业模式与社会融资总额、货币政策息息相关。前已述及，资金和杠杆驱动的价值体现在两方面：

第一，拥有一定资金体量才能开展某项业务。比如，芯片的研发和生产、新能源汽车的研发与制造等均属于重资产行业，如果没有一定的资金体量根本无法开展。

第二，有多少钱做多大事。比如，项目订单型的商业模式，往往采用"3331"的收款模式，即签订合同时收取30%合同价款的保证金，发货后收取30%的货款，验收后收取30%货款，质保期结束后收取10%的尾款。这类商业模式往往需要预先投入自有资金。如果资金体量有限，且缺乏融资渠道，则可能因资金受限而影响所能承接的业务量。

结合近期的商业模式环境看，一些高估值的商业模式往往需要一定的资金体量作为门槛，然而资金门槛只是商业模式高估值的必要非充分条件。从当下的环境看，资金和杠杆驱动需要结合技术创新驱动和生产能力驱动，才能体现更高的价值。单纯依赖资金和杠杆来驱动已经越来越难。

（5）销售和渠道驱动。销售和渠道驱动的商业模式，与将价值传递环节作为价值承载点的模式有一定重合。销售和渠道驱动价值动因自成一体，即便没有技术创新驱动和生产能力驱动的加持，但只要销售和渠道网络覆盖面足够广，并拥有客户、流量等资源，依然可以给出一个高估值。评估这一类型的商业模式，还需重点关注行业监管尺度的影响。药品和医疗器械"集采"和"两票制"的实行，二手房交易的去中介化，都有可能给销售和渠道驱动的商业模式带来影响。对销售和渠道驱动的商业模式而言，以并购方式与行业龙头合作，也是一种充分发挥商业模式价值的思路。

（6）运营和服务驱动。尽管商业模式本无贵贱之分，但从估值的角度，运营和服务驱动的商业模式，往往赚的是一种"辛苦钱"。业务做起来比较辛苦，也比较容易被替代。优质的运营和服务，常常是一个成功的商业模式的必要非充分条件，单纯的运营和服务驱动的商业模式的估值相对较低。如果能够与其他价值动因进行组合，将有可能获得更高的估值。

（7）信息、数据和算法驱动。这一类型价值动因的商业模式，一般都能获得一个较高的估值，也是未来的趋势。随着数字经济对其他行业赋能，"信息、数据和算法驱动"甚至可能成为未来高估值商业模式的标准配置。这一类型的商业模式，需要重点关注资源的辨识度、资源的合理组织方式以及高效的变现手段。一些较为依赖算力的商业模式，最好能够叠加绿色电力的应用。

（8）监管资源驱动。这一类型价值动因的商业模式，往往需要叠加诸如研发、生产等价值动因，才能产生更大的价值。单纯依赖"关系"本身，商业模式难以持续。客户换了一个领导，企业就有可能再也拿不到其订单。这一类型的商业模式，在"善守"方面的护城河尤为不足。

（9）牌照驱动。牌照驱动的商业模式"能攻"属性突出，拥有一个具有较高辨识度、可以用来"保底"的壁垒。然而也正是由于牌照的作用往往过于突出，可能削弱了"商业"的属性和运营效率。在投资实务中，牌照驱动的商业模式的估值常常不及预期。

6. 商业模式估值的其他原则

在为商业模式进行估值时，还有以下一些经验性原则：

（1）在商业模式分析框架中，一般而言，各要素对于估值的重要性排序如下：资源＞用户＞盈利模式。资源是因，用户是果，盈利模式则是提高商业模式变现效率的催化剂。

（2）用户类型并无优劣之分。不能认为大量 C 端用户的价值，就一定不及行业龙头大客户的价值。在对 To C 模式进行估值时，关于用户，投资者需要关注 C 端用户的付费能力、付费意愿、客单价、复购率、用户黏性等指标。在对 To B 模式进行估值时，关于用户，投资者需要关注 B 端用户的准入门槛、客单价、收款政策、订单的可持续性等。

（3）就产品形态而言，基本的估值原则为：

1）爆款单品＞普通单品，前者"能攻"属性更强。

2）普通单品组合＞普通单品，二者"能攻"属性相近，前者"善守"属性更强。

3）同一级别下，定制化解决方案＞标准化的单品。单品可能直接为用户提供其所需的体验，也可能只能间接提供。解决方案则能够更直接地为用户提供其所需体验，且需求的满足维度更多元、程度也更深。一般而言，同一级别下解决方案的毛利率往往高于单品。但解决方案需要在人力投入、订单交付时间和资金占用等方面满足更高要求，因而定制化解决方案常常会面临产能和资金的瓶颈。

5.8　一些高估值的商业模式

不同的风险投资人有各自不同的商业模式偏好。这些偏好通常与投资机构的企业文化、投资理念息息相关,也和风险投资人的性格、成长环境和过往投资经历相关。接下来分享我个人比较青睐的一些商业模式,在遇到这些商业模式时,我愿意为其赋予一个更高的估值。

1. 简单

真正的"大家",往往善于化繁为简。无论多么复杂的理论和事物,都能用最简单的道理阐述,让一个外行很轻松就能听懂。同样,在风险投资中,如果一位创业者无法在"电梯时间"(一般不超过 3 分钟)把公司的商业模式说清楚,要么说明创业者的表达能力欠佳,要么说明创业者的经营思路不够清晰。

商业模式的英文为"Business Model",按字面意思又可翻译为"商业模型"。模型往往需要设定一些假设。假设条件越多,模型成立的概率就越低。因此,一个商业模式如果很复杂,包括了太多的利益相关者,需要每个利益相关者都满足特定的条件、实施特定的行为,那么这一商业模式将很难成立。商业模式越简单,约束条件越少,成功的概率也就越大。

▶ 案例 5-12

医疗软件企业的商业计划书

我曾收到一份医疗软件企业的商业计划书,产品是一款诊断心脑血管血栓的软件,该软件需要依托磁共振成像(MRI)设备来使用。据商业计划书介绍,在商业模式层面,公司的目标用户既包括医院和医生,也包括院外的 C 端用户。应用场景既包括医院的临床,也包括院外体检和家用。盈利模式既包括医院的按次付费和按时间付费,也包括院外零售的变现形式。

从上述表述来看,企业的商业模式定位不够清晰。To H 模式和 To C 模式是两个完全不同的商业模式,经营思路差异很大,所需的资源、盈利模式类型也有很大差异。投资机构更希望看到的商业模式是诸如"用户是医院医生、场景为医院的临床、盈利模式为医保支付或自费"这样简洁明了的表述。太过复杂的商业模式，往往经不起深入推敲。商业模式与"如无必要，勿增实体"的奥卡姆剃刀定律非常契合。

2. 熵减

"熵"是热力学中的一个概念，可以简单理解为"混乱程度"。

熵增，说明混乱程度提高，系统变得更加无序。比如，房间一段时间不收拾，就会变得比较乱，此时房间这一系统出现了熵增。

熵减，说明混乱程度降低，系统变得更加有序。比如，与菜市场相比，电商平台有效降低了购物者的搜寻成本，降低了卖家的获客成本，提高了获客效率，扩大了获客范围，因而电商这一商业模式实现了熵减。

后来，随着大型电商平台对流量、用户的聚集程度日益提高，一些平台出现了对买卖双方的过度变现行为。大型电商平台在早期体现出熵减属性之后，又呈现出了一种熵增的倾向。从经济学的视角看，熵减的本质是交易成本的降低。如果一个商业模式能够带来熵减，那么就值得给出更高的估值。

3. 卖铲子 / 卖水人模式

▶ 案例 5-13

淘金热中的卖铲子 / 卖水人

在早期的淘金热潮中，很多人都希望通过淘金来致富。然而，淘金是一份充满不确定性的工作，如果无法淘到金，那么成本便无法弥补，最终将以亏损告终。同时，淘金者之间的竞争也非常激烈，为了争夺资源，淘金者之间甚至会发生激烈的冲突和对抗。

此时，有一些人退出了淘金者的行列，转而做起了售卖所有淘金者都需要的铲子和饮用水的生意。与直接淘金相比，卖铲子/卖水生意的好处在于，一方面，淘金用的铲子和饮用水，是每个淘金者的刚需，只要淘金热潮还在就有市场。因此，卖铲子和饮用水可以间接分享下游淘金赛道的成长性和高景气度。另一方面，由于卖铲子和饮用水的人相对淘金者而言要少得多，因而也避免了太过激烈的竞争。前文提到的CRO便是一种典型的卖铲子/卖水人模式。既分享了创新药行业赛道的高增长，同时也避免了创新药企之间在靶点和管线方面的激烈竞争。有时候，下游创新药企的靶点和管线竞争越激烈，CRO的订单反而会因此而越多。

4. 现金流好

▶ 案例 5-14

复利和流动性

投资者中曾经流传这样一个故事：有个人给地主打工，地主同意每个月给他一石米。这个人学过财务管理，了解复利的价值，于是请求地主不要按月支付工钱，而是第一天给一粒米，第二天给两粒米，第三天给四粒米，连续给一个月。地主觉得这个人很笨，于是答应了。后来，这个人坚持了七天，饿得受不了，辞了工，另谋出路去了。

这个故事说明，成长性固然是投资的金标准，但首先要能活下来才有可能长大。投资者通常习惯于关注企业的净利润，并采用市盈率等方法进行估值。事实上，与经过会计处理的净利润相比，企业的现金流状况更能反映一个企业的核心竞争力，以及在极端环境下的抗风险能力。企业现金流的好坏，往往体现了商业模式的质地。

5. 可延展

▶ 案例 5-15

宁德时代的某供应商

这是二级市场的一家生产工业机器人设备的公司。这家公司拥有属于自己的技术平台，涵盖了机器视觉与光学、精密传感与测试、运动控制与机器人、软件技术、精密机械设计等五大领域。基于这一技术平台，公司针对下游不同行业，定制开发了具体的工业机器人行业应用解决方案，涵盖了移动终端、新能源、电子烟、汽车、硬盘、医疗、食品与物流等细分赛道。公司的客户包括苹果、宁德时代、华为、谷歌等国内外行业的龙头企业。

该公司商业模式的优势在于：

（1）公司可以利用自身的技术平台，选择那些市场容量大、景气度高的下游行业来开展业务，同时回避那些不够景气的行业，以此来分享高景气度行业客户的增长，规避低景气度行业客户的订单削减或坏账损失等风险。

（2）在为下游不同行业客户提供解决方案的过程中，公司获得了跨行业的行业经验和案例积累，这些经验又可以反过来促进公司技术平台的优化，形成"触类旁通"的技术更新机制。这一类型的商业模式，由于拥有充分的可延展性，天然拥有一种自我迭代和进化的属性。这一合理而巧妙的商业模式，理应被给予更高的估值。

| 第 6 章 |

财务与估值

财务是一种传统的估值视角。迭代估值法认为，财务指标本身不应直接作为投资和估值决策的依据。考察财务的目的，是透过财务这一观察窗口，发现关于企业质地的真相，还原企业经营的事实，进而据以优化关于企业和市场的认知，做出更为合理的投资决策。将诸如净利润、市盈率等财务指标作为估值的权威依据，存在舍本逐末之嫌。同时，由于财务舞弊是一种可能造成估值归零的致命风险，因而针对财务舞弊行为的识别和应对，理应作为投资机构评估企业财务的重中之重。

6.1 投资中的财务尽职调查

传统基于财务报表的估值方法，主要关注企业的收入、净利润、净资产等财务数据，基于这些财务数据，利用假设构建企业未来的财务报表，或是利用市销率、市盈率和市净率等相对估值指标为资产进行估值，最终做出投与不投的决策。

前已述及，关于企业和市场的认知维度非常多。对于成熟期企业的价值判断，财务是一个重要的观察维度，但也需要结合业务进行综合考量。同时，财务尽职调查并不等于基于纸面信息的财务分析，现场调查是财务尽职调查极其重要的组成部分。CFO的眼神、凭证排列的整齐程度、账簿中不经意的修改痕迹，都是重要的判断依据。基于企业文化、高管性格、现场感受等综合情境下的财务分析，才能让尽职调查的结论更加真实和丰满。

投资中的财务尽职调查，和会计师事务所的审计工作有着几分相似。然而，由于投资和审计的目的不同，二者的核心逻辑也有着显著区别。

注册会计师的核心诉求，是在避免发生审计风险的前提下，获得相关企业的审计业务订单，进而在全年的事务所排名中占据一席之地。审计的目的，是评估企业的财务报告是否按照公允会计准则进行编制。注册会计师并不需要强求被审计单位质地很好、投资价值很高。一个质地良好的被审计单位，固然能降低注册会计师遭受审计风险的概率，但对于一个质地不好的被审计单位，注册会计师只要保持独立、客观、公正、专业的态度，在审计报告中如实进行披露，也没什么太大的问题。

对投资而言，风险投资人进行财务尽职调查的目的，不是评估财务报告是否按照公允会计准则进行编制，而是发现和验证价值，以及识别风险。风险投资人基于财务尽职调查获取关于企业经营的事实，来证实或证伪此前提出的关于该企业的成长性逻辑，最终指导投资和估值的决策。

与注册会计师看重"遵循、合规"不同，风险投资人更看重企业是否真的好。一家资质平平的企业，即便财务报告编制得很完美，也不具有投资价值。一家投资亮点突出的企业，虽然财务报告编制得不符合要求，但只要不属于IPO的"硬伤"，只要创业团队足够坦诚、愿意规范，这类问题后期都可以通过引入中介机构来规范解决。

在风险投资中，财务尽职调查一般被称作财务核数。

6.2 财务报表分析：价值评估的思路

就价值评估而言，可以从三张报表中获得关于资产质量、盈利质量和财务弹性的信息。

资产负债表，反映的是企业所拥有的禀赋，以及这些禀赋的来源。资产、负债和所有者权益的规模好比人的体格，结构很像人的体质。我们既希望企业具有一定规模别太"瘦小"，又不希望企业"大而不强"。因而资产负债表的规模和结构都很重要。

利润表，反映的是企业利用资源禀赋实施经营的结果。利润表反映的信息，很像人同化、异化的代谢过程。我们不担心企业的消耗（成本和费用）很大，但希望这种消耗（比如研发费用）能够最终扩大企业规模、优化企业质地。同时，尽管我们希望收入增长，但又不希望收入增长是以资产质量下降（比如放宽收款账期）为代价。

现金流量表，反映企业现金流的状况，如同人体的造血、献血和输血状况。中医看重人的"气血"，风险投资人同样看重企业的资金流动和财务（"血管"）弹性，随时对企业的"高血压"和"动脉硬化"保持提防。

正如商业模式需要同时关注"攻"和"守"，在分析财务报表评估企业价值时，不仅要考察企业创造价值的能力，还要识别企业抵御风险的能力。

此外，财务报表分析应当在特定的商业模式场景下进行。同样的会计科目，在不同商业模式下对于企业价值的含义可能截然相反。脱离商业模式场景进行财务报表分析，最终可能得出令人啼笑皆非的结论。

接下来，我挑选了一些具有代表性的会计科目，从价值发现和风险识别的角度，谈谈如何利用这些会计科目评估企业价值。

1. 货币资金

账面拥有大笔货币资金（包括低风险理财资金）的企业，质地优良的概率更高。尽管传统财务分析教科书通常持有的观点是，企业货币资金余额过高，说明企业的资金运营效率偏低，应当将资金充分利用起来，比如扩大生产规模、进行对外投资并购等。然而真实情况往往并非如此。

企业经营常常会面临很多意想不到的风险，有时候企业的经营"少即是多"，需要为未知的未来留有一些"安全垫"。比如，在金融去杠杆的环境下，谁账面上现金充裕，谁就更容易撑下去。2018年，一些民营企业家由于前期加了高杠杆，以及后期的资金链断裂，最终丧失对企业的控制权。

企业的现金流好，一方面表明企业的资金宽裕，资金链断裂的风险小，另一方面可能反映了企业商业模式的优质（变现能力强），也可能反映了企业在产业链中占据优势地位和拥有定价权（赊账采购、先款后货的销售）。

当然，如果行业景气度非常高，且在可预见的未来将持续保持高速增长，适当做一些资本扩张是有必要的。比如，有数据显示，2021～2025年全球动力锂电池的产能缺口将逐步加大，至2025年将达到产能缺口的顶峰。在这一情况下，宁德时代、蜂巢能源等动力锂电池的生产商，上游先导智能等锂电设备和材料的供应商，在行业需求和景气度确定且可持续的情况下，可以进行较大规模的产能扩张，但需要把握扩张的节奏和程度，以免"潮水"退去后，空置大量产能留下"一地鸡毛"。

就货币资金而言,"存贷双高"的情况需要高度关注,特别是"存贷双高"规模占资产规模较大比重的状况。"存贷双高"是指,企业货币资金余额很高,同时有息负债余额也很高。"存贷双高"通常被认为有违常识:既然企业现金流充裕,为什么还要对外负债并无谓地支付利息?真相可能是,企业的货币资金根本就是造假而来,或使用受限。A股康美药业、康得新的财务舞弊事件便是"存贷双高"的典型。

2. 应收和预付款项

一般而言,投资者认为过高的应收款项余额并不是一件好事。应收款项名义上是一项资产,实质是企业资源被他人无偿使用。企业损失了利息,还要承担坏账风险。若看到企业的资产负债表中货币资金余额低、应收应付双高、存货余额高、毛利率低、研发费用低、经营性净现金流为负,风险投资人往往都不太看好这样的企业。

上述关于应收账款的观点,通常情况下是成立的。然而也有例外:企业的下游客户主要为全球顶级厂商,特别是一些大型央企或行业龙头。这些龙头厂商通常不太可能赖账,坏账损失基本可控。同时,企业的应收款项余额还要结合营业收入来看:企业的应收款项增加,可能是因为订单量的增加,可能反映出企业所处行业的高景气度。在这种情况下,只要应收款项增速低于订单量增速就可以接受。

应收款项余额降低,也并非都是好事。比如,在极端市场环境下,一些企业订单停滞,无法开展新的业务,同时前期的应收款项按合同条款不断收回。此时,尽管企业的应收款项余额不断降低,现金流回笼有所改善,但由于无法获得新的订单,下一会计期间不仅应收款项减少,收入也减少了,企业后续增长乏力。

预付款项很像应收款项,本质是提前把钱打给别人。从表面上看,预付款项也属于资源提前被别人占用，当然不是什么好事。然而，投资者在评估预付款项时，需要了解产生预付款项的原因。如果是因为企业获得了一笔很大的订单，为了备货而预先支付款项，造成预付款项余额快速增长，那么此时尽管更多资源被供应商占用，但这一代价的背后，是企业后期即将到来的收入确认，体现的是更好的成长性。因此，预付款项增长也不一定都是坏事。

3. 存货

存货和应收款项很像。存货需要占用企业的资金，同时也存在跌价风险。如果存货余额在短期内急剧增加，按照传统财务分析教科书的观点，这是一个风险预警的信号。事实上，关于存货的分析，也要结合企业的商业模式特点进行。举两个与传统观感不太一致的例子：

▶ 案例 6-1

某锂电设备企业

该企业是一家生产锂电设备的上市公司。2020 年三季报显示，企业存货余额大幅增加，经营性净现金流急剧减少，市场认为企业财务状况恶化，股价随即应声下跌。事实上，这家企业的商业模式为以销定产，企业先与下游客户签订销售合同，然后组织备货、生产和交付。企业存货余额大幅增加的原因，并非企业产品滞销，而是企业刚刚和全球顶级客户签订了数笔大额订单。为实施订单的交付，企业组织了大批量的备货，形成存货中原材料余额大幅增加，同时造成经营性净现金流的减少。尽管企业存货余额大幅上升，但从价值评估的角度看，这是一种经营向好的迹象。市场有些"想当然"，对存货余额的增加进行了错误解读。

▶ 案例 6-2

某信创服务提供商

该企业主要从事向以银行为主的金融机构提供包括咨询、软件产品、软件开发和实施、运营维护、系统集成等在内的信息化服务。下游客户主要为大型政策性银行和股份制银行,主要产品形态为以软件为主的解决方案。2021年以来,该企业的存货余额快速增长。

该企业确认存货,主要核算软件开发项目的已投入待结转成本(很多是人力成本而非实物成本)。存货余额大幅、快速上升,意味着企业待确认的收入在快速增加。由于下游客户均为头部、优质银行客户,且前期相关销售合同已订立并正在实施,因而完成订单和收入确认的不确定性较小。在接下来的会计期间,随着该企业收入的逐步确认,经营业绩也将大幅增长。此时,存货余额快速增长显然是一件好事。

因此,在分析存货时,一方面需要结合企业的商业模式来解读,另一方面需要对存货的类别进行细分,分析增加的存货究竟是用于备货的原材料,还是滞销积压的库存商品。不同的存货结构,对估值而言意义可能截然相反。

4. 固定资产

对于固定资产,通常会考虑以下四个方面:

第一,企业的固定资产都有哪些。首先要立足企业的商业模式,分析这些固定资产如何在企业的价值创造中发挥作用。同样是固定资产,有些可以帮助企业更好地创造价值,比如荷兰阿斯麦尔公司[⊖]的高性能光刻机;有些可能对企业的价值创造没什么太大的帮助,比如一辆价值数千万元的布加迪威龙跑车。风险投资人希望企业能把好钢用在刀刃上,因而会在与创业企业的投资协议中,和企业约定好投资款的用途与权限,以避免企业刚刚融资完成,就去购买了一辆豪车的情况出现。

第二,固定资产的真实性。风险投资人会和注册会计师一样,到企

⊖ ASML Holding N.V.,一家半导体光刻机生产商。

业现场看一看这些机器、设备是否存在，其成新度和运转情况，以及厂房的布局和建设进度等。通过现场观察往往能获得很多重要信息，本章后面的案例会提及。

第三，固定资产折旧可能给企业带来的影响，以及企业是否利用在建工程和固定资产进行盈余管理。比如，通过拖延在建工程的工期，延迟在建工程转为固定资产的时间，通过推迟计提折旧来调节企业的净利润。

第四，当企业新投入一条生产线时，需要评估生产线技术领先的"保质期"和使用寿命，并测算企业达产所需要的时间、达产后的良率以及交付客户订单的时间保障，进而评估该笔固定资产投资对企业未来成长性的影响，以及业绩在财务报表中的兑现节奏。

5. 无形资产

无形资产往往是企业的研发、技术和品牌等壁垒的外在表现。与固定资产类似，在分析无形资产时，首先也需要立足企业的商业模式，查看企业都拥有哪些类型的无形资产，并分析这些无形资产如何在企业的价值创造中发挥作用。

我们会特别关注企业当前拥有的无形资产，比如所持有的核心发明专利是否覆盖了企业最核心的技术。对于医疗企业，可以登录国家药品监督管理局网站查询企业管线中的品种属于第几类新药，或查询企业的医疗器械属于第几类医疗器械，然后了解其竞品都有哪些。投资者还应当关注无形资产的权属：与企业核心竞争力密切相关的知识产权，是否已完全属于企业主体，抑或仍由实际控制人个人或其他方实质拥有。

然而，由于当前财务报告的一些局限性，很多"无形"但对企业价值创造非常重要的"资产"，并没有进入企业的财务报表。比如互联网企业的用户数、日活跃度、月活跃度和留存，还有一些已经为企业形成了研发壁垒却不得不被列为当期费用的研发支出等，都应属于企业价值的构成或成长潜力的支撑，都属于投资机构希望看到的信息，却无法在财务报表中得到确认。因此，无形资产作为一个"不太全面"的科目，需要辩证地进行解读。

6. 商誉

根据《企业会计准则第20号——企业合并》，商誉是指购买方对合并成本大于合并中取得的被购买方可辨认净资产公允价值份额的差额。举个通俗的例子：A公司打算收购B公司，原本A公司支付给B公司的收购款金额，应当等于B公司对应净资产公允价值份额的金额，但由于A公司非常看好B公司，或B公司不太情愿出售股权，A公司多给B公司一些钱，这些多给的钱就是商誉。

有人认为商誉就是被收购方未来能帮收购方多赚的钱，体现的是一种获取超额收益的能力。事实上，我认为商誉本质上是一种"冲动的代价"。商誉就好像人体中一个性质不明的结节，可能是一个定时炸弹，不知何时就会引爆。

把商誉视作超额收益的来源，有时只是一种一厢情愿。技术、企业乃至一个行业赛道，往往有着自己的生命周期和工业技术的代际差。在并购交易的时点，收购方所认为的超额收益获取能力，可能随着时间流逝而不复存在。很多时候，企业退出历史舞台并非因为企业团队不够努力，而是因为企业真的"老了"。商业环境变化太快，企业如果没有形成"第二曲线"[一]，将很快被市场淘汰掉。因此，投资永远要为不确定性留

[一] 第二曲线源自查尔斯·汉迪《第二曲线：跨越"S型曲线"的二次增长》一书，指的是企业在原有的增长曲线（第一曲线）到达顶峰之前，就需要形成第二条全新的增长曲线（第二曲线），这样才能由第一曲线提供足够资源来承担第二曲线投入期最初的消耗。企业如果缺乏第二曲线，则可能在第一曲线到达顶峰后因失去增长动力而逐渐走向衰败。

有足够的"安全垫"，投资机构不要把自己"逼得太狠"，不要过于乐观，永远要给自己残缺的认知留有余地。

在 2015 年互联网牛市中，很多上市公司花了巨资、给出了高溢价收购文娱和互联网公司，形成了大量商誉。随着 A 股移动互联网泡沫的破裂，以及金融去杠杆的深入，2018 年多家上市公司（特别是民营上市公司）因为前期的巨额商誉而承受巨亏，进而造成股价下跌、质押爆仓。很多因"冲动"留下的商誉债，至今都还没有全部还完。

此外，未上市企业如果有过多的商誉也不是一件好事。在上市之前，企业过于热衷资本运作并非好事，沉迷于靠并购增厚利润并不可取。投资者更希望看到的是，一个专注于主业的创业团队，哪怕他们对资本运作一点儿也不在行。

7. 短期借款

短期借款余额高显然不是什么好事，说明企业在短期内还债的压力很大，同时也需要承担利息支出。短期借款需要结合企业的货币资金、应收应付、存货、现金流、毛利率等综合考虑。如果这几个指标同时处于不良状态，那么可以初步判断企业要么财务弹性现状堪忧，要么核心竞争力欠佳。我个人还是倾向于短期借款科目余额越低越好。

8. 应付款项

应付款项包括应付账款和应付票据，实质是企业占用别人的钱。从结果来看，应付款项是在占用别人的资源，显然对本方企业而言是有利的。从应付款项的成因来看，如果应付款项的存在，源于本方的核心竞争力、行业地位或定价权，那么应付款项是一种实力的体现。

然而，在很多重资产的行业中，常常会看到产业链中的企业，无论处于上游、中游还是下游，均呈现出应收应付双高的景象。大家都面临着"不得不欠着下家，否则自身业务就开展不下去"的烦恼。在这种情况下，企业虽然通过应付款项占用上游资金，但大量的应收款项也被下游所占用。这种被动情况下的拖欠资金，往往体现了产业链企业的有心无力。有时候，我们会认为这是一个"苦行业"，大家只能约定俗成相互拖欠、抱团取暖。从投资角度而言，这种类型行业和企业的估值，往往需要打一个折扣。

9. 营业收入和净利润

对企业价值评估而言，营业收入比净利润更重要，是体现企业成长性最为核心的评估指标。这是因为：

第一，收入是企业财富最根本的来源。企业固然可以通过降本来提升毛利率和净利率，但如果没有营业收入来变现，一切皆为空谈。

在从事中早期投资时，天使投资人或风险投资人往往不是特别关注企业的净利润水平，而更看重企业收入规模的增长，并找到收入增长的原因：企业拓展了新客户？基于原有客户开拓了新订单？新产品研发成功，丰富了企业的产品线，扩大了销售规模？还是通过商业模式创新，拥有了新的盈利模式？

第二，收入比净利润更纯粹。净利润的计算，经过了相当复杂的会计处理，运用了大量的主观估计。从某种程度而言，净利润已经被改得面目全非。每一次的会计处理，都可能被用来进行净利润的调节（称作盈余管理），因而有时候很难获得关于净利润的直接证据。

与净利润相比，营业收入相对纯粹。营业收入和销售合同的关联非常直接，可以将销售合同作为营业收入的衡量依据，可以通过客户访谈来验证订单的真实性，还可以利用企业的银行流水来印证收入确认的真实性与合理性。

对于收入的真实性核查，需要将收入与经营性现金流（收入对应实际收到了多少钱）、产能利用率（产能利用率是否匹配收入的规模和增长）、现金回款（汇款信息与合同和订单、客户信息、日期等是否匹配）等联系起来进行分析。

10. 研发费用

研发费用作为一项期间费用，是净利润的减项。然而在分析财务报表时，**我倾向于将研发费用加回到净利润当中，视作净利润的一部分。**这是因为，研发费用的本质，是为企业未来的成长性积累潜力。今天的研发费用，是在为未来的净利润埋下种子。更重要的是，研发费用存在创新的杠杆效应。今天一元的研发费用，可能会在未来转化为数元的回报。然而，一些上市公司出于市值管理等考虑，为了让净利润更好看，往往会通过"克扣"研发费用、减少研发支出来进行盈余管理。这种做法不能说是错的，但多少有一些短视。

一般而言，如果一家上市公司的研发费用占收入的比重超过 10%，即拿出当年 10% 以上的收入进行研发，通常认为这是一家重视研发的上市公司。未上市企业的研发费用收入比通常会更高一些。企业今天的高研发费用收入比，往往是企业未来高毛利率的原因。

在评估研发费用的时候，最好能拿到研发支出的明细，以了解研发费用究竟是用来招人、购买设备，还是做实验，以此来评估研发费用的使用效率，并预判企业未来成长性的实现概率和节奏。

11. 销售费用

评估企业的销售费用，可以从以下三个角度来分析：

第一，商业模式。一些企业的利润表中呈现"高毛利率＋高销售费用率"的特征，代表性企业包括创新药、医疗器械、消费品企业等。这一类型的商业模式往往具有共同的特点：一方面需要投入大量沉没成本维护现有渠道，另一方面需要持续向终端消费者输出产品认知来提升客户忠诚度。

比如，医疗企业为维护区域和医院渠道，在直销模式下，前期需要设点、投入人力、开拓新客户，后期需要对客户关系进行维护，并提供必要的运营服务。在经销模式下，让与经销商的商品折扣，本质上也属于一种销售费用。

再比如，功能饮料生产企业在推出一款新产品后，往往需要在各类型媒体投入大量营销费用来吸引消费者的注意力。幸好上述这一类型商业模式的产品毛利率都足够高，能够覆盖商业模式所需的营销和渠道支出。

第二，用户类型。第5章基于用户类型对商业模式进行了分类。To 大 B/H/I 类型的企业，在开拓新客户时往往销售费用开支会比较大。一旦进入了大客户的供应商名录，后续的销售费用将逐步降低并趋于稳定。

To C 类型的企业，提供的无论是汽车、3C 电子产品，还是诸如食品饮料、服装、网游等产品和服务，都需要持续投入大量销售费用来占领消费者的认知。To 小 B 类型企业的商业模式，特别是行业龙头面向众多小 B 用户时，销售费用一般而言会相对较低。

第三，产品生命周期。在新产品或新品类上市时，比如一款新游戏上线，或是一款全新靶点的创新药上市，往往需要投入大量的销售费用，从而起到"拉新"的作用。到了后期，销售费用往往用于定期或不定期的"促活"运营，此时的销售费用相对于产品刚上线时会有所下降。

尽管有些行业天然呈现高销售费用的特征，但销售费用过高终究不是一件好事。销售费用的本质，是新制度经济学中的"交易成本"，也是熵增的一个来源。当前医疗行业的"带量集中采购"，禁止互联网渠道发布针对中小学和幼儿园学生的校外培训广告，针对房地产去中介化的尝试，都属于降低渠道交易成本的举措。随着制度建设的完善、商业模式的进化、传播渠道和技术的创新（比如区块链技术），**全社会销售费用的降低将成为一种长期趋势**。

12. 管理费用和财务费用

由于管理费用包括了很多内容，因而通常需要获取其明细，并分析各项的具体情况。管理费用的高低，往往反映出一个企业的管理水平。管理费用由于种类繁杂，有时也会被用来财务造假。当管理费用较高时，或是增速发生异常时，需要重点关注。

财务费用通常情况下金额都不会很大，一般也不是关注的重点。如果现金流非常好，企业将闲置资金用于购买低风险的理财，财务费用一栏甚至还可能出现表示负数的红字。即便金额不高、对净利润的影响不大，但由于强烈的预期差，也能给人以愉悦的感受。

13. 经营活动产生的（净）现金流量

利润表中的收入和净利润是按照会计准则"主观"计算出来的，而现金流量表中各类型的现金流量，则是资金真实的流入与流出。收入和净利润往往是"纸面富贵"，现金流才是真正赚得的钱。

投资者通常将"经营活动产生的现金流入"与营业收入进行比较，如果前者小于后者，说明企业有一些应收的钱还没收到，比如被客户赊账而产生应收账款。投资者希望"经营活动产生的现金流入"大于营业收入，说明企业的经营性现金流状况更好。

投资者也会将"经营活动产生的净现金流"与净利润进行比较，如果企业的净利润很高，但经营活动产生的净现金流却很低，企业属于"纸面富贵"。尽管"赚"了很多的钱，却没有拿到对应的现金，享受不到现金能给企业带来的实际好处。或是企业的净利润大量来自主业（经营活动）之外的交易和事项，一般也不是什么好事，可能成为企业上市的实质性障碍。

14. 毛利率

毛利率是一个重要的价值评估指标。在风险投资中，如果一家企业的毛利率低于25%，通常会被认为缺乏投资价值。这是因为，风险投资的投资企业一般规模都不会特别大，如果毛利率水平再比较低，说明单位产品的赚钱能力较弱，需要靠"走量"才能累积一定的净利润规模。企业的品牌溢价、研发壁垒、生产能力、成本控制水平、产品新颖程度以及成长潜力，往往会体现在毛利率之中。

上述青睐高毛利率的标准，不一定适用于证券投资。一方面，二级市场中往往成熟期企业居多，当企业的销量足够大的时候，尽管单品毛利率水平不高，但规模优势本身也可能成为企业的核心竞争力。另一方面，二级市场的投资策略更为丰富，一些投资者也并不太关心毛利率等财务指标。

在评估毛利率的时候，需要看毛利率的绝对值，同时关注不同会计期间毛利率的增长和波动情况。此外，无论是监管机构、中介机构还是投资机构，都习惯于将标的企业的毛利率与同行业可比公司进行比较，以此来发现一些事实：

（1）与同行业相比，如果企业的毛利率过低，可能预示着其竞争力和成长性有限，缺乏足够的壁垒。

（2）如果毛利率过高，甚至高于行业内的龙头公司，需要关注：第一，毛利率是否存在造假嫌疑？第二，如果毛利率是真实的，那么是否可持续？毛利率是否会随着企业规模的扩大而降低？或是因新竞争者的进入而降低？

（3）如果毛利率逐年提高，需要关注毛利率的提升是否有企业基本面向好的证据作为支持。

（4）如果毛利率逐年降低，需要关注企业经营是否出现了不利的情况。

（5）如果各年间毛利率的波动很大，需要关注是因为行业周期、企业产品结构发生了变化，还是因为企业存在造假行为。

除了上述会计科目和财务指标外，财务尽职调查还有其他需要关注的指标，比如资产负债率、销售净利率、各种资产的周转率、EBITDA（息税折旧摊销前利润）、ROA（资产回报率）、ROE（股东权益回报率）、ROIC（投入资本回报率）等。然而，指标越复杂，失真的程度可能越高。投资者需要剥茧抽丝，更多基于常识，更多站在更高更广的视角，来灵活使用这些财务指标。

6.3 财务舞弊动机

在投资中，我们通常会关注企业存在的问题是属于可以解决的瑕疵，还是无法解决的硬伤。财务舞弊是可能令投资成本归零的重大风险因素。管理团队不行，什么都是空谈。对于存在财务舞弊事实的企业，无论造假金额是100亿元还是1万元，都应当一票否决。二级市场常见的"困境反转"逻辑，并不适用于一级市场中品行有瑕疵的创业团队。

在巨大的利益面前，人性有时经不起考验。因此，在讨论财务舞弊手法之前，先了解一下容易滋生财务舞弊的场景，以及常见的财务舞弊动机。

在学术界，关于财务舞弊的经典理论包括舞弊三角理论、GONE 理论、冰山理论和舞弊风险因子理论等。总结下来，主要观点包括：

（1）人性有弱点，每个人的道德水平也不同，有的人就是比别人贪婪，犯错的可能性也会更大。

（2）如果人面临很大的压力，就有可能选择铤而走险。

（3）良好的环境、完善的制度能够减少财务舞弊的机会，反之可能成为滋生财务舞弊的土壤。

（4）如果对财务舞弊的惩罚力度不够，将无法有效减少财务舞弊的发生。

其中，环境和惩罚力度是外因，人性和道德标准是内因，动机和压力则是财务舞弊的催化剂。

在日常的投资工作中，企业常见的财务舞弊动机包括：

1. 获得融资

一家创业企业从设立到成功 IPO，往往需要经历数轮融资。为了获得风险投资人的资金和资源支持，有的企业会粉饰财务报表、虚构经营业绩。更有甚者，一些企业会通过虚构业绩来获得风险投资的资金，然后再通过一些方式将资金从投资主体转移出去，最终掏空融资主体的资产。

2. 完成业绩承诺

一些创业团队为追求更高的融资估值，和风险投资基金签订了对赌、回购等条款。一旦承诺的业绩未能完成，就要向风险投资基金补偿现金或股权。创业团队为避免承担补偿义务，有可能通过财务舞弊来虚增业绩。

3. 上市

上市是创业团队最直接、有效的变现途径。一旦企业成功上市，创业团队的财富通常以数亿元乃至数十亿元计，涉及的利益巨大。因此，成功上市也是一些企业财务舞弊的动机。

4. 借壳或出售

一些企业为顺利实现"借壳上市"，往往存在财务舞弊动机。同时，一些企业为了向上市公司或产业龙头出售公司，也有可能通过财务舞弊虚增企业价值，从而卖出一个更好的价格。

5. "摘帽保壳"

一家上市公司如果从 A 股退市，将给各利益相关者带来广泛和严重的负面影响，上市公司也将由此面临来自各方的巨大压力。因此，当一些上市公司因连续亏损等原因而被标记了特殊处理（"ST"）等符号时，它们可能因为压力而产生财务舞弊的动机。

6.4 财务舞弊手法

从事风险投资工作这些年，我曾经亲身接触过多个财务造假的融资企业。基于对过往直接和间接经验的梳理，总结了以下财务舞弊的十大常见手法。

1. 无中生有

无中生有是指，企业通过虚构销售交易虚增收入和净利润。无中生有具体又可分为以下两种。

第一种：虚构客户，虚假交易。比如，一些涉及境外客户的融资企业为了虚增收入和净利润，实控人间接在香港等地注册一些空壳公司。这些空壳公司伪装成融资主体的客户，与融资主体签订销售合同。在这种情况下，客户是虚构的，销售订单也是虚构的。因此投资者需要重点关注当年新出现的大客户，以及当年消失的原有大客户，查明大客户增减的事实和背景。特别地，投资者要警惕某年出现一个新的大客户贡献了大笔销售，第二年该大客户就消失了的情形。

第二种：真实客户，虚假交易。比如，一些融资企业和关联方、经销商、加盟商等约定好，伪造对其的销售订单，以此来增厚业绩。企业成功上市之后，再以其他方式来回报各方。在这种情况下，客户是真实的，但销售订单是虚构的。

为了让虚构的收入看起来更真实，除了虚构收入外，"高段位"的造假者往往还会虚构配套的资金流水。比如，实控人将自有资金打到空壳公司，然后再以销售货款的形式回流至公司。为了让流水更逼真，甚至会采用"整数金额转出、拆成几笔收回"的技术处理。

2. 真戏假做

真戏假做是指，业务是真实的，但数据有水分。比如，企业事先和客户或供应商串通好，以高于市场价的价格向客户销售商品，或以低于市场价的价格向供应商采购原材料。此时，尽管相关的销售和采购业务是真实的，但交易的价格却显失公允，目的是虚增收入或虚减成本。在这一情况下，投资者需要充分了解采购和销售的市场行情，并选取可比公司进行比较，来验证相关交易及其价格是否合理。

3. 假戏真做

在这种情形下，客户常常先买货、后退货。客户的退货时点，可能会选在比如融资完成等关键节点之后。虽然这笔交易最终取消了，谈不上虚构，但事实上一开始双方就没打算真正进行交易，只是为了把假戏做得更逼真一些。

还有一种假戏真做，就是融资主体 A 的供应商和客户，其实是同一家企业 B。于是，A 向作为供应商的 B 进行采购，B 换了个"马甲"后，A 再向 B 进行销售。我以前曾经尽职调查过的一家资源回收企业采用的便是这种手法。

在这种情况下，投资者需要真正了解一个行业。同时，投资者还需熟悉行业中的各主要参与者，通过多种渠道来了解相关利益方之间的关联。

4. 寅吃卯粮

寅吃卯粮就是通过调节会计处理的时间，来达到特定的目的。比如：

（1）提前确认收入。通过调节收入确认时间，来将净利润确认至所希望的会计期间。

（2）向客户放宽收款政策，通过透支未来期间的订单潜力，来获得短期收入的增长。

（3）延迟将在建工程结转为固定资产，通过推迟计提折旧来提高当期的净利润水平。

寅吃卯粮的一些行为，有时候不能算作财务舞弊，更像是一种盈余管理手法。这类盈余管理手法也可以用来人为调节企业的业绩。

5. 节衣缩食

节衣缩食也是财务舞弊（或盈余管理）的一种常见做法：企业为了提高净利润水平，刻意采取一些做法来降低企业的成本和费用，比如：

（1）高管低薪酬。有时候投资者会发现，一家大型上市公司的董事长或高管，年薪只有区区几万元。这种情况，大概率是"董监高"通过暂时少拿年薪，来提升企业的净利润。

（2）通过大规模裁员、大量使用劳务派遣、少交"五险一金"等方式降低用人成本来提高净利润水平。

（3）通过刻意降低企业的营销支出或延迟广告的投放降低销售费用来提高净利润。

上述这些"节衣缩食"的行为，很多违背了基本的商业规律，在蒙蔽投资者的同时，也对企业的长期价值和可持续发展产生了损害。

6. 指鹿为马

指鹿为马是指，对会计科目进行不恰当的定性，来起到美化财务报表的效果。比如：

（1）用对员工借款代替工资。企业将原本应计入营业成本或期间费用的工资，确认为预计未来可收回的员工借款。工资支出是利润表中净利润的减项，而对员工借款仅仅影响资产负债表中的资产结构（从货币资金转变为其他应收款项），并不涉及利润表中净利润的变动。

（2）将生产耗用的原材料成本计入在建工程。同一种材料，生产过程可能用到，固定资产在达到可使用状态之前也可能用到。计入原材料成本时，最终会形成净利润的减项；而计入在建工程时，最终将转化为固定资产的原值，不会影响净利润。这种做法属于虚增净利润。类似地，将原本应计入期间费用的支出进行资本化，也能达到虚增净利润的效果。

（3）指鹿为马还有一种高阶的做法，即通过混淆现金流量的类别，来达到美化财务报表的效果。比如，将投资、筹资活动产生的现金流入计入经营活动的现金流入，或将经营活动产生的现金流出计入投资、筹资活动产生的现金流出，从而制造出一种经营活动现金流状况非常好的假象。

7. 暗度陈仓

暗度陈仓是指，为达到一定目的，用一种隐蔽的方式做一些事。比如：

（1）研发费用体外化。我以前曾经考察过的一家医药企业，每年需要投入大量研发费用，形成了巨额亏损，于是，该企业在融资主体外设立了一个研究院，将大量的研发工作放在研究院进行。这样一来，由于研发支出被转移到体外，融资主体的净利润会变得更加好看。

（2）体外支付销售费用。医疗行业的渠道和销售环节往往存在一些灰色支出，于是，一些企业选择让关联公司或是员工个人来支付相关费用，来完成一些不能对外披露的行为。此外，在融资主体体外设置小金库来实现相关费用的支出，也是一种常见的做法。

8. 鸠占鹊巢

鸠占鹊巢主要关于权属问题。比如：

（1）有些企业为了证明企业资产的存在，把属于其他企业的资产临时借来充数，以此来应付注册会计师的监盘，以及风险投资人的现场调查。

（2）股东占用企业资金，或实控人的个人消费由企业报销。有些企业的实控人对企业和个人财产的区分缺乏概念，认为企业由自己创立，企业所有的财产自然都属于自己。甚至有一些实控人，通过设计一系列的手法，最终达到转移和侵吞企业财产的目的。

9. 视而不见

视而不见是指，"我不想看到的，我就假装没有看到"。比如，企业为了提高净利润水平，选择无视股份支付，虚减管理费用；明明出现了不利状况，却依然无视资产的减值；或是未确认退货或回购义务。这些交易或事项可能对净利润产生不利影响，然而企业选择了无视。

10. 瞒天过海

如果说"视而不见"有些自欺欺人，那么"瞒天过海"则是一种彻底的隐瞒和欺骗。比如，企业故意隐瞒企业存在的担保情况，以掩盖企业需承担相应责任的事实；或是隐瞒账面上货币资金的占用或使用受限；甚至蓄意截留会计师对外寄出的函证。

上述这些不当行为，基本都属于对财务数据进行粉饰，进而对投资者的价值认知产生误导。为识破这些基于会计规则层面的手法，投资者需要上升至业务层面寻找财务舞弊的一些迹象。

6.5 财务舞弊迹象

财务舞弊行为往往会伴有一些迹象，以下三个方面尤其需要重点关注：

1. 违反常识的现象

在投资中，常识是一种非常好用的工具。如果一些现象违反常识，那么背后就可能存在蹊跷，比如：

（1）在很短的时间内，风险投资机构投了又退。风险投资机构作为长期投资者，对于每一笔投资，都已做好持有 3～5 年乃至更久的准备。如果企业上一轮刚刚引入的机构投资者，本轮就急于出让股权，其中就可能有蹊跷。风险投资基金的一笔投资，在通过转让、回购等方式收回后，资金通常无法继续进行投资，而是直接返还给基金的合伙人。在平价或溢价程度很低的状况下退出，通常不算是一笔成功的投资。真相可能是，投资机构在投资后发现了融资企业的一些问题，而且这些问题无法得到解决。投资机构为回避风险，只能想办法转让所持有的股权。

（2）企业即将申报 IPO，投资机构却选择转让股权。按照当下的 IPO 审核节奏，企业从 IPO 申报到上市，顺利的话只需 6～12 个月。加上锁定期，投资机构可能 2～3 年就可以实现从资本市场退出。此时，在融资估值合理的情况下，一个理性的投资机构应当选择继续持有而非退出。如果一只风险投资基金距离到期还有很久，却在此时选择退出，很有可能是因为企业存在一些 IPO 的硬伤，经不起后续证监会或交易所的核查。

（3）工厂萧条，甚至出现停工。我曾考察过一家制造业企业，它的财务报表数据非常亮眼。订单爆棚、产能紧张，企业的财务数据呈现出非常强的成长性预期。后来，在对企业进行实地调研、走访车间的时候发现工人寥寥、机器落灰，有些设备和生产线甚至因为很久没有使用而锈迹斑斑。根据常识，一个订单爆棚的企业不会出现如此萧条的景象和宽松的产能。最终我们发现，企业存在伪造收入和订单的行为。

（4）交易不符合商业逻辑。投资者如果发现企业的销售、采购等交易出现了违反常识的情况，比如无合理理由接受自损利益的交易，就需要去核实原因。

2. 高危事件

高危事件可能是业已发生的财务舞弊的表现，也可能为尚未发生的财务舞弊埋下伏笔。

（1）财务总监、董秘、会计部门员工频繁离职。一般而言，财务总监、董秘、会计部门员工属于公司中相对稳定的职位，且财务总监、董秘作为企业的高管，往往持有公司的股权或期权，一般情况下流动不会特别频繁。如果一家公司的财务总监、董秘、会计部门等关键岗位员工出现频繁离职的现象，很可能是因为公司存在无法解决的问题，继续任职对个人发展而言意义不大，同时很有可能面临很高的合规风险。

（2）频繁更换会计师事务所、保荐券商等中介机构。无论是拟申报IPO的企业还是上市公司，一般而言，不会经常更换会计师事务所、保荐/辅导券商。对中介机构而言，除了审计费和保荐承销费之外，持续、稳定的客户关系本身就是一种资源。对企业而言，相互熟悉、磨合顺畅的中介机构能够为企业提供更好的资本市场服务。如果出现中介机构频繁更换的情况，则企业有可能存在某些无法解决的问题，最终导致与中介机构的分道扬镳。

（3）会计师事务所不知名或声誉不佳。如果一家企业选择不知名或声誉不佳的会计师事务所来提供审计服务，投资者也值得关注。很有可能是企业质地难以达到知名会计师事务所的质控要求，或是知名会计师事务所不愿按照企业的诉求进行配合。只有那些在谈判中话语权较弱的会计师事务所、质控水准较低的会计师事务所才愿意承接它的审计业务。因此，尽管会计师事务所的规模和行业地位并不一定与专业能力和职业操守正相关，但也可作为财务舞弊识别的一个参考。

（4）企业面临重大诉讼，甚至立案调查。投资者通常希望企业合法合规、规范经营。一方面，可以令其IPO之路更为顺畅；另一方面，也使投资者投资之后心里更加踏实。如果企业面临重大诉讼和立案调查，或是牵连到一些其他财务舞弊案件，比如融资主体是另一家财务舞弊企业的供应商或客户，那么也存在较大的财务舞弊风险。

（5）实控人和主要股东股权质押比例过高。上市公司实控人和主要股东质押股票，有可能是为了满足公司经营的资金需要，但也有可能是实控人和主要股东在实施套现。同时，股权质押需要支付高额的利息，还存在质押爆仓被强平的风险。因而对股权质押比例高的情况，需要重点关注。

（6）创始人旗下有多个产业。投资者希望投资愿意全情投入的创业团队：创业团队从创始人到高管，非常看好当下的创业，为了更加专注和聚焦，他们辞去了各种兼职，放弃了过往的其他产业，甚至卖了房产将资金投入企业。

如果创始人旗下有多个产业，名片上有很多头衔或随身携带多张名片，那么就需要加以警惕：一方面，可能体现了创始人不够专注，其个人资源、精力需要分出部分用于融资主体之外的产业；另一方面，投资机构投入企业的资金，很有可能被通过"腾挪闪转"转移到创始人的其他产业之中，从而带来投资的损失。

3. 可疑迹象

以下一些行为迹象，虽然不一定"高危"，但也需要引起注意：

（1）眼神飘忽。在访谈过程中，如果创始人或创业团队的眼神飘忽，总是顾左右而言他，逻辑混乱、答非所问、含糊其词，就需要注意，很有可能访谈对象心里有"不能说的秘密"。因此,有些风险投资人会专门阅读"FBI读心术"之类的书籍,通过对访谈对象面部微表情的解读,来分析访谈对象内心的真实状况。

(2)拖拖拉拉。企业对财务尽职调查所要求资料的提供,如果总是拖拖拉拉,特别是出现多次询问后仍然多次拖延的情况,或是投资者多次被告知"材料放在另一个厂区""管资料的负责人今天不在公司",有可能对方根本就不打算提供资料,也有可能相关资料根本就不存在。自信的创业团队都是坦诚的,而坦诚是值得投资的前提。

(3)擅作主张,刻意引导甚至更改投资机构的访谈计划。比如,在访谈过程中,投资者原本打算访谈企业的客户A、经销商B、供应商C,而企业方刻意引导投资者访谈另外的客户、经销商、供应商。一种可能便是这些新的访谈对象是企业的关联方,它们会和企业串通来塑造企业的"良好人设"。此外,临时越俎代庖地更改投资机构需要走访的厂房、子公司等,也是相当可疑的行为。在这种情况下,投资机构需要坚持自己最初制订的访谈计划,不能因为时间限制或惰性而临时更改。同时,需要查明对方这种行为的动机和目的。

6.6　财务舞弊识别的一些体会

有一些类型的财务舞弊,核查起来难度非常大,具体包括:

1. 客户小、散很难查

▶ 案例6-3

客户众多且真中掺假很难查

一家5G行业的公司,下游客户的数量达数百个,公司向每个客户的销售金额都很小。如果这类小而散的客户中混杂一些企业实控人的关联方配合造假，甚至是存在一些虚构的客户或交易，非常难以核查。

一家连锁奶茶店，由于直接面对C端用户，单品价格低、总的销量大，且大部分的销售不用开具发票，这种情况只能依赖对信息系统的审计。我在一次门店实地蹲点的尽职调查中发现，奶茶店的收银系统经常会自动出现为订单加了一个"椰果"或"燕麦"等"配料"的情况，进而在一笔真实的交易订单中，加入了一个虚假的"配料"销售。这种情况也很难核查。

2. 短期之内很难查

事实上，很多财务舞弊手法非常隐蔽、造假的逻辑非常严密、伪造的证据链条非常完整，即便会计师拥有丰富的经验，且严格按照审计准则实施审计，仅凭一年的审计工作，往往也很难查明财务舞弊的事实。很多重大的财务舞弊案件，都是在舞弊行为发生2～3年之后，才因为一些偶然事件而逐渐浮出水面。要求会计师事务所一定要在当年就发现企业财务舞弊的事实，有的时候并不现实。

3. 大额拆分很难查

在识别财务舞弊的过程中，我们通常需要关注那些异常、大额的账户余额、交易明细、现金流入流出等。然而，有些财务舞弊会故意将一笔大额的交易明细拆分成很多笔小的明细。这样一来，就可以避免"引人耳目"，避免被抽样抽到。这种化整为零的做法，很具有隐蔽性。

4."一条龙造假"最难查

如果一家财务造假的企业，完整伪造了销售合同、采购合同、对应的现金流水和银行回单、入库单、检验单、生产单、发票，私刻假章，甚至自掏腰包投入真金白银交税，这种"一条龙造假"的手法，核查起来难度非常大。

在识别财务舞弊的过程中，有一些经验和体会，分享如下：

（1）**反舞弊，先识人**。无论是财务数据，还是业务数据，终究与事实之间"隔着一层纱"。然而，所有的事都是由人做出来的。在财务尽职调查之前先识人，有助于投资者降低系统性风险。因此，投资者在进行财务尽职调查之前，需要先对管理层进行评估。评估创始人和核心团队的价值观、性格特征、成长路径、过往经历、行为偏好，同时结合对企业文化的评估。真正从财务舞弊行为的源头来进行预判。

（2）**专业、聚焦**。风险投资人只有真正聚焦、专注于一个行业，真正懂一个行业，才能在尽职调查的过程中抓住关键问题。投资人在尽职调查之前要做好功课，具备与创业团队平等交流的专业水准。如果在尽职调查现场需要由创业团队对一些核心技术和专业术语进行科普，那么风险投资人辨别事实真相的能力将大打折扣。

（3）**克服惰性**。尽职调查最大的敌人是惰性。在尽职调查过程中，投资者应当避免尽职调查流程的偷懒，避免观察的偷懒，避免思考的偷懒，不可存有任何侥幸心理。在尽职调查的现场应当多看、多问、多想、多联系，少看手机、少发呆，避免沉浸在自我的世界里想当然。尽职调查一定要多去现场，保持敏感的神经，同时不要相信奇迹。

（4）**尽职调查宁可慢，不可漏**。不要担心多跑几次会让企业觉得烦，不要因为临近周末、出差一周了就想尽快回家，要特别注意尽职调查的最后一天不能虎头蛇尾。尽职调查快结束的时候，往往也是双方容易松懈的时候，风险投资人可能忽略了重要迹象，而实施了财务舞弊行为的企业方也有可能不再那么"严阵以待"。尽职调查需要善始善终。

（5）**关注重要的物、重要的人**。对于大额或关键的合同，重要的客户、供应商、关联方、老股东，已经离职的重要岗位人员，提前退出的风险投资机构，必须多次、深入访谈，同时需要避免被对方安排好访谈对象，此外，函证和工商查档一定要由风险投资人自己来操作。

（6）重视第一感觉。记得在刚入行的时候，就听说过一句话：要重视第一感觉。第一次见到关键的人、第一次进场的观感，往往包含了大量信息，需要及时、准确记录下来。这些观感，往往是基于过往经验、常识等形成的一种直觉。

6.7　一家中药饮片企业的财务舞弊识别案例

1. 案例背景⊖

数年前，我曾接触过一家中药饮片企业。中药饮片，是指经过净制、切制或炮炙等处理后，可直接用于中医临床或制剂生产的处方药品。

这是一家处于Pre-IPO阶段的企业，融资背景和财务情况如下：

- 企业的年营业收入为20亿元，最近一期增速达30%。
- 净利润超过2亿元，且最近一个季度的增速达到了200%。
- 投前估值按照10倍的静态市盈率，约为20亿元。
- 企业曾经申报过IPO，后来撤了材料。
- 曾经寻求被上市公司收购，未能成功。
- 企业计划融资完成后就着手重新申报IPO。
- 本轮融资为大股东的部分老股转让，大股东转让股权的理由是其他项目的资金需要。

⊖ 说明：文中企业、地点等相关信息已经过处理，人物姓名等均为化名。

当时，这类收入和净利润规模较大且财务指标成长性很好的 Pre-IPO 项目，深受风险投资人的喜爱。为争取这类企业的投资机会，投资机构之间常常会争夺投资额度。然而，基于上述信息，我们产生了一些疑问：

第一，从企业的规模来看，已经具有较大体量。如此大的基数，30% 的收入增长、200% 的净利润增长究竟有无支撑？增长的逻辑是什么？

第二，企业曾经申报过 IPO，后又撤材料，原因是什么？是因为财务数据有水分，还是存在其他 IPO 的硬伤？

第三，企业曾寻求被上市公司收购，失败的原因是什么？价格没谈拢，还是存在影响核心价值的因素？

第四，企业即将重新申报 IPO，如果顺利通过，按照当时二级市场退出的估值水平，未来几年的年化收益率相当可观。大股东选择此时套现，是否合理？

2. 行业分析

为印证企业的成长性逻辑，也为解答上述一些问题，我对中药饮片行业的增长逻辑进行了分析，同时对该行业内企业应当具备的核心竞争力，以及尽职调查需要关注的重点进行了总结。分析过程如下[一]：

行业投资逻辑

市场容量大、行业增速快。中药饮片是一个千亿级规模的大市场，且行业保持着高增速。根据国家统计局的数据，2016 年，中药饮片市场容量达数千亿元。2011～2016 年，我国中药饮片行业年复合增速居医药工业首位。行业成长性好。

[一] 数据来源：国家统计局、相关公司年报、国家药品监督管理局。尽职调查时点为 2017 年。

行业集中度低，后来者仍有机会。康美药业作为当时中药饮片行业的龙头，2016年营业收入为216.42亿元，市场占有率仅为11%，行业并未形成"赢者通吃"的格局。因此可以推断，该行业除了龙头公司之外，还能够容纳多家上市公司，后来居上者仍有机会在行业立足。

行业政策为中药饮片发展提供加持。第一，药占比和药品零加成政策对中药饮片豁免。2017年4月，国家卫生计生委、财政部等七部门发布《关于全面推开公立医院综合改革工作的通知》，要求2017年9月30日之前，所有公立医院全部取消药品加成。要求到2017年底，试点城市公立医院药占比下降到30%左右。同时做出说明，药品零加成中药饮片除外，以及中药饮片不纳入药占比的计算。可以预计，公立医院将大幅降低西药的使用。同时中药饮片被豁免了上述两项要求，可能催生公立医院的替代需求。第二，政策对中药注射剂的使用限制，可能催生作为替代品的中药饮片的需求。第三，当时政策禁止外商投资中药饮片的炮制技术及应用，也为内资中药饮片公司的发展提供了有力支持。综上，中药饮片是一个值得投资的行业赛道。

优秀企业画像及尽职调查重点

"先选赛道，再选选手。"赛道选定后，我梳理出了中药饮片行业优秀公司的画像，认为拟投资标的应当具备以下几方面的核心竞争力，并据以设计了尽职调查的重点：

（1）对上游原材料的控制力。根据相关企业的招股说明书，中药饮片材料成本占营业成本比例超过80%，因而原材料的价格、供应链安全等至关重要。如果企业拥有长期合作的、稳定的供货渠道，甚至拥有属于自己的中药材规模化种植基地，可以作为估值的加分项。同时，由于原材料收购过程中可能涉及向农户的现金采购，因而财务规范性也需要重点关注。尽职调查重点确定为：关注供货渠道，实地要点为中药材基地情况，重点关注中药材价格走势，并对未来售价进行预判，规范性方面关注现金采购等事项。

（2）产品品质。中药饮片与人身安全息息相关。中药饮片的种植、生产、存储和销售过程，都有可能涉及安全风险。2016年，全国共有171张药品GMP证书被国家食品药品监督管理总局收回。一家中药饮片生产企业如果被收回GMP证书，生产和经营将面临重大问题。此外，中药饮片还有一定的消费品属性，品牌价值至关重要。一旦产品出现质量原因，品牌价值可能遭受不可逆转的损害。因此，应当把原材料的质控保障作为尽职调查的重点，考察企业的工艺、设备、专业人员配置和管理水平。

（3）客户资源和渠道。中药饮片企业的商业模式，可能是面向医院客户的To H模式，面向中成药生产企业的To B模式，也可能是直接面向终端零售的To C模式。该企业的商业模式主要为To H和To B模式，因而是否拥有长期合作的稳定大客户，在手订单的充沛程度，销售合同的收款政策，下游客户的需求周期等便成为尽职调查需要关注的重点。

行业分析完成后，开始对该企业的财务报表进行分析。

3. 财务分析

在财务分析的过程中，我们注意到了以下一些异常的指标和迹象，后期需要重点查明：

（1）收入、净利润快速增长，增速显著高于同行业竞争对手。该企业的收入和净利润增速，既高于同行业的龙头上市公司，也显著高于体量相近的同级别竞争对手。后续的尽职调查需要验证财务指标高增长背后的原因。

（2）经营性净现金流为负。尽管企业的收入和净利润高速增长，但企业的经营性净现金流却为负数。这就意味着，企业尽管"赚"到了很多净利润，却没有真正赚到"钱"（现金）。因此，后续需要对净利润与现金流不匹配的情况进行核查，需要查明究竟是因为企业的资金回笼状况很糟糕，还是净利润可能存在水分。

（3）毛利率逐年下滑。毛利率的下滑，可能是因为产品结构的恶化，也可能是因为在原材料价格上涨的情况下，企业由于在终端客户面前缺乏定价权，无法向下游客户转嫁成本。

（4）货币资金余额低，账上常年只有数百万元。一家财务弹性绷得过紧的企业，即便盈利能力很强，也很令人担忧。一家收入数十亿元的企业，账面上可用货币资金仅有数百万元，既不合常理，也充满了风险。

（5）应收账款余额逐年快速增长，达到数亿元。应收账款伴随收入的增长而增长，有可能是因为企业通过放宽客户账期的方式进行促销，也有可能收入根本就是虚假的，为了维持勾稽关系，才将收入带来的"利益"放进应收账款中。

（6）坏账准备每年计提数千万元。在应收账款快速增长的情况下，如果大部分应收账款都能在一年内收回，尚且能相信企业虽然缺乏谈判能力，但至少交易可能是真实的。但该企业超过一年的应收账款数额很大。一方面，企业需要计提大量的坏账准备，另一方面，坏账损失对净利润的不利影响，将随着收入的增长、应收账款账期进一步延长而愈发显现。

（7）预付账款余额逐年快速增长，金额达到数亿元。企业一方面应收账款收不回来，另一方面预付账款又快速增长，这种情况可能体现的是企业缺乏谈判能力，也不排除预付的行为存在"猫腻"。

4. 外围调查

带着一系列的疑问，我踏上了前往企业所在城市的旅途。

通常情况下，我会提前一天前往尽职调查企业所在的城市，进行一些外围的调查，具体包括：

（1）乘坐当地的交通工具。比如，乘坐出租车和司机师傅聊一聊当地的房价、收入情况，以及当地比较知名的公司；乘坐地铁和公交车，看一看地铁里的人群和秩序，观察一下当地的文化。

（2）前往当地的菜市场，和摆地摊的商贩聊聊天，买一些东西并讨价还价，了解一下当地的商业文化。有的地方很豪爽，愿意"多送＋抹零"。在有些地方也遇到过"缺斤少两"和"以次充好"的情况。

（3）去当地的工业园、产业园和软件园转一转，看看当地的产业特点，发掘一下优质的投资标的。

这家中药饮片企业地处北方的一个城市。由于交通不太便利，下了飞机之后还乘坐了2小时的"绿皮火车"。办完酒店入住后，我们就开始了外围的调查工作。

这是一个不大的城市，出租车甚至只需起步价就可以到达城市的每一个角落。城市街道的名称也很有趣，很多以中药的名称命名。坐上了出租车，我就开始和司机攀谈起来。途中正好经过一个医药产业园。令人惊讶的是，出租车司机居然对当地的中药企业如数家珍，甚至能按照企业的规模准确说出当地前五大中药企业。我在交谈中得知，附近有一家非常大的中药材批发市场（中药城），于是计划当天傍晚先去这个市场进行考察。

中药城很大，一共有三层。中药城周围的小巷之中，也有很多出售中药材的门面。一些中药材装在麻袋里码垛得整整齐齐，也有一些直接在店铺门口摊开进行晾晒。闲逛中，我还结识了一位号称祖传名医的大爷。大爷开着一辆手扶电动三轮车，后车厢上还悬挂着一个"民间中医＋祖传秘方"的大招牌，号称专治膝关节积水、颈椎病和椎间盘突出。大爷很热心，分享了很多关于中药材辨别的知识。聊下来才知道，原来中药饮片的讲究非常之多，比如，基源（即药材的种植地）不同，其功效和品质可能相差很大，价格也会差别很大。同一类药材，比如人参，按照炮制的方式又分为白参、红参，据说红参的效果更加猛烈；按照种植的场地，又分为野山参（最贵）、林下参和园参等。此外，人参、西洋参（花旗参）、党参等也常常容易混淆。

与大爷告别后，我进入中药城进行市场调研，正好赶上中药材买家和卖家交易的热闹场面。放眼望去，整个中药城的中药材琳琅满目，四处飘逸着各种药材的味道。一箱箱的中药材，箱子上面标注了中药材的名称和产地，却没有标注价格，或许是为谈判留有余地，也可能是为了避免竞争对手打探价格。大部分的交易都是先谈好种类、谈好价格，然后约好具体的发货和收货信息通过物流进行运送。

中药城除了批发之外，也零售。于是，我购买了一些中药材，包括红枸杞、黑枸杞、川麦冬、大麦茶、苦荞、金苦荞、三七花、决明子等。事实上，很多药材的长相都很相近，如果不是标注了名称，外行人根本分辨不出。同时，药材的品相、基源这些，如果不是行内的人，也根本搞不清楚是真是假。关于价格，也基本上是卖家说了算。如果我们讨价还价，以别的卖家价格更便宜为由，对方一定会说一分价钱一分货。总而言之，我们缺乏分辨中药材品质和价格的能力，唯一能做的，就是带个电子秤确认一下有无缺斤少两。

此番外围调查下来，我们深切感受到此行的尽职调查不会很简单。于是，我搜集了十几张药材卖家的名片，作为此行的中药饮片行业"专家库",尽职调查的时候或许用得上。

5. 疑点重重

考察中药城的第二天,我们前往企业进行现场尽职调查。根据访谈计划,将分别针对采购、生产、技术和财务等部门进行访谈。销售部门负责人由于出差,本次未能参与访谈。几天访谈下来,我们发现了诸多令人不解的疑点。

现场疑点一:采购

在对采购部门人员的访谈过程中,发现以下一些情况:

(1)原材料价格差异非常大。之前在中药城闲逛时,已经了解到中药材种类繁多,包括动物、植物以及矿物。每一种中药材,又可以细分为很多品类。根据基源、品相等的不同,价格差异也很大。同时,同一种中药材,由于其上市的季节不同,不同季节的售价差异也很大。这种情况与农产品有几分相似,上市时节的价格很便宜,而其他时节由于货源紧张,价格更贵一些。

通过查看企业账簿我们发现,同一种药材,采购价和成品的售价有很多,每一个明细对应一种价格。对外行而言确实很难分辨。对于有些中药材,我们甚至连听都没有听过。

(2)企业的原材料成本显著低于市价。为了核实企业原材料的采购成本,我们从两个角度进行了验证。第一,根据"中药材天地网"中各类中药材的实时报价,来比对企业的采购成本。第二,根据之前在中药城搜集来的名片联系商家,来了解药材的价格情况。尽管有些商家故意将价格稍稍报高一些,但通过多方比对,基本可以了解某种药材的市场价格区间。

通过将从上述渠道获得的价格信息，和企业方提供的原材料成本信息进行比对发现，同一类型的中药材，企业的采购价仅为网上报价的一半，同时也低于中药城商户所提供的报价。由于这家企业的原材料成本占营业成本的比重超过 70%，因此原材料价格直接决定了企业的毛利率和净利润。于是，我们确定后续尽职调查的重点之一，便是验证企业是否通过虚减成本来进行净利润造假。

（3）采购部门负责人告诉我们，近三年中药材价格呈下降趋势。事实上，通过在中药城进行走访，并在网上对各药材品种的价格走势信息进行搜集，我们了解到近三年中药材的价格总体呈上涨趋势，这与采购部门负责人提供的信息相矛盾。因此，我们初步怀疑企业原材料成本信息不实。

（4）大量的采购合同缺失。我们在对一些大额采购合同进行抽样时发现，存在大量采购合同缺失的情形，且企业未能给出合理解释。采购合同缺失，可能意味着相关采购业务的真实性存疑。如果采购业务是伪造的，那么有理由相信相关采购所对应的销售也是伪造的。因此，我们开始怀疑企业营业收入的真实性。

（5）采购合同约定企业的付款账期为 30 天，而企业对下游客户的收款账期为 120 天。这一情况也是我们不愿看到的：如果情况属实，即付款账期短、收款账期长，说明企业在产业链中处于弱势，受到上游和下游的"夹板气"；如果情况不实，根据行业惯例，下游 120 天的收款账期相对正常，但在货源并非特别紧缺的情况下，上游供应商所要求的 30 天付款账期，则让人觉得有些蹊跷。于是，我们对供应商进行了调查，有了一些新的发现。

（6）企业存在多名个人供应商。巧合的是，这些个人供应商的姓名，和企业董事长的名字很像，三个字中只有最后一个字不同。一开始我们以为这只是个巧合，企业中很多工作多年的高管也告诉我们，这些供应商和董事长只是同村，并非亲戚关系。然而第二天在访谈新任职的财务总监时，对方告知多个供应商为董事长的堂兄弟。数日之后，这位新任职的财务总监又改口说，这些供应商和董事长只是同村。

根据上述信息，基本可以初步得出以下结论：企业与"疑似堂兄弟"供应商之间的业务，如果是真实的，那么企业涉嫌提前将货款支付给董事长的亲戚，有损企业的利益；如果是虚假的，那么董事长的亲戚可能参与了虚构企业的采购业务。

现场疑点二：生产和技术

（1）产能利用率低，很多车间处于停产状态。我们走访了企业的主要生产车间，却未能看到财务报表所体现的收入和订单的高增长迹象。各个车间的工人并没有想象中那么多，工人的状态看起来也有些懒散。其中的一些车间，甚至存在机器停工的状况，用手摸摸机器，上面已经落了厚厚的灰尘，根本看不到产销两旺应有的状态。

（2）忙碌的生产车间主任。在对生产车间主任进行访谈的过程中，我们遇到了一件有趣的事。由于访谈安排得比较紧凑，访谈生产车间主任时已经临近午饭时间。或许是因为我们的访谈问题有些犀利，给车间主任带来了压力，访谈尚未结束，车间主任便已起身，告知午餐时间到了要去食堂吃饭。我们提出中午请车间主任一同吃饭，车间主任仍然不顾我们的挽留，起身就走。我们只好约定下午继续访谈。到了下午，另一位企业的人员告知，车间主任临时接到出差任务，本周都不会回来。负责生产的车间主任临时出差，这一状况令人匪夷所思。

（3）技术总监的阐述。车间主任出差，我们只好提前对技术总监进行访谈。在访谈的过程中，技术总监提及，企业近期购买了两项重要的临床批件，这两项临床批件具有很高价值，能够给企业的业务带来非常大的帮助。在当时的环境下，据我们了解，与新药证书相比，获取中药的临床批件并非一件困难的事。我们对这两项临床批件的品种进行了评估，未发现过人之处。因此，技术总监的表述可能存在水分。

现场疑点三：财务

（1）可疑的香港客户。在对销售合同以及账务的查验中发现，企业在2014年向一家新的香港客户进行了销售，且销售订单金额巨大，但到了2015年，该香港客户就没了踪影。除了2014年之外，企业与该香港公司没有任何的业务往来。这家香港客户的真实性令人怀疑，我们怀疑它很有可能是一家专门用来伪造收入的空壳公司。

（2）根据销售合同条款，企业给予某客户180天账期，但客户2个月即全部偿还完毕。虽然从这一现象无法推断存在造假嫌疑，但这一现象让人觉得不合常理。一般而言，即便合作方之间的关系再好，客户也没有理由提前数月支付货款。这种明显有违商业理性的行为令人生疑。

（3）在查验银行流水时发现，企业付给某供应商的货款，远超对方提供货物的价值。企业为何向供应商多支付货款？是否存在关联方之间的利益输送？还是在伪造采购合同和现金流水时做得不够细致和严密？

（4）某供应商全年未供货，企业却向其支付货款。这与上一条很相似，二者同时出现，我们认为伪造采购业务，或是对关联方进行利益输送的可能性又更大了一些。

（5）财务部提供资料极不爽快、拖拖拉拉。这种情况要么反映出企业的管理存在问题，要么说明企业存在"不能说的秘密"，遮遮掩掩、不够坦诚。

经过本次财务尽职调查，我们认为企业存在以下财务造假的嫌疑：

第一，企业联合关联供应商，以低于市场价的价格进行采购，虚减成本。

第二，提前向关联供应商支付采购货款，以大额预付款的形式占用企业资金。

第三，设立空壳客户公司，伪造不存在的销售订单，虚增收入和净利润。

第四，自导自演，利用自有资金体外循环，伪造销售和采购相关现金流水。

上述这些疑似的财务舞弊行为，其最终目的和动机便是获得融资。半年后，企业因为生产经营造假、药材以次充好、超范围经营等被当时的国家食品药品监督管理总局吊销了 GMP 证，相关人员也受到了相应处罚。

| 第 7 章 |

交易与估值

　　交易是估值兑现的触发器。尽管交易的过程可能很短暂,但由于交易环境的变化、交易对手方对共识的管理行为等因素存在,最终的交易结果可能与交易各方原本预设的情况大相径庭。在极端情况下,投资者原本的价值认知,可能因交易对手方的强力干预而遭到颠覆,进而在短时间内接受一个有损己方的价值共识并完成交易,清醒之后则悔之晚矣。因此,投资者不仅需要努力修炼内功,提升自身对于企业和市场的认知水准,也要理解交易的本质,熟悉交易环境,了解交易的对手方,合理利用交易规则,最终争取一个更优的交易估值。

7.1　交易:估值的兑现

　　交易是估值兑现的"最后一公里"。不进行交易,持有资产的估值再高,都属于纸面富贵。在一级市场中,即便投资的初创企业已经成长为"独角兽",如果无法通过上市和并购等方式退出,或是没有后轮投资机构受让股权，那么持有资产的公允价值也只是一个账面数字。正因为如此，在评估风险投资基金的业绩时，有限合伙人如今越来越看重 DPI。

交易的行为，本质上是一些持有现金的买家，在特定市场中寻找另一些持有目标资产（比如企业股权）的卖家。买卖双方首先形成自身关于企业和市场的认知，确定自己所能接受的交易价格。然后，买卖双方在交易市场中和对手方进行谈判、签约和交割。合理的交易策略可以为投资者赢得交易的估值溢价（更低买、更高卖），反之，则可能在交易中遭受估值损失。

在交易对决的过程中，存在以下两种情形：

第一种，认知占优的一方能够在交易中占得先机。如果投资者能提前确定标的资产的合理估值区间，那么在交易谈判的过程中，便可以从容设计谈判的底线和策略，进而令己方的交易过程更合理。在从事风险投资的过程中，不会因为误判而接受过高的投资成本。在从事证券投资时，不会因为股价的短期波动而影响交易计划的严格执行。

第二种，如果交易实施能力足够强大，则有可能无视对手方的认知优势，直接在交易实施层面进行降维打击。比如，二级市场中存在一类高频交易的量化投资者，这些高频交易者购置了超高性能的硬件设备，购买了最快速的交易通道，开发了具有优势的策略算法。他们通常会实施极其高频的网格化交易，一秒内可以实施数笔甚至数十笔交易。

在高频交易的实施过程中，由于交易速度非常快，人工下单的投资者甚至看不清高频交易的逐笔订单成交过程，只能看到零点几秒之前已经完成的交易订单数据。在这一情况下，高频交易通过无限细分交易的颗粒度，从微观层面降维打击那些只能基于宏观和中观层面进行交易的投资者，最终导致后者为实时交易而不得不支付大量的"交易滑点"，并且因为人性的弱点而被高频交易"预判了自己的预判"。在这种情况下，每笔订单的交易价格区间，已经可以完全脱离企业的基本面，上市公司股票也已完全沦为高频交易用于博弈的筹码单元。

7.2　交易中的估值要素

价格是最直接的交易估值要素。在交易过程中，还有其他一些因素会对估值产生影响。交易中的估值要素包含以下四个层次：

1. 价格

价格是最为直接的估值要素。投资者都希望以较低的价格买入，以较高的价格卖出。然而，价格只是一种外在的表现形式，价格的高低会受到其他估值要素的制约，比如流动性。

2. 流动性

在二级市场中，大体量资金投资者的持仓是连续的，而小资金的持仓可以是离散的。作为一个"散户"，往往无须面对流动性难题。在买卖股票的时候，只要股票没有涨停或跌停，"散户"随时都可以买进或卖出股票，主要是因为"散户"资金体量很小，不会对盘面和股价带来显著与持续的影响。

然而，对于资金体量很大的投资者而言，流动性就会成为其重点关注的因素。其对流动性的关注，有时候甚至超过对股价的关注。

在机构和"游资"建仓时，如果交易的对手方主要为"散户"，由于双方资金实力的不对等，股价很容易因前者的买入而被拉涨停，从而抬高前者的建仓成本。同时，股价发生异动可能吸引大量的跟风盘抢筹，影响前者交易计划的实施。正因如此，机构和"游资"的建仓往往需要做到"悄无声息"，不被市场其他资金察觉。同时，为避免因买入而造成的股价上涨，机构和"游资"在建仓时还需要对股价进行打压，因而有时候建仓行为可能需要持续数月。

机构和"游资"在出货时，也需要借助一定的手段，让股价维持在高位一段时间，以便将更多的筹码卖在股价的高位。为了达到维护股价的效果，通常采用的手法包括发布利好消息、用少量筹码对股价进行快速拉抬吸引接盘资金等。因此，在证券交易中，缺乏经验的投资者往往更关注股价，而富有经验的投资者则更多关注成交量和换手率。

对于风险投资而言，同样需要考虑流动性问题。风险投资主要以机构投资者为主，投资金额往往较大。同时，由于一级市场股权的流动性较差，风险投资机构常常需要持有股权数年，股权退出的不确定性也要远远高于二级市场。因此，风险投资机构在投资时，往往会要求估值的"流动性折价"，而不会按照二级市场可比公司的估值水平（比如相同的市盈率倍数）进行投资。同时，风险投资机构还会通过对赌、回购等估值调整机制来获得流动性不足的补偿。在退出投资项目时，风险投资机构甚至需要主动寻求流动性的改善，比如推动被投资企业的上市进程，为被投资企业对接意向收购方等。

因此，"散户"主要关注估值的"高度"，由于没有流动性的困扰，散户的交易估值只需考虑一个点。而机构和"游资"还需关注估值的"厚度"，由于需要考虑流动性的问题，其交易估值需要考虑的是一个区间，最终在该区间内获得一个较高的加权平均交易估值。

3. 动能与势能

股票的价格很像一个弹力球。当股价在高位时，向下的重力势能很大，而动能为零。尽管此时股价很高，但下跌的风险也很大，原因可能是股价上涨已经脱离了基本面，也有可能是获利盘众多，存在获利了结的需求等。当弹力球由高位自由落体至地面时，股价触底，此时股价又会产生强烈的反弹需求，反弹的势能则来自短线的抄底资金、长线价值投资者的布局等。

在二级市场中，左侧交易者（逆向投资者）希望掌控股票的势能，寄希望于将对势能的认知转化为未来股价上涨的空间。当逆向投资者看好一只股票时，他们往往选择"越跌越买"，同时并不担忧短期的亏损。而右侧投资者（趋势交易者）更希望掌控股票的动能，他们并不在乎股票已经有很高的涨幅，只要这种上涨的趋势还在，便有机会在上涨动能耗尽之前分得最后一杯羹。

有趣的是，无论是重力势能还是动能，公式中都存在质量（m）这一共同变量。股票的流通市值就像是股票的"质量"，会影响股票涨跌的动能和势能。同时，流通市值的大小还会决定"惯性"和"动量"的大小。流通市值越小，股票的弹性越大。因此，流通市值常常被众多证券投资者所关注。

4. 估值的稳定性

比如在期货等的交易中，常常会出现一种情形，即某些交易者在短时间内集中资金火力，瞬间将资产价格（比如股价等）拉出或砸出一个极值，从分时图上看就好像向上或向下插了一根针。如果对手方此前进行了反向的杠杆交易，则可能因为这一短暂的极端情形而爆仓。在上述情形中，尽管资产价格短时间内达到了很高或很低的位置，但这种价格极值的状态并不稳定，也很难持久。因此，投资者不能仅仅关注估值所在的位置，还需关注估值的稳定性和持续性。

在二级市场中，公募基金、社保基金等大型机构投资者主导的股票，往往呈现出相对稳健的走势。而由部分"游资"主导的"题材股",股价常常呈现出急涨急跌的走势。估值的稳定性有时也反映出其背后投资者的风格。

在一级市场中,由于缺乏实时更新的公开市场连续竞价,被投资企业的估值更像是一个"黑箱"。这就要求风险投资人在实施投资之后,需要对被投资企业所处的环境和业务保持高度敏感,及时发现可能影响估值的事件并加以应对。

由此可见,除了价格之外,在估值时还需考虑其他一些要素。管理的资金体量越庞大,需要考虑的估值要素维度也就越多。

7.3 了解交易的环境

交易本质上是一种买卖行为。为了令交易行为更合理,投资者需要了解交易的环境,充分了解并熟悉市场中的各种共识。同时,投资者需要熟悉交易的对手方,了解他们关于企业和市场的认知,观察他们的交易行为和偏好,预判其所认可的价值共识,进而有针对性地制定自己的交易决策。对于交易的环境,可以从以下角度进行观察。

1. 把握板块轮动的状态

同一个投资行业赛道,不同时期的投资价值可能不同。在二级市场中,不同年份股价涨幅最高、行情最好的板块并不相同,呈现一种"风水轮流转"的轮动效应:

- 2014～2015年,如果买入基于模式创新的移动互联网上市公司的股票,很有可能获得数倍的回报。

- 2017年起，如果跟随大型公募基金购买如贵州茅台等"白马股"，很有可能因机构抱团而获得良好的收益。
- 在2018年中美贸易摩擦的背景下，2019年购买芯片股将会获得不错的收益。
- 2019年，锂电池板块逐渐成为市场资金的关注热点。
- 2020年，医疗成为超配程度最高的板块。
- 2021年，能源化工等周期股、绿色电力成为市场的主线，而医疗股则因为带量集中采购等因素的影响而持续低迷，互联网板块也因政策收紧而持续走低。

二级市场的板块轮动效应，可能的原因包括市场投资偏好的变化、政策的扶持或监管导向、货币流动性的变化、工业技术的代际更迭等。因此，敏锐、准确、灵活地把握好板块轮动的节奏，有助于更好地把握市场的估值中枢，进而能够优化交易策略，提升资金的使用效率。

在一级市场中，除非行业投资逻辑被证伪，否则风险投资机构一般不会根据板块轮动进行投资赛道的择时。有些风险投资机构，在设立之初就确定了只在某个行业赛道中做投资。在证券市场领域，证券公司的研究所通常会设立策略分析师一职，来制定未来一段时间内投资赛道的组合与配置策略。

我认为，风险投资机构同样有必要设置策略分析师一职。 基金管理规模较大、涉及多个不同行业型基金的VC/PE基金管理人，设置策略分析师，可以从大类资产配置、行业赛道的组合和重新认识、对于择时的设计等角度，来优化所管理的不同行业基金的组合。专注于某一特定细分行业的风险投资基金，设置策略分析师也很有必要。比如，对于主投医疗行业的风险投资基金，策略分析师可能从创新药、创新医疗器械和医疗服务的维度给出配置建议。对于主投创新医疗器械行业的风险投资基金，策略分析师可以从耗材或设备等维度给出更为细分的配置建议。总之，风险投资基金根据一、二级市场的板块轮动规律，前瞻性地对赛道进行策略分析，有助于提升投资组合或基金组合的合理性。

准确捕捉板块轮动的规律，不仅有助于提升投资者对于市场估值偏好的认知，令估值策略的依据更为坚实，同时也能让投资者更合理地计划投资和退出的时点，在行业低谷期布局，在行业爆发期退出。

2. 了解交易对手方的身份

在这场交易对决中，投资者需要先了解对手方的身份。投资者要把交易对手方视作商业模式中的用户，分析对手方的需求、意图和偏好，并有针对性地制定交易策略。

在二级市场中，当"主力"（指资金体量大到能影响股价走势的投资者）计划运作一只股票时，在完成上市公司基本面分析之后，首要任务不是开始建仓，而是探查该股票交易对手方的生态。"主力"会先进行试盘，以此来查明该股票是否已经有资金在运作。"主力"通常会通过快速拉升等行为进行试探。如果已经有资金在运作，且尚未到其拉升计划的时点的情况下，原来的"主力"会通过刻意打压股价或利用一些"盘口语言"进行表达，以说服新来者放弃"抢庄"的行为。"主力"一旦查明该股票没有资金在运作，便确定其交易的对手方为"散户"，并开始实施适用于"散户"的做盘手法，比如通过打压、吸筹、洗盘、拉升、出货等一系列的手段，来最大化自己的交易收益。

3. 了解对手方的交易定式

资本市场就像一个"武林江湖"，有着众多的"门派"，有着各种固化的"招式"和"内功心法"。在交易的过程中，如果识破了对手方的习惯套路，将有可能在这场交易对决中占得上风。

投资者可以按交易对手方的风格来对其进行分类：长线持有者、波段交易者或短线交易者。在A股市场中，机构投资者通常持股周期较长，"游资"可能从事波段交易，也可能进行短线交易，而数量众多的"散户"则主要为短线交易者。由于A股绝大部分的投资者属于"散户"，因而无论学术界还是实务界都对散户的投资行为进行了深入研究。

根据国内外学者的研究，无论中国的"散户"，还是国外资本市场中的"散户"，大都具有以下行事特征：第一，爱听小道消息做投资；第二，股票上涨时拿不住，大幅下跌却不愿卖出，学术界称之为"处置效应"；第三，喜欢"追涨杀跌"，股价上涨成为买入的理由，股价下跌成为卖出的理由；第四，喜欢短线操作。因此，一些大体量资金的投资者，会根据相关的行为金融理论，有针对性地根据"散户"的行为特征制定交易策略。

除了按照交易对手方的风格对其进行分类，投资者还可以直接针对一些已经成形的交易策略，进行有针对性的应对。目前在A股中，一些常用的交易定式包括：

（1）"龙头战法"。A股市场中有相当多的短线交易者，他们每天追逐市场最热的风口，只买那些涨幅巨大的股票。他们不爱在股价处于低位时买入，只爱挑选出近期涨势最为凶猛的股票买入。这些交易者将涨势最为凶猛的股票称作"龙头"，并相信"强者恒强"，期待利用"龙头股"的上涨惯性赢得投资收益。

（2）"首阴战法"。与采取"龙头战法"的交易者不同，这一类型的交易者会持续观察前期的"龙头"，但不在第一时间买入。他们会在"龙头"经历一轮大幅上涨后第一次出现大幅下跌的时候买入，并相信"龙头股"会"由弱转强"。

（3）"半路打板"。一些短线趋势投资者，会进行"半路打板"的交易。他们每天观察多只股票，如果哪只股票忽然直线上涨，这些投资者会以最快的速度在股票拉升过程中买入。如果收盘时股票能封住涨停，第二天即便平开，也已经有了一些盈利空间。如果这只股票是所谓的"龙头股"，那么这一天的涨停可能只是后续股价上涨的开始。当然，"半路打板"也有一定风险，因为有些股票的"主力"会通过快速拉升股价来实现出货的目的。

知己知彼，百战不殆。只有充分了解对手方的交易定式，了解对手方的投资风格、策略和行为，才能有的放矢地制定更为合理的交易策略。

7.4 管理对手方的价值共识

管理对手方价值共识的行为，具体包括两方面：

第一，预判对手方的价值共识。

第二，针对对手方的价值共识进行干预。

1. 预判共识

在交易的过程中，如果能够提前预判对手方认可的价值共识，了解到对手方的底牌，将会大幅提升交易的赢面。上一节提到的了解对手方的交易定式，就是为了预判其价值共识。此外，在二级市场中，量化投资者通常会提前制定好未来的交易策略，并按照计划来实施交易。曾经有一些聪明的交易者，通过试探和分析，破解了量化程序的交易策略和函数，提前知晓了在某种条件下，量化交易程序将采取的买卖行为。这样一来，这些聪明的交易者由于"预判了对手的预判"，便可以利用量化交易程序预设的程序代码，看着对手的底牌来实施自己的买卖行为。

在一级市场中，价值共识的传递过程相对更直接一些。一般而言，融资企业通常会在商业计划书中提及己方的意向估值。当然，也有一些企业会选择不在商业计划书中披露意向估值，而是直接在与风险投资机构的商务谈判中面谈。交易各方充分利用自己所拥有的谈判筹码，直接表达自己关于估值的诉求。因此，风险投资中预判对手方共识的重要性要弱于证券投资，风险投资还是更为关注行业和企业本身的质地。

2. 干预共识

如果说预判共识属于科学的范畴，那么对共识进行干预，则有一些工程学的意味。第1章曾提到诸如"金店""猪铺"等估值陷阱，这些"带节奏"的行为，就是一种对价值共识的干预。再举一些干预共识的例子：

▶ 案例 7-1

集合竞价中的共识干预

每个交易日的 9:15 到 9:25，是 A 股的集合竞价时间。其中 9:15 到 9:20 的交易委托单可以撤单。于是，一些资金会在 9:15 到 9:20 按涨停价提交买入的交易委托单，将某股票拉至涨停。尽管上述按涨停价买入的交易委托单是可以撤单的，但其他一些交易者看到该股票集合竞价涨停，会认为该股票今天"很强势"，这或多或少提高了其当日买入该股票的概率。同样，一些资金为了达到"吃货"的目的，可能在 9:15 到 9:20 将该股的股价砸至跌停，从而令一些恐慌盘选择在开盘后卖出股票。上述利用集合竞价的涨跌停来干扰对手方的行为，就是一种对价值共识的干预。

▶ 案例 7-2

委托买卖中的共识干预

在交易的过程中，一些资金会通过提前申报买单或卖单的形式来"先开价"，比如在某个价格中报数千手的大买单。其他一些投资者看到大买单的申报单，会倾向于认为股价大概率会上涨，进而可能以更高的价格买入。同样，在某个价格的一笔大卖单的申报单，可能让一些投资者产生恐慌心理，进而选择以更低的价格"提前逃跑"。事实上，这些大买单或大卖单只是提前报了价，并没有做实质性的交易动作，而且随时可以撤单，但却干预了其他交易者关于价值的共识。

此外，一些技术指标也常常被用于对他人价值共识的干预。比如，5日线、10日线、20日线、"金叉""死叉""红三兵"和"黑三鸦"等股票技术指标，常常是一些技术派交易者的操作指引。一旦出现了某种状态，技术派交易者会坚定不移地采取相应的操作。于是，一些"主力"会通过人为"控盘"，故意画出某种形态的技术图形，以达到误导技术派交易者的目的。

在一级市场中，由于交易双方关于估值的沟通比较直接，且双方相对于个人投资者而言更为专业，因此对价值共识进行的干预相对少一些。但交易双方的气场是否相投，投资机构所能提供的资源与赋能，参与该轮融资的投资机构数量，有时也会影响关于价值的共识。

作为一位投资者，如何避免被对手方管理自己的价值共识？

第一，不要被对手方抓住自己的"节奏"，保护好自己的底牌。作为风险投资人，本方的投资流程、投资理念、尽职调查计划等不能被创业企业把握了"节奏"。年轻的风险投资人可能面临的一大难题，便是拟投资企业的创业团队比自己更熟悉风险投资的流程，更了解自己关心的问题，从而被对手方预判了自己的预判。一些创业团队熟知风险投资人的需求和痛点，通过为其提供良好的尽职调查体验，来干预风险投资人的价值共识。正因如此，一位优秀的风险投资人，往往需要经历充分的积淀和历练。

作为证券投资者，特别是"散户"，不要沉迷于"高抛低吸"赚取差价。每一次"高抛低吸"的行为，无论赚钱与否，都为"主力"资金提供了更多的信息，并被其用于分析价值共识。投资者在交易的过程中，需要保护好底牌，不要因小失大。

第二，拥有属于自己的认知和交易体系。这一体系可能不完美，但却是属于投资者自己的体系，这一体系能够帮助投资者独立思考。当对价值拥有主见时，投资者就不会轻易被对手方"带节奏"。

第三，严格执行交易计划。每一份交易计划都需要提前制订好，经过深思熟虑提前制订的交易计划，远比交易过程中因噪声而做出的临时交易决策合理。在风险投资中，要避免被对手方某个刻意设计的细节误导了自己的认知。在证券投资中，要避免落入基于行为金融所设计的陷阱。

第四，管理好自己的交易状态和情绪。在从事证券投资时，要减少交易时间的外界干扰，交易时要避免得失心过重，不要赌气、不要心存侥幸、不要想当然，在舒适区不要轻易买入，在非舒适区不要轻易卖出。在从事风险投资时，要保持良好的身体和精神状态，不要被尽职调查现场特定的场景和氛围所干扰，尽可能在放松、平和的状态下进行思考和交易。这些都有助于提升投资者交易的质量。

第五，记住自己的价值共识。人对于金融的记忆很短暂，就证券投资而言，投资者很难记清数日之前的价格波动和筹码分布，以及当日对手方的交易行为。在风险投资中，更是需要对尽职调查中的每一个细节进行及时而详细的记录。因此，无论风险投资还是证券投资，都需要定期进行复盘，回顾自己的交易行为和当时的交易场景，记住自己在各个时点的价值共识和变化情况。

第六，独立思考。投资是一件寂寞的事，段位越高可能越孤独。关于投资的微信群，更多是用来获取信息、对接资源、聊天解闷的。

投资者还是需要大量的独处时间，安安静静地进行思考和复盘。既要重视市场中的热门赛道和企业，分析是不是确有价值、背后蕴含的趋势性规律，也要时刻保持批判性思维，避免被"羊群效应"所左右，避免做出投资决策仅仅是因为知名投资机构领投或明星基金经理重仓，迷信所谓的"权威"。投资标的需要有高辨识度，风险投资和证券投资机构的认知与策略同样需要拥有高辨识度，这样才有更大概率在市场中立足。

7.5 从一级市场到二级市场：跨市场看交易和估值

我认为，一位经验丰富的风险投资人，在经过二级市场投资的一些技能训练并积累了一些交易经验后，往往有机会成为一位不错的证券投资人。反之，一位经验丰富的证券投资人，如果转行从事一级市场投资，难度可能会大一些。其中的原因可能包括：

第一，二级市场的信息更充分。比如，上市公司招股说明书所披露的信息，要比商业计划书和尽职调查资料等披露的信息更为全面和完善。

第二，一级市场投资的基础是基本面分析，投资策略相对单一，而二级市场的交易策略则更为丰富，因而由二级转行一级可能面临可选交易策略受限的难题。

第三，二级市场投资的主要矛盾体现为价格，而一级市场投资的主要矛盾，除了买卖交易的估值之外，还有退出渠道、流动性、归零风险等更多维度。

对风险投资人而言，在合法合规的前提下，有机会还是应当参与一些证券投资。这是因为：

第一，二级市场是风险投资的主要退出渠道。风险投资人从事证券投资，有助于准确把握二级市场当前的偏好，及时更新二级市场的估值体系，进而有针对性地指导一级市场的投资估值和退出策略。

第二，在证券投资过程中，风险投资人充分关注行业龙头上市公司的动向，有助于把握主投行业的发展趋势和投资机会，也有助于为被投资企业发掘并购退出的机会。

第三，对刚入行的投资经理而言，用体量较小的自有资金炒股，可以实现小成本试错，体会交易中的欲望、恐惧以及投资失败所带来的痛苦。如果从未真刀真枪体验过投资交易，一开始就主导或参与动辄数千万元的风险投资项目，由于投资经理在实盘操作中存在投资认知和经验的断层，可能会加大投资交易失败的可能性。

第四，由于二级市场股价实时反馈，因而投资者每一个细小的认知改进，都有可能直接反映在投资盈亏之中。这种更高效率的反馈机制，能够进一步激发风险投资人的学习动力，及时、全面把握主投赛道的最新信息，进而提升专业能力和对行业、企业趋势的敏感度。

因此，无论风险投资还是证券投资，采取跨市场的视角看交易和估值，有助于迭代投资者关于企业和市场的认知。接下来，本书通过对比一级市场和二级市场在交易方面的差异，从跨市场的视角来看交易中的估值。

风险投资和证券投资的交易存在以下一些差异：

1. 投资标的的形态

风险投资的投资标的，只能是一个完整的企业。从某种意义来说，风险投资的本质就是和被投资企业共同创业。企业发展得越好，未来上市或被并购的可能性就越大，风险投资退出时对应的估值也就越高。反之，如果企业失败，风险投资和创业团队的财富都有可能归零。因此，风险投资和创业团队的长期利益是一致的,赢则共赢,输则双输。

证券投资的投资标的,可以是一个完整的企业。在这种情况下,投资的思路与风险投资差别并不大。企业的基本面、成长性,以及买卖时的交易估值是交易判断的重要标准。然而,证券投资的投资标的,也可以不是宏观层面的企业,而是微观层面的博弈筹码。在极端情况下,证券投资交易可以完全忽略企业的基本面,而将上市公司股票纯粹当作牌桌上用于博弈的筹码。此时,证券投资最看重的不是企业未来发展的好坏,而是能否在与对手方的筹码博弈中取胜。因此,即将退市的ST股票、股价已经脱离基本面涨至高位的股票,都还具有一定的博弈价值。

由于投资标的形态存在差异,风险投资和证券投资的定价机理也存在显著的差异。风险投资在定价时的考虑相对单一,主要关注企业及其所处行业的基本面,并在"黑箱"状态下对行业和企业未来发展趋势进行预判,来框定一个所认可的投资和退出估值。而证券投资在定价时,除了关注基本面等因素,还会考虑当时市场的情绪、股票当前的筹码结构、监管层的态度、前期的涨幅等短期的因素。

2. 交易颗粒度和交易是否可逆

风险投资的交易行为是离散的。风险投资想要投资某家企业,只能在企业开放的某一轮融资中实施。企业不开放融资,风险投资便无法买入。同时,风险投资在投资时,只能一次性投入一大笔资金,而无法在同一轮投资中分多次建仓。此外,风险投资买入和卖出的交易行为是独立的,无法在买入或卖出后的短时间内进行反向交易。

风险投资完成一桩交易,难度要比二级市场大得多。创业企业顺利完成一轮融资,需要创业企业与风险投资机构达成共识,需要参与本轮融资的各风险投资机构达成共识，同时需要将投资机构的尽职调查等作为交易的前提。一般而言，从企业融资计划制订完成并发布商业计划书，到投资机构最终打款、完成工商变更，往往至少需要半年之久，有时候甚至还可能出现融资失败的情况。

证券投资的交易行为是连续的。与风险投资相比，证券投资达成交易的难度要低得多，即便机构投资者因为风控合规的要求，需要做完尽职调查才能买入。对于绝大多数的证券投资者而言，只要股票不停牌，便可以随时随地买入和卖出股票。证券投资可以随时买入或卖出一家公司的股票，而不用受融资轮次的限制。同时，证券投资的建仓可以分多次进行。只要愿意，甚至可以每秒只买进一手。此外，如果上一个交易日及之前持有该公司股票，证券投资的买入和卖出行为是可以同时进行的，可以在买入或卖出后的短时间内进行反向交易。

上述交易颗粒度的差异，影响风险投资和证券投资的定价机制。风险投资在初次接触企业之后，双方如有进一步意向，会签署一份投资条款清单（TS）。在投资条款清单中，双方会就估值达成一个基本共识，并在此基础上进行后续的尽职调查。如果双方从一开始关于估值共识的差异就比较大，难以达成基本的共识，可能就此终止合作，以避免双方后续无谓的支出。证券投资由于交易颗粒度可以拆分得很细，因而也会拥有很多风险投资不具备的交易手法。比如，通过打压来进行吸筹，在日内通过高抛低吸来降低持仓成本等。

除了交易颗粒度之外，风险投资和证券投资的可逆性也不同。风险投资好比为交易加上了区块链的"时间戳"，只能按照融资轮次进行交易，一轮融资完成后，只能等待下一轮的开放融资，是有顺序和不可逆的。而证券投资中的某只股票，清仓以后还可以重新建仓，交易的方向是可逆的，且间隔时间可以很短。

3. 投资的题型

对证券投资而言，做投资就是在做选择题。从事 A 股投资，无论采取何种投资策略，可投标的终究就是这四千多家上市公司。交易的选择，主要是持有或空仓、买入或卖出、何时买入或卖出、投资组合的设计等，不存在风险投资中的项目开发（Deal Sourcing）相关工作。经常阅读券商研究报告会有一种感受，一篇优质的券商研究报告，更多着眼于更新和优化关于行业和企业的认知，即对产业进行全面、深入的梳理，对相关上市公司的价值认知进行更新。然而在研究报告最后的荐股部分，经常推荐来推荐去，终究还是那几只股票。

对风险投资而言，做投资更像是在做没有标准答案的设计题。根据国家市场监督管理总局数据[11]，截至 2022 年 6 月，我国共有 5038.9 万家企业。扣除上市公司之后，样本量也极其庞大。从事风险投资，甚至有条件按照自己的投资逻辑和投资标准，构建出一个理想的企业模型，然后在数千万家企业中按图索骥。风险投资甚至可以根据理想的企业模型，自主整合创业团队和产业资源，然后作为天使投资人来实施投资。如果说证券投资是一门科学，更看重分析，那么风险投资则是一门工程学，更看重创造。

在估值和定价方面，证券投资由于投资者数量众多，可投标的有限且注意力更为聚焦，因而投资定价行为可能更充分，定价效率的波动可能相对较小。在风险投资中，定价效率的波动可能更大，企业获得一个"非理性"估值的可能性更大，原因在于风险投资的私募属性：第一，关于被投资企业和交易信息的公开披露有限；第二，参与交易方的数量较少，关于某个投资标的的认知迭代，无论次数还是程度都要低于证券投资；第三，做没有标准答案的设计题的难度，也要高于做选择题的难度。

因此，在一级市场中，投资者经常会看到一家企业三年内就成长为"独角兽"，也会看到共享办公巨头 WeWork 一夜之间估值从 470 亿美元跌至 29 亿美元的情形。由于投资题型的不同，风险投资估值的归零概率，比证券投资要高得多。

4. 博弈类型和投资收益来源

对风险投资而言，在投资的时点，投资机构和被投资企业之间的博弈属于合作博弈。尽管双方会针对投资估值、对赌和回购等附加条款进行谈判，但总体而言，交易双方的长远利益是一致的。如果企业最终能够上市或被溢价并购，那么投资机构和被投资企业之间的投资交易便是一个正和博弈。投资收益的来源，主要为企业成长性带来的估值溢价，以及二级市场投资者或并购方所提供的流动性。

如果被投资企业经营不善，未能顺利上市或被并购，而投资协议设置了回购条款，那么老股东需要以本金加利息的形式，回购投资机构所持有的企业股权。此时，投资交易便成为一个零和博弈。投资机构的投资收益来源，来自企业老股东的补偿。

对证券投资而言，有人赚必然有人亏。投资收益完全来自对手方的亏损。由于证券交易存在手续费、印花税等交易成本，因而证券投资属于一种负和博弈。从熵的角度而言，二级市场是一个熵增的交易环境。二级市场股价总是"先透支再还债"，每一个成功的"逃顶者"背后，都默默站着一个"接盘侠"。

因此，风险投资更像是投资机构和创业团队共同把蛋糕做大。如果企业发展顺利，二者联合起来将二级市场投资者或收购方作为对手方，最终实现投资收益。如果企业发展不及预期，蛋糕制作失败，那么投资机构和创业团队又成了对手方，转而互相争夺"残存的蛋糕"。

证券投资更像是分蛋糕。虽然证券投资机构之间存在"抱团"现象，看似共同把蛋糕做大，但到了年底比拼基金排名的时候，仍然存在机构之间的"抢跑"现象——谁先卖、谁先获利了结、谁去砸对方的主要持仓，便可以在基金净值排名中占得先机。

5. 关于择时

风险投资一般不进行择时，遇到优秀企业会在第一时间实施投资。这是因为：

第一，风险投资基金在有限合伙协议中，就已经对投资期和退出期进行了约定。比如，基金七年的存续期，其中前三年为投资期，后四年为退出期。由于风险投资主要投资中早期的企业，这些中早期企业在达到可退出状态（比如符合上市要求并进行申报）之前，还需要一定的发展时间。如果拖到投资期的最后一年（基金存续期的第三年）实施投资，即便从第四年就计算上市申报期，也需要三年才能进行上市申报。在最为顺利的情况下，审核周期加锁定期至少还需要两年。届时基金的存续期将届满，还需执行基金延期等表决流程。因此，在标的质地和价格合适的前提下，风险投资机构会尽可能把投资时间向前移，而不会在等待中进行择时。

第二，风险投资的对象，主要为高成长的中小企业。如果为了追求更高的确定性，本轮融资不投，等到企业下一轮开放融资时再实施投资，可能不得不面临更高的融资估值。这是因为，投资机构在与企业签订投资协议时，一般会约定下一轮融资估值不得低于本轮融资估值。因此，投早、投新，争取一个更低的投资估值，是比择时更为合理的风险控制手段。

第三，风险投资由于资产的流动性很差，无法像证券投资一样可以随时进行减仓，因而择时的可操作性很低。风险投资通常选择在更早阶段就实施投资，如果企业未来发展良好，待下一轮开放融资时，风险投资机构可以向后轮投资者转让部分股权，先收回投资成本，并持有剩余股权来争取投资收益的弹性。

在锁定期结束，到了风险投资基金的减持期时，一些风险投资机构也选择不进行择时，而是第一时间完成减持，以避免二级市场股价波动的风险。当然，也有一部分风险投资机构会进行市值管理，以期获得一个更高的加权退出估值。

由于证券投资的投资标的流动性较好，因而证券投资者常常会采取择时策略，甚至会在股指低迷时选择空仓。当然，也有相当一部分证券投资者选择不进行择时，一旦认定投资标的的投资逻辑，就选择长线持有，直至价值逻辑被证伪。

6. 如何看待热点和风口

关于一级市场和二级市场，存在一个很有趣的差异：

在一级市场中，涌入的资金越多，越不容易赚钱。蜂拥而至的资金，特别是来自非专业投资者的资金，可能会推高一级市场的平均投资成本，令风险投资从专业的投资活动，演变为简单的价格战。然而，由于流动性的缺乏，风险投资持有标的的时间一般至少为 2～3 年，有的甚至 5 年及以上。前期过高的投资估值，可能令创业团队迷失自我，可能成为后轮融资的障碍（因为根据此前的投资协议，后轮融资估值不能低于此前的轮次）。狂热不可能永远持续，当风口退去、热度消散后，整个赛道可能呈现"一地鸡毛"的景象。曾经的移动互联网、O2O、团购、影视文化、直播，"死亡名录"中的企业名称不同，失败的原因却相似。

在二级市场中，涌入的资金越多，越容易赚钱。二级市场存在显著的"热度溢价"或"流量溢价"。从事证券投资，大部分的时候需要在主赛道中进行投资。主赛道指的是那些处于热点和风口的板块，比如2019年的芯片，2020年的医疗，2021年的周期股、元宇宙和绿色电力，2022年初的房地产、医药和基建。主赛道会产生资金的"虹吸效应"，令市场中的存量资金，纷纷因主赛道的赚钱效应被吸引而来。投资者经常会看到，在一个热度很高的板块中，当龙头股票的涨幅已经很大时，同板块中的其他涨幅不大的股票，会出现"补涨"情形。此外，从宏观层面，当月社会融资的总量往往和股价/指数的涨幅呈正相关，股票市场中配资行为的火热度，往往也和股价涨幅呈正相关。证券投资尽管"追高买入"风险很高，但由于股票出色的流动性，只要在"击鼓传花"的游戏中不接最后一棒，都还留有赚钱的机会。

在一级市场中，太过火热的项目最终往往都不太赚钱。前期低价投一个价值逻辑未被市场认知的企业，后期待高速增长后实施变现，才是风险投资最为合理的交易模式。而在二级市场中，需要有主赛道的意识。当主赛道火热时，非主流赛道中的企业即便基本面再好，有时候也会因为缺乏资金关注而无法获得估值溢价。尽管一些逆向投资者会提前在冷门板块的低位进行布局，然而等待板块轮动和热点切换，有时候也是一件挺难熬的事。

一句话总结风险投资和证券投资的差异：**风险投资看重的是赔率，而证券投资看重的是胜率。**

风险投资由于基金存续期较长、股权流动性缺失、交易颗粒度粗、交易手法单一、面临更高的归零和难以退出的风险，需要有非常高的赔率来平滑存续期的年化收益率。而获得高赔率最大的倚仗则是企业的成长性，以及因投早、投新而获得的低估值。

证券投资由于交易颗粒度较细、股权流动性高、投资组合的灵活性高、可以通过仓位管理进行择时等特点，更看重的是胜率。同时，由于证券投资每日都可以获得当日净值，对基金管理人而言，基金净值在快速增长后又遭遇快速回落，带给基金份额持有人的体验，远不如低波动下缓慢而持续的净值增长。

交易作为估值兑现的"最后一公里"，可能直接决定投资的成败。深刻理解交易的本质，有助于投资者迭代关于企业和市场的认知，并最终在这场"达成共识"的竞赛中占得上风。

| 第 8 章 |

估值中的碳视角

在全球可持续发展的背景下,企业如能做到与碳"和谐相处",通过有效把握降碳需求开辟增长的第二曲线,或是基于降碳约束优化商业模式实现降本提效,能够为社会带来正的外部性。作为对可持续发展的褒奖,社会也愿意以特定方式为企业提供一定补偿,从而有效提升企业价值。如果一家企业无法处理好节能减排,将不得不因占用更多社会资源而做出额外补偿,从而降低了企业的价值。同时,以"在气候信息披露方面,认可度和权威性最高的……TCFD 框架"(黄世忠,2022)[12] 为代表的分析框架,也在重塑资本市场关于碳减排的价值认知。因此,对于碳的考量,也成为企业价值评估的重要维度。本章在对现有文献中碳熵的概念进行重新定义的基础上,构建了一个碳熵评估的定性分析框架,立足碳视角为迭代估值提供了一个价值评估的维度。

8.1 元素周期表

元素周期表是著名化学家门捷列夫的一项伟大创作。2021 年，元素周期表这一化学领域的经典工具，俨然成了 A 股的投资宝典。如果利用元素周期表中的化学元素构建投资组合，把握好板块轮动的节奏进行择时，相信投资业绩一定非常亮眼。

伴随新能源汽车行业的高景气度和产能扩张，产业链上游的锂、钴等元素成为 2021 年投资组合中的超配对象。伴随美元超发和全球通货膨胀上行，大宗商品迎来了一波史诗级的上涨行情。无论是被誉为"工业黄金"的铜，还是制造业中无处不在的铝，都成为上市公司股价上涨的理由。但凡以"地名＋铜／铝＋业"命名的上市公司，基本都获得了翻倍的涨幅。然后，磷也加入了涨价队伍，与锂共同被资本市场称作"左磷右锂"。再后来，众多小金属品类，同样爆发出绚烂耀眼的光芒。

2022 年初，在俄乌爆发地缘冲突以及西方国家对俄实施制裁的背景下，农业中的钾肥、半导体行业所需的蚀刻和封装元素氖、钯等，在期货和股票市场价格大幅上涨。期货市场的一场多空大对决，又将镍推上了风口浪尖。

尽管元素周期表中的上述元素实现了"百花齐放"，然而至多只能做到"各领风骚三五月"。如果要说真正"傲视群雄"的元素，本章的主角——碳当仁不让。

8.2 碳，价值几何

碳是一种非金属元素，在元素周期表中排名第六。地球上的碳主要以碳酸盐、含碳有机物和二氧化碳等形式存在。碳是构成有机物的核心元素，而有机物被誉为生命的物质基础。正因如此，我们所处的这个世界通常被称作碳基世界。碳对人类的重要性可见一斑。

人类关于碳价值的共识，存在一些有趣的现象：

- 一颗数克拉的钻石往往价值不菲，一般人通常只有在重要场合才舍得佩戴，并被视作身份的象征。而同为碳单体的石墨，我们不要说佩戴，甚至会担心弄脏自己的手。
- 我们需要花费重金购买以甲烷为主的天然气来满足能源需求。2022年一季度在俄乌冲突背景下，欧洲天然气价格屡创新高。同时，我们又将甲烷视作阻碍"可持续发展"、威胁人类生存的温室气体，并想方设法通过"碳中和"将其消灭掉。

有时候，碳被认为弥足珍贵。

有时候，碳又被视作垃圾。

碳价值的高低，取决于碳对我们是否有用。如果一家企业能够通过开拓碳的应用范围来满足新的需求；或是通过整合原本"无用"的资源，更大程度地提升碳的效用；或是通过运用新的技术、设计新的商业模式，最大限度地发挥碳对人类的有用性，让人类以更合理的方式与碳共存，那么这一企业理应获得市场给予的更高估值。目前，业界主要从"节能"和"减排"两个方面，来衡量企业是否能与碳"和谐相处"。

8.3 节能与减排：降低系统的碳熵

能源是人类生存和发展的"压舱石"，是关乎国家安全的战略物资，影响到一国的民生和社会稳定。同时，能源与全球治理息息相关，当前很多地缘政治问题皆因能源而起。此外，能源通常与全球货币体系挂钩，进而影响全球经济、金融和贸易安全。总之，能源对于人类至关重要。

化石能源是传统的能源，直至目前都难以被替代。化石能源也被称作不可再生能源，由古生物残骸经过复杂的地质作用而形成。化石能源主要包括煤、石油、天然气。其中，煤主要由碳、氢、氧、氮、硫等元素组成；石油被称作"工业的血液"，主要由烷烃、环烷烃、芳香烃等烃类构成；而甲烷则是天然气的主要成分。

化石能源在开采和消耗的过程中，会产生大量的温室气体。根据《京都议定书》，温室气体包括二氧化碳、甲烷、氧化亚氮、氢氟碳化物、全氟化碳和六氟化硫，其中二氧化碳是占比最高的温室气体。

为了便于统计，业界将上述温室气体按影响程度折算为二氧化碳当量，用来衡量温室气体令气候升温的能力值，并在日常表述中称为"二氧化碳排放（当）量"（以下简称"碳排放"）。碳减排，指的是通过一系列手段降低碳排放。

人类为什么要减少温室气体排放，并最终实现碳中和？这是因为，这些温室气体会导致全球气候变暖，进而出现更多的极端天气。这些极端天气增加了发生洪水、热浪、干旱等自然灾害和疾病传播的概率。同时，温度上升造成的冰川融化、海平面上升，令很多岛屿未来可能不复存在。温室气体带来的气候变暖，正在威胁人类的生存，阻碍人类的可持续发展。因此，人类需要降低碳排放，实现碳中和。

根据国际能源署数据，中国碳排放的主要来源依次为电力热力、制造、交通运输和建筑部门，其中能源活动是碳排放最主要的来源。能源活动主要包括电力用能、热力用能、交通用能、制造业用能、建筑业用能、燃料逃逸等。非能源活动产生的碳排放主要来自农业和林业等的生产过程。因此，节能减排的意义，一方面在于能源很珍贵，本来就需要节约能源——特别是那些不可再生的化石能源；另一方面在于能源活动是最大的碳排放来源，因而节能也是实现减排最高效和直接的手段。

为了降低碳排放，业界想了一系列的办法：

第一，限制化石能源的使用。目前，全球数十个国家和地区都在尝试或已经建立碳排放权交易体系（Emission Trading Scheme，ETS）。以我国为例，通过构建碳排放配额（Carbon Emission Allowance，CEA）、国家核证自愿减排量（Chinese Certified Emission Reduction，CCER）等排放权交易体系，对碳排放权进行定价，通过限定相关企业碳排放量的许可，提高碳排放的成本，来达到限制化石能源使用的效果。

其中，碳排放配额（CEA）是指政府分配给控排企业一定时期内的碳排放额度，即当年该企业允许排放的二氧化碳当量，份额为免费分配。1单位配额相当于1吨二氧化碳当量。如果企业当年的配额不够用，就需要在碳市场进行购买，否则会面临高额罚款。如果企业的碳排放配额有富余，比如通过节能减排减少配额的使用，则可以在碳市场中将多余的配额出售变现。碳交易可以采用协议转让和单向竞价等方式。目前，碳排放配额及其交易只针对发电企业。随着相关机制梳理清晰，未来石化、化工、建材、钢铁、有色金属、造纸和国内民用航空等高耗能企业，乃至所有企业都有望参与碳排放权的交易。

国家核证自愿减排量（CCER）是指对我国境内可再生能源、林业碳汇、甲烷利用等项目的温室气体减排效果进行量化核证，并在国家温室气体自愿减排交易注册登记系统中登记的温室气体减排量。CCER的本质是对一些企业碳减排的成果进行量化确认。CCER可以出售给碳排放超标的企业。1个CCER等同于1个碳排放配额，可以抵消1吨二氧化碳当量的排放。根据目前的法规要求，CCER抵消比例不得超过应清缴碳排放配额的5%。比如，林业企业实施植树造林，甲烷发电企业利用垃圾填埋气中的甲烷进行发电，降低了大气中的甲烷排放量。有关部门对这些碳减排的成果以 CCER 的形式进行核证，林业企业和甲烷发电企业可以将 CCER 卖给有需要的企业实施变现。

此外，还有一些国家通过收取碳税控制碳排放。目前，法国、挪威、日本、芬兰、英国等国家属于施行碳税的代表性国家。基于碳税还衍生出了碳关税，2022 年 3 月 15 日，欧盟碳关税（碳边境调节机制）在欧盟理事会正式通过，碳排放也已成为国际贸易中重要的价值维度。

第二，大力发展可再生能源发电，降低对化石能源的需求。可再生能源主要包括：太阳能（光伏）、水电 / 潮汐能、风能（包括陆上风能和海上风能）、生物质能等。此外，核能是一种重要而特殊的能源。各类能源的发电原理如下：

（1）太阳能（光伏）。光伏产业链上游负责生产高纯多晶硅；中游将高纯多晶硅加工成单晶或多晶电池片，并将电池片经过串并联后进行封装保护形成大面积的电池组件；下游则通过建设和运营光伏电站（包括集中式光伏电站和分布式光伏电站）进行光伏发电。目前，随着光伏组件成本的快速降低和转换效率的显著提高，光伏行业正处于新一轮高景气度时期。光伏发电在夜间和阴雨天会面临较大局限。

（2）水电 / 潮汐能。水力发电是将水的重力势能转变为水的动能，再以动能带动水轮机进行发电。潮汐发电则是利用海水涨落，用海水的势能和动能发电。水力发电是中国第二大电力来源。水电 / 潮汐能主要受地形地貌以及潮汐周期等的限制。

（3）风能。风力发电包括陆上风电和海上风电，风电在中国是仅次于火电和水电的第三大电力来源。风电产业链上游为风电设备零部件制造，包括主轴、轴承、齿轮箱、法兰盘、轮毂、叶片、塔架等；中游为风机整机制造；下游为风电场的开发和建设运营。风力发电机将风能转换为风轮轴的机械能，再由风轮轴带动发电机旋转发电。与一般认知不同的是，风力并非越大越好。风力过大会给风电机组带来损害。

（4）生物质能。生物质能与化石能源类似，以垃圾填埋气（主要成分为甲烷）发电为例，可以理解为利用年份短一些的生物残骸进行发电的过程。垃圾填埋气发电的局限在于，随着垃圾分类和垃圾焚烧发电的普及，存量垃圾填埋场的数量将逐步减少，这一现状在一线城市尤为明显。

（5）核能。核能是一种特殊的能源，目前主要采用核裂变的技术路线。以压水堆为例，其发电原理为在反应堆内将铀作为核燃料，利用核裂变反应释放的热量将水加温加压为过热蒸气，然后由蒸汽带动汽轮机进行发电。在未来，除了核裂变之外，可控核聚变有可能成为最具前景的核电技术路线，目前，可控核聚变在技术上还存在一定难度。然而，核能对核安全的要求非常高。

此外，能源还包括氢能源、地热能等形态，同样拥有广泛的应用前景。

第三，运用节能减排技术和解决方案降低碳排放。比如，传统高耗能企业通过运用碳捕集、利用与封存（CCUS）技术，降低化石能源使用过程中的碳排放；通过对设备进行节能改造，提高煤炭的高效清洁利用；通过渔光互补、农光互补等资源整合方案，运用跨界的设计和实施来提升能源利用效率；通过抽水蓄能、电化学等储能方式，利用时间和空间的互补，提升绿色电力的消纳能力。

于是，按照与碳相处的"和谐"程度，企业逐渐分化为两类：

第一类企业消耗了更多的不可再生能源，带来了更多的碳排放。这些碳排放将给环境带来威胁，因而第一类企业导致了系统的熵增。由于导致了系统的熵增，这类企业不得不支付更多的额外成本来购买碳排放配额，最终降低了企业的收益，对估值带来了负面影响。

第二类企业则掌握了与碳的"相处之道"，能够通过降低能耗、提升能效、利用可再生能源减少不可再生能源的消耗和碳排放，甚至能帮助其他企业节能降碳，进而降低了系统内的熵值。这类企业除了能通过节能减排提高自身和产业链的生产效率之外，还能直接在碳市场中将碳减排成果进行变现，从而提高了企业的收益，对估值带来了正面影响。

业界通常采用碳足迹（Carbon Footprint）来定量计算人类活动的碳排放量。目前，各方为碳足迹的测量做出了不懈努力，形成了 Kaya 碳排放恒等式、生命周期评估（LCA）法、IPCC 碳排放量计算法和投入产出法等定量方法。然而，这些定量方法也存在一些局限，包括：碳足迹测量数据的可获得性、定量模型假设的有效性、测量方法的适用性、关键影响因子的缺失，以及不同行业之间碳足迹的可比性。由于上述局限，碳足迹的定量测量方法通常被限定在特定行业范围内使用。

与碳足迹类似，碳熵（Carbon Entropy）也可用作衡量节能降碳效果的指标。然而目前关于碳熵的研究，更多关注如何在特定细分行业（比如电力系统、热力系统、植被固碳）内，对碳熵进行合理的定量计量。我认为，在特定细分行业范围内对碳熵进行定量计量是有必要的。然而，随着科技进步和商业模式创新，以及全社会各行业对节能减排的普遍需求，对于碳熵的衡量需要跳出电力、热力等传统范围，立足全产业的视角进行思考。关于碳熵的分析框架，也应当更加多元和富有立体感。因此，本章立足迭代估值法的体系，将碳熵重新定义为：企业通过固碳和排碳行为对社会所产生的外部性㊀，与企业所创造价值的比值。碳熵表现为企业在创造价值过程中的节能减排效率。碳熵高，则调低估值。碳熵低，则调高估值。评估碳熵不仅需要考虑企业的节能减排行为，同时也

㊀ 包括正外部性和负外部性。

要考虑企业所创造的价值。

与碳足迹不同，碳熵并不是一个诸如碳排放量或碳价这样的定量指标，而是一个用于判断的估值迭代工具模块。依据所处的不同环境状况，以及投资者自身的经验，碳熵可以用来缩小迭代估值的区间。从下一节开始，将提出一个碳熵评估的定性分析框架。运用这一碳熵评估分析框架，投资者可以从碳视角持续迭代关于估值的认知。

8.4　碳熵评估：产业链的全息视角

对企业的商业模式进行梳理，是评估企业碳熵的前提。在迭代估值法中，投资者首先可以运用第 5 章的商业模式分析框架，对企业的价值创造、价值传递和价值获取过程进行梳理，定位业务流程中碳排放的各个关键节点，立足企业商业模式来进行碳熵评估。

然而，仅仅关注商业模式存在一个明显问题，即只考虑了企业的直接碳排放，忽略了企业的间接碳排放。比如，低辐射玻璃生产企业的玻璃生产过程是高耗能、高碳排放的熵增属性，直接碳排放量很大。然而，低辐射玻璃是节能建筑的一种重要建材，其表面利用真空磁控溅射和化学气相沉积工艺，镀上了一层金属及其化合物的膜，从而拥有了高透光率、低传热系数的性能。高透光率能够减少照明用能，低传热系数可以在夏天降低阳光的升温效果，在冬天阻止室内热量向外散发，进而降低了室温调节的能耗，降低了企业的间接碳排放。因此，在评估碳熵时，既要考虑企业生产过程中的熵增，也要考虑产品在下游应用时的熵减。

光伏组件企业生产的光伏组件最终用于绿色电力的生产，由于绿色电力能够减少化石能源的消耗，因而光伏组件在下游终端的应用能够带来熵减。然而，光伏组件的生产过程本身是一个高耗能、高碳排放的熵增过程。因而在评估碳熵时，不仅需要考虑企业下游客户应用所带来的熵减，也要考虑其在生产过程中所产生的熵增。

企业的碳熵评估需要立足一个自上而下的生态视角。试想，如果一个火电厂发电仅供自用，那么其碳排放将大大减少，然而就整个生态而言，这种"因噎废食"的碳减排是没有意义的，将导致整个生态更大的熵增。因此，碳熵评估应当立足整个产业链的全息视角来进行。

在产业链的全息视角下，按照产业链自上而下的顺序，碳熵评估的思路如下：

1. 评估用能结构

如果一家企业的用能主要来自可再生能源和绿色电力，特别是充分利用了那些难以被消纳的绿色电力，那么其碳熵要低于主要以化石能源和火电为用能来源的企业。

2. 按能耗和碳排放对行业进行分类

一类是传统的高能耗、高碳排放行业（以下简称"双高行业"），一类是非双高行业。对企业进行上述分类的原因是，碳熵在不同行业中的估值权重并不相同。

目前，业内通常将煤电、石化、化工、钢铁、有色金属冶炼、建材等视作双高行业。双高行业中的企业由于碳排放量很大，很有可能突破整个环境所能承受的阈值，此时，碳熵成为主要矛盾，成为权重很高的估值影响因子。

非双高行业中的企业碳排放的总量较小，即便碳排放量加倍，由于基数很小，给整个环境带来的影响也不大，此时，在为企业进行估值时，碳熵就成了非主要矛盾，其估值权重也将有所降低。因此，投资者不能将碳足迹这类定量指标的绝对值，直接作为比较不同类型行业（双高行业和非双高行业）中企业估值的依据。

3. 对于双高行业，需评估企业是否拥有降低碳熵的第二曲线

以火电企业为例，如果一家火电企业基于节能环保设备的投资、技术路线的更新、生产工艺和流程的优化，推动了煤炭清洁高效利用，以及煤电节能降碳改造、灵活性改造和供热改造，比如：

（1）提升原料的品位：强化煤炭绿色开采和洗选加工。

（2）实施低成本增产：高效利用中低品位的原料，合理降低原料的用量。

（3）优化能量系统：实施热电联产，高效回收余热、余压、余汽，并实施能量的梯级综合利用。

（4）应用新的发电技术：包括先进燃煤发电、超临界二氧化碳发电等。

（5）采用CCUS技术：在生产的各环节应用碳捕集、利用、输送和封存技术，实现碳减排。

（6）投资可再生能源发电项目。

此时，尽管火电企业属于双高行业，但由于实施了降低碳熵的措施，在迭代估值时应当适当调高其估值水平。

4. 产业链其他重要环节的碳熵评估

这些环节包括：

（1）生产环节：是否通过电气化、模块化、标准化和集成化来提效降碳。

（2）包装环节：是否使用了环保材料，或对材料进行了循环利用。

（3）运输和存储环节：是否采取了更合理的运输方案，以及更高效的存货管理。

（4）使用全周期：在满足功能的前提下，使用寿命更长意味着更低的碳排放。

（5）最终处置环节：产品在报废后是否可回收利用（比如动力锂电池的储能再利用），以及处置成本的高低（比如核燃料棒的处置）。

对企业碳熵进行的评估，需要覆盖产业链和供应链的各个环节。既要考虑直接和显性的碳熵，也要考虑间接和隐性的碳熵。

8.5 碳熵评估：资源整合的视角

当前一些企业采取资源整合的思路，来达到节能减排的效果。根据目前各行业的应用，可以将通过资源整合来降低碳熵的做法分为以下四类。当出现这些情形时，可以适当调高企业的估值。

1. 第一类：依托能量形式的转换，提升资源利用的效率

这一类的资源整合以储能行业为代表。当前储能的技术路线主要分为电储能和热储能。其中，电储能技术路线分为物理储能、电化学储能和电磁储能三种。物理储能包括抽水蓄能、空气储能和飞轮储能。电化学储能包括钠硫电池、液流电池、锂离子电池、铅酸电池等。电磁储能包括超级电容器储能和超导电磁储能。热储能主要是将太阳能光热、地热、工业余热等存储起来，在需要的时候释放使用。举两个比较典型的例子：

（1）"光伏＋氢能源"。晴朗的白天，光伏发电效率很高，然而可能由于产生的电能难以被及时消纳，同时又缺乏合适的存储方式，造成电

能白白流失（即"弃光"）。将光伏和氢能源进行整合——首先将过剩的光电用于电解水制氢（"绿氢"），然后将氢能源用作氢能源燃料电池车的燃料，或使用氢能进行发电——可以使未被消纳的光电得到合理利用，降低系统的碳熵。

（2）"光伏+抽水蓄能"。将光伏电站建设在水电站旁边，白天利用未被消纳的光电，将水抽到地势较高的地方。在用电高峰期，再将水从地势较高的地方向下倾泻，将重力势能转化为动能，并带动水轮机进行发电。这样一来，通过时空的互补，可以将原本被浪费掉的光电用于抽水蓄能，降低了系统的碳熵。此外，还有包括"风光水储""风光火储"等更为复杂和多维度的整合应用。

储能行业的本质为基于时间和空间的互补，通过对能量形式进行转换，将在某一时点难以被消纳的能源，跨越到另一时点进行再利用。这一跨行业、跨应用、跨时空的创新设计，能够降低系统的碳熵，相关企业理应获得更高的估值。

2. 第二类：整合能源的生产和消费环节，促进节能减排和生态修复

这类方法通过将能源的生产和消费过程进行整合，创造性地将跨行业的能源供求体系进行对接，实现了节能减排和生态修复。一些典型解决方案如下：

（1）"农光互补""林光互补""牧光互补"和"渔光互补"。农林牧渔行业在生产过程中，具有较高的用能需求。同时，农林牧渔行业通常拥有较大面积的生产场所。于是，可以为牛棚、猪圈、鸡舍等的顶棚以及农业大棚等加装太阳能电池板，在满足用能需求的同时，还可将余电上网出售，实施"农光互补"和"牧光互补"；还可以在鱼塘水面架设太阳能电池板，在光伏发电的同时，为水下的鱼、水面的鸭提供所需的遮挡，

实施"渔光互补";也可以在采煤沉陷区架设太阳能电池板,并在电池板间或电池板下种植亚乔木或灌木,通过实施"林光互补",不仅获得了电能,还获得了林木资源。

(2)光伏治沙。目前,全球沙漠面积约占陆地总面积的1/5,沙漠治理也成为全球可持续发展的重要议题。沙漠地区通常日照丰富,非常适合用来建设光伏电站。同时,太阳能电池对地面形成遮挡作用,能够有效降低地面的温度、提高地表的湿度,并能够防风,为耐旱植物创造了合适的生长环境。实施光伏治沙,不仅能够发电,也为生态修复提供了可能。

(3)光伏建筑一体化(Building Integrated Photovoltaic,BIPV)。在日照充足的地区,可以通过在屋顶加装太阳能电池板进行光伏发电。一方面,光伏发电可以满足建筑本身的照明、室内温度调节等用能需求。另一方面,余电还可以进行并网销售来增加售电收入。此外,与BIPV的原理类似,地热能建筑也是一种资源整合的解决方案。

(4)农林废弃物的综合利用。比如,玉米的种植过程会产生大量秸秆,如果直接焚烧,会对大气造成严重污染。通过采用秸秆生物质发电、热解制备可燃气等方式,在获得能源的同时降低了碳排放。此外,还有一些沼气发电企业,通过与畜牧业头部企业进行合作,利用畜禽排泄物进行发酵和沼气发电,同样在获得能源的同时降低了对环境的污染。

3. 第三类:区域间的资源整合,提升绿色电力的消纳能力

由于我国幅员辽阔,不同地区间的电力装机容量和类型差异较大。总体来说,火电、光伏装机分布较为分散,风电装机(以陆上风电为主)主要集中在北方省份,水电装机集中在西南地区,而核电装机主要集中在东部沿海。由于东西部电力需求的差异较大,经常出现经济发达地区

用电紧张，而经济欠发达地区由于绿色电力的消纳能力不足，出现"弃光""弃风"的现象。

目前，我国立足电能的"发、输、变、配、用"五大环节，通过建设以"光储直柔"为特征的新型电力系统，做到"源－网－荷－储"协调配合，加强电力的省间消纳和对可再生能源的消纳；基于对智能电网、虚拟电厂、微电网、V2G等技术的应用，通过实施"西电东送""东数西算"等措施，来优化不同地区之间能源或算力的整合。在上述过程中，那些有助于区域间资源整合的公司，由于优化了能源的资源配置，令系统获得了节能减排的效果。在迭代估值时，应当对其对降低碳熵所做的贡献予以考虑。

4. 第四类：跨学科硬科技赋能碳中和

从行业属性来看，硬科技和碳中和都属于第4章提到的底层行业。二者不仅自身产业链拥有很高的投资价值，还能够对其他行业进行赋能，提升下游行业的生产力。如果一家企业能够运用跨学科的硬科技，帮助自己或其他企业降低碳熵，那么理应获得更高的估值。从商业模式分型来看，如果一家企业能够运用跨学科的硬科技帮助其他企业降低碳熵，则属于第5章中提及的"卖铲子/卖水人模式"，投资者可以为其赋予更高的估值。

硬科技可以直接运用在能源、电力、节能环保等行业。2021年9月，中国科学院天津工业生物技术研究所的研究团队首次突破人工合成淀粉技术，实现以二氧化碳为原料，不依赖光合作用直接人工合成淀粉。目前该技术仍处于实验室阶段，未来成功实现产业化后，在降低碳排放的同时，还能解决粮食安全问题。此外，电力系统仿真分析、智能传感与测量、特种智能机器人、能源装备数字孪生、能源物联网、能源大数据等，也是人工智能、大数据、数字孪生等硬科技在能源、环保等行业中的应用。

在能源、环保之外的其他行业，跨学科的硬科技同样可以帮助企业降低碳熵。在创新药研发领域，运用人工智能来筛选先导化合物和模拟临床试验，可以节约人工和降低物料消耗。在军事领域，基于虚拟现实场景设计出航空器的模拟操控系统，可以在一定程度上降低航空器等设备不必要的碳排放。在巡检领域，运用智慧城市系统、机器人和无人机，可以高效完成大范围、恶劣环境下的巡检。

碳元素充满了碳基世界的每一个角落，这为利用资源整合降低碳熵提供了无限可能。未来还会出现更多创新型资源整合技术和解决方案，来帮助降低行业和企业的碳熵。

8.6 碳熵评估：一些注意事项

在运用碳熵进行迭代估值时，需要关注以下一些注意事项：

1. 碳熵本质上是企业估值的一种约束条件

降低碳熵固然可以作为提升企业估值的手段，但降低碳熵并非唯一的最终目标。降碳往往需要付出成本，如果将其作为唯一的最终目标，可能会损害企业的成长性，进而降低企业的估值。2021年，为加快推进碳达峰、碳中和进程，一些地方实施了"运动式减碳"，关停了大量的火电厂。最终由于绿色电力存在不稳定性（比如，光伏发电需要满足日照条件，风电需要满足风力条件），以及绿色电力的消纳能力不足，同时火电供给又被人为削减，对能源安全保供造成了一定冲击。正因如此，我国的能源转型需要"先立后破"，将火电确定为基本盘，同时提升对绿色电力的消纳能力。不遵循规律盲目实施降碳，可能给行业和企业的生产力带来损害。

2. 关注降碳行为的边际收益和边际成本

企业如果降碳措施不足，可能导致不能充分享受降碳的收益。企业如果降碳过度，将不得不付出过高的成本。因而在使用碳熵进行估值时，不能仅考虑企业降碳相关收益和成本的总额，还要关注其降碳的边际收益和边际成本，利用边际收益和边际成本可以评估其降碳行为的经济性与合理性。

3. 碳熵评估需要置于一定的评估周期

正如公司针对高管的激励机制需要从短期、中期和长期等不同时间维度来设计，碳熵评估也需要选择合适的评估周期。评估周期过短，可能使对指标的解读产生偏差，造成过度关注指标数值而缺乏整体和动态的考虑。评估周期过长，又有可能降低指标对于价值评估的有效性和及时性。因此，在评估碳熵时，需要有一个时间维度的概念。当然，风险投资人的评估周期选择，往往与基金存续期以及企业 IPO 申报计划相关联。因而在实施投资计划时，风险投资人也需要立足资本市场相关周期进行评估。

4. 碳熵需要验证：绿色金融、碳造假和碳审计

如果一家企业能够有效降低碳熵，那么它就有更多机会获取绿色金融资源。比如获得来自基金、银行、保险、券商等发行的绿色金融产品的支持。然而，正如财务数据可能造假，企业也有可能通过"漂绿"等方式进行碳造假来谋利。因此，在评估企业碳熵的过程中，还需要保持

审慎态度，通过实施碳审计来对企业碳熵状况的真实性进行验证。

5. 对达成碳中和之后的猜想

由于受技术手段和解决方案的限制，目前仍然无法真正做到对碳进行充分、有效的利用，碳中和目标的达成是一个渐进过程。未来，当真正实现碳中和之后，随着技术和方案的突破，对碳的利用效率不断提升，会不会出现碳不够用的现象？如果真如所想，本章关于碳熵的评估体系又要继续进行迭代了。

| 第 9 章 |

估值中的非理性因素

价值评估是一种主观的行为。为了合理进行估值，投资者不仅要了解企业和市场，还应当真正了解自己，看清自己的非理性行为正在如何影响价值共识的形成，并知道应当如何去应对。

9.1 非理性行为与元认知

投资者是否理性？关于这一问题，学术界争论已久。现代经典金融学将理性经济人假设作为核心假设，认为投资者"是理性的……能对金融资产做出合理的价值评估"（Shleifer，2000）[13]。然而，20世纪80年代，学术界对金融市场进行了大量实证研究，"发现了许多现代金融学无法解释的异象（anomalies）"（姜波克，薛斐，2004）[14]。后来，一些学者运用认知心理学对投资者行为进行分析，形成了行为金融学派。行为金融理论也对理性经济人假设发起了挑战。行为金融学发现，"人在不确定条件下的决策过程中并不是完全理性的"（姜波克，薛斐，2004）[14]，比如，投资者存在处置效应、羊群效应、过度反应、过度自信、过度交易、噪声交易、锚定效应等非理性的投资行为。

在本书中，理性被定义为投资和估值决策合理。是否理性、行为合理与否，本身就是一个充满主观色彩和个人偏好的论断。理性人认为非理性人的行为不合理，而在非理性人的眼中，理性人或许才是那个不理性的人。因此，每个人对理性的认定标准不一样。

为什么投资者经常会做出一些看似不合理的行为？探究人脑的结构能够帮助我们发现一些端倪。周岭（2020）[15]在《认知觉醒》一书中认为，人的大脑包括"三重大脑"，分别为本能脑、情绪脑和理智脑，"本能脑源于爬行动物时代，主管本能；情绪脑源于哺乳动物时代，主管情绪；理智脑源于灵长动物时代，主管认知"[15]，三者出现的时间距今分别为3.6亿年、2亿年、260万年[15]。

投资者的一些非理性行为，往往是因为本能脑和情绪脑在起主导作用，比如：

- 投资者的贪婪，源于生存和繁衍的需要，如果不竭力获取资源，种群的存续可能面临威胁。因此，投资者才会经常因为贪婪而遭受损失。
- 投资者的恐惧，是一种进化而来的、面对威胁时逃离危险境地的本能反应。如果失去这种面对威胁时逃离的本能，生命甚至物种的进化可能就此终止。也正因如此，投资者才会常常出现一些非理性的资产抛售行为。
- 投资者的焦虑，是人们在应对复杂环境时的一种应激反应，本质上是在鞭笞自己，要求自己做得更好，来应对充满不确定的未来。

因此，对于投资者的"目光短浅、即时满足、避难趋易、急于求成"（周岭，2020）[15]无须过多苛责，这主要是因为本能脑和情绪脑的主导作用早已根深蒂固，而理智脑"羽翼未丰"，常常未能适时充分发挥作用。

那么，如何根据人的"三重大脑"结构特点，让本能脑、情绪脑和理智脑各司其职，提高投资和估值行为的合理性？元认知是一个很好的工具。

元认知是"最高级别的认知，它能对自身的'思考过程'进行认知和理解"（周岭，2020）[15]。举个例子：风险投资机构联系到了一个不错的医疗器械项目，通过研究与访谈得出关于该项目的价值判断。这个关于价值判断的结论，只是一种普通认知。如果投资者采用第三人称视角，以旁观者的身份观察、评判前述投资判断过程的合理性，得到的关于"形成投资项目认知的过程"的认知，就是一种元认知。关于方法的方法称作方法论，关于认知的认知便是元认知。

元认知的构成要素，涉及的范围非常广泛。除了第2章第六节提到的能力体系外，元认知的评判维度还包括：本能、情绪、偏好、观念、习惯、行为、心智、动机、压力、心理、直觉和预测⊖等。只有对这些要素进行有效的观察和分析，并提出应对措施，才能更好地利用元认知来提升投资和估值行为的合理性。

运用元认知提升投资和估值行为的合理性，我认为可以遵循以下方法和原则：

1. 保持诚实

第一，投资者需要诚实面对事实，并完全依据事实进行决策。不能

⊖ 关于直觉和预测，将在本章第二至四节进行阐述。

因为不愿接受事实所指向的后果（包括不利后果），而选择性地"失明"、进行存在偏见的解读，也不能将对方身份的"高低"作为接受或否定对方观点的依据。

第二，投资者需要对自己诚实，诚实面对自己的情绪和感受，并愿意接受其存在，包括那些不愿再想起的负面感受。有能力走出舒适区，勇敢直面自己的内心，才是认知提升的开始。

第三，尊重常识。抛弃不切实际的幻想，警惕不符合常理的优秀。投资者仅有美好的愿望，并不能让结果变得更好。只有保持清晰的认知、清醒的头脑、有效的应对，才能真正提升投资成功的概率。

2. 学会内视反观

投资者不能沉浸在自我的世界里凭空臆想，需要时刻保持观察和觉知。第一，观察自己，保持对自身行为和心理的觉知。时刻意识到自己正在做些什么，回顾自己当时是怎么想的，当时为什么会这么做，以及事后来看当时这么做是否合理，当时怎么做会更合理一点。第二，观察环境，保持对环境变化的觉知。在尽职调查过程中，当时看到了哪些景象？访谈过程中，取得了哪些信息？事后回想起来，当时是否完整获取了信息？是否正确解读了信息？自己与环境和他人的交互是怎样的？投资者只有跳出自己看自己，才能把一切看得更加真切，并由此获得经验的积累和认知的提升。

3. 不顽固，愿意改变

投资者需要定期放空自己，在必要时有能力为自己按下"重启键"。投资者的认知，只是能量的瞬时聚合。随着时间的流逝、环境的变化，认知所蕴含的能量可能衰减，结构可能趋于老化，认知的构成粒子可能逐渐失去活力。因此，投资者需要不断为自己的认知打补丁，甚至在必要时打破原有结构进行重构。投资者无须向别人证明自己是对的，无须向他人证明自身认知体系的优越性，而是需要对认知不断进行优化，让认知体系真正保持不断趋于合理的趋势。无论用于改进的"碎片材料"从何而来（哪怕是一个自己不喜欢的人的一个合理观点），只要能够提升合理性，就应该无条件地纳入当前的认知体系。

4. 主动元认知

投资者获得和提升元认知的途径有两种。第一种是被动元认知。比如，投资者在证券投资交易的过程中，未能管理好自己的情绪，临时改变了此前设定好的交易计划，由于股价的剧烈震荡采取了"追涨杀跌"的交易行为，进而遭受了巨大的亏损。此时，投资者开始对此前的交易过程进行反思，总结此次投资失败的教训，这种便属于被动元认知。被动元认知也可以让人有所提升，因为失败的痛苦也是一种具有建设性的反馈，但代价巨大。

第二种是主动元认知，即利用非交易时间、非尽职调查时间以及碎片时间，有条不紊地提升元认知。这种方式不仅更加从容和经济，也可以避免因"临渊结网"的手忙脚乱而导致犯错。一些专业的风险投资机构，通常会定期组织针对已投企业的全面项目检查，系统跟踪和验证此前投资过程中提出的价值逻辑，以此来对过往的投资和估值进行反思与总结。一些富有经验的证券投资者，每晚都会利用闲暇时间，对当日的交易过程进行复盘，并制订第二天的交易计划。甚至还有一些敬业的投资者，会利用诸如跑步、散步或钓鱼等时间放空自己，回顾此前投资与估值过程中的每一个细节，反复思考价值逻辑是否经得起推敲，并对未来的尽职调查或交易计划进行微小但持续的设计和改进。

9.2 估值中的直觉

直觉是一种很奇妙的感觉。直觉的出现从来都是毫无征兆的，我们永远不知直觉何时会出现。同时，直觉使用起来非常轻松愉快，因为无须经过思考，无须分析、推理，无须构建和遵循任何逻辑，不费任何力气。如果直觉的准确率还很高，可谓一种高效的决策工具。直觉有时候也被称作"无意识的智慧"。

在投资和估值实务中，风险投资人经常会和直觉产生交集：

- 在进行尽职调查时，我们非常关注首次前往被投资企业现场的第一感觉，并要求及时记录这一感觉。从多次后期复盘的情况看，这种到达现场的第一感觉，往往蕴含了企业质地和创业团队品质的线索。
- 在进行投资决策的时候，特别是在投资决策委员会投票时，有些项目从投资逻辑以及尽职调查结果看都达到了投资标准，但在做决策的一瞬间，心里总是有一些说不出的"纠结"。从事后的复盘看，这种带着纠结做出的决策，最终的结果都不尽如人意。
- 在尽职调查过程中，在对创业团队进行判断时，我们发现女性风险投资人的直觉，无论出现频次还是准确率都要比男性风险投资人高得多。女性风险投资人更善于从对方的一些不易察觉的行为、语言和表情，来捕捉到更多的事实和真相。

那么，直觉究竟是什么？直觉究竟是如何产生的？

直觉是一种非线性映射，本质上是人的一种泛化能力，是我们从过去的经验中习得，并在未来进行运用的能力。我们将过往的经验、数据、案例等作为输入的材料，经由人脑的神经网络等复杂机制进行处理，总结出了一些规律,提炼出了一些事件触发、指向某种规律的信号。当这些信号出现时,直觉就会及时出现并告诉我们将会发生什么事,或是可能发生了什么事。直觉能够帮助我们处理未经训练的数据,并帮助我们剔除噪声来识别出一些规律。直觉看起来缺乏依据,但底层仍然是基于数据、经验和计算的。

▶ 案例9-1

观看足球比赛的直觉

小陈从小学就开始看足球比赛,自己也参加过各种足球比赛,关于足球的理解很深刻、经验也很丰富。小陈在观看和参与了几十年足球运动之后,如今在看足球比赛时,只需要看五分钟某支球队的传接球水平,就能大致了解该队是否调教有方。很多时候,根据一个传接球的细节、一次防守反击的跑位,小陈就能大致猜到比赛的结果。

当比赛双方势均力敌时,判断比赛输赢结果的难度会加大。在这种情况下,小陈会选择从"关键球"来捕捉判断的线索。比如,在比赛的最后15分钟,当双方处于"胶着"状态时,如果哪支队伍接连错失了1~2次的必进球机会——特别是因为球员在思想上有所懈怠,或是因为轻敌心态而在射门时不够专注,或是因为希望比赛尽快结束而趋于保守,那么该队最终更容易被对手"绝杀"。尽管没有做过具体统计,但在数十年的看球经历中,"因为懈怠而错失必进球,最终被对方'绝杀'"这一情节出现了太多次。小陈对比赛结果构建的这种判断模型,或许正是基于大量过往案例所总结出的一种规律,并形成的一种直觉。

▶ 案例9-2

证券投资者的"看盘"直觉

一些专业的证券投资者每个交易日都会"看盘",所谓"看盘"就是观察某只股票的每一笔交易金额、手数、主买还是主卖等信息。这就好像钓鱼时看浮漂,通过捕捉信号来进行相应的操作。一个经验丰富的证券投资者,在"看盘"过程中有时会产生一些特有的感觉。比如,某只股票当天虽没有下跌，但走势总让人觉得有些不对劲。基于这种看似缺乏依据但又真实存在的不安全感，经验丰富的投资者常常会选择减仓。从事后来看，这种基于直觉的交易行为往往是合理的，而一些缺乏经验的证券投资者无法产生这些感觉。这一感觉也被证券投资者称作"盘感"。

9.3　运用直觉帮助做决策

那么，如何利用直觉来进行投资与估值？具体包括两个方面：

第一，如何让身心为直觉做好准备，为直觉的到来创造条件。

第二，当直觉到来后，如何合理、有效地运用直觉进行判断。

1. 保持放松的状态，保护好自己的心流

人在放松的状态下，才有可能与直觉产生共鸣。一般认为，运动员在比赛时的竞技水平，会比训练时有所下降。原因可能是运动员在比赛时会比平时训练紧张。紧张可能是因为陌生的环境或是感受到了来自陌生对手的竞争威胁。紧张是人的一种应激反应。在面对威胁时，紧张能让人保持高度专注，能让人的某些身体机能爆发出高于平日的潜能，是人类物种进化所形成的一种应对危机的机制。

然而，这一紧张机制也有代价。紧张机制能够帮助提升力量、速度等特定的身体机能，但也会牺牲其他一些身体机能。当人处于紧张的状态时，心智带宽就会降低，身心没有更多潜力来迸发出直觉。直觉就像一只灵动的小兔子，只有在轻松愉快的环境下才会出现。当人处于紧张的状态时，直觉就像一只躲避猎鹰追捕的小兔子，只想找个地方隐藏行踪。松弛的状态、放松的心态往往有助于激发直觉的产生。这就解释了为什么像厦门、杭州、成都这类相对悠闲的城市，往往能够诞生出富有

灵性的互联网产品和企业。

同时，专注、沉浸、积极、开放也是直觉出现的重要条件。直觉往往伴随着强烈的心流而出现。心流指的是人在全神贯注地做一件事的时候，所体会到的高度兴奋感和充实感。一个典型的例子就是打游戏时候的状态，强烈的心流也是游戏会让人沉迷的原因。反之，如果一个人总是处于走神、心不在焉的状态，或是总是被别人打断心流，这时候出现的就不是直觉，而是烦躁。学生学习不专注，一部分原因就是此前家长随意打断心流的行为。

2. 放空自己，关注"忽然的安静"

投资需要经常将自己"清零"，让更具生命力的新信息、更先进和具有颠覆性的新体系帮助自己迭代认知。直觉也一样，不喜欢受到陈旧规则和教条的约束。正因如此，人在处于冥想状态时常常会产生直觉。为获得直觉，有人建议"带着问题入眠"，理由是人在半睡半醒或梦中可能会"灵光乍现"。然而，我并不是很建议带着问题入眠，因为睡前思考太多问题，容易造成副交感神经兴奋，进而导致失眠。可以尝试的方法是，在半夜或是清晨，不要太过着急醒来，而是先搜寻一下意识的某个角落中是否还留有直觉。本书中的很多观点和灵感，便来自这些场景。**放空自己，有助于为直觉"让道"。**

此外，还需要关注"忽然的安静"。很多时候，**"忽然的安静"便是直觉即将出现的前奏。**

3. 不要过度思考，并学会区分直觉和情绪

直觉的出现，往往是干脆的、快速的、没有任何理由的。直觉的出现往往是非线性的以及非理性的。直觉似乎总是希望走捷径，直接抓住

事物的主要矛盾。直觉似乎又很懒惰：一是工作不够积极，轻易不出现；二是工作不够认真，非常讨厌复杂的思考、分析和推理过程，不喜欢受到来自逻辑的约束。

因此，当直觉出现时，要第一时间进行记录，并且不要进行任何多余的加工，不要让理性思维"污染"了直觉。在直觉出现时进行过度思考，百害而无一利。当然，可以在后期的分析和决策中，运用理性思维来对直觉进行验证，或基于理性来调节直觉在决策中所占的权重。

此外，需要准确区分什么是直觉，什么是情绪。一个有效的区分方法是，直觉比情绪出现得更快、更直接。直觉一般在我们毫无准备的情况下出现，而情绪的发展往往需要一小段时间。直觉出现的过程是离散的，情绪出现的过程是连续的。

4. 运用直觉进行投资与估值决策

第一，当直觉出现时，无论直觉给出的结论多么不符合常理、缺乏理性，都不要轻易否定，后续经过理性的分析和验证再做决断。

第二，高度重视纠结的感受。在决策的过程中，如果出现纠结的感受，一定要予以高度重视，准确找到纠结产生的可能原因。此外，尽管纠结只是一种感受，似乎难以令人信服，但仍然可以直接成为不予投资的理由。

第三，不要把直觉作为决策的唯一标准，需要用理性分析来对直觉进行修正甚至证伪。对于直觉，投资者应当避免过度自信的倾向。我们之所以产生某种直觉，可能仅仅是因为环境和过去的某个场景有某些相似之处，然而，事实及其背后的作用机理可能完全不同。此时，非关键因素可能已经左右了我们的感知。对直觉过度自信，本质上属于认知维度的缺失，以为事物的发展就好像自己想象的那样。缺乏验证的直觉，有时候只是一种想当然。

因此，投资者需要基于全面的尽职调查，获取更多的事实和依据，运用理性思维构建逻辑并验证，同时运用常识来排除那些不符合常理的选项。直觉作为认知迭代的一个维度和一种工具，在理性分析的帮助下，能够更好地为迭代估值法添砖加瓦。

9.4 投资中的预测方法⊖ [16]

在投资和估值过程中，投资者常常希望能够拥有某种超能力。比如，能够提前知晓未来，或是能依赖敏锐而准确的直觉指导决策。有趣的是，在投资实务中，尽管预测和直觉看起来是那么的不够理性、科学和客观，但专业投资者的确会将预测和直觉作为一种"快捷方式"，用来迭代关于企业价值的认知，并或多或少作为一种依据来做出最终的投资和估值决策。本节首先探讨投资中的预测方法。

1. 预测的魅力

▶ 案例 9-3

一个关于预测未来的投票

小陈在投资者和"千禧一代"两个群体发布了同一个投票，投票内容如下：

"问题一：你希望能准确预测未来吗？"

"问题二：你希望预测关于未来的何种信息？"

其中，投资者群体的样本主要由风险投资、证券投资和期货衍生品投资

⊖ 本节部分内容曾发表于厦门国家会计学院公众号"云顶财说"（2020 年 5 月 28 日），标题为"风险投资中的预测方法"，有删节和补充。

从业者构成，"千禧一代"群体的样本主要由在校本科生组成。两个群体的样本量均大于 200。投票的反馈结果如下：

关于问题一，投资者群体和"千禧一代"的选择出奇一致，两个群体都有超过 95% 的人希望能准确预测未来。剩余不足 5% 的样本的答案略有不同。"千禧一代"不想预测未来的原因主要包括"不确定是否真的希望知道未来""不希望提前知道不好的事"。投资者群体则普遍认为，"基于多年的投资从业经验，投资不要尝试预测市场，同时也不可能预测准确"。

由此可见，大部分人都希望能准确预测未来。极少部分人由于认为预测不切实际或不愿提前知晓不利的结局，最终选择对预测持有保留态度。

关于问题二，两个群体的答案则是五花八门。投资者群体最希望预测的内容包括"未来的股价""企业 IPO 的过会时间""谁将成为基金未来最大的有限合伙人""我能分到多少'carry'"○。"千禧一代"则关注"未来什么行业更赚钱""自己未来将从事什么职业""在哪儿会认识自己的另一半"。可见，无论投资者群体还是"千禧一代"，对预测未来这件事都可谓趋之若鹜，大多数人都希望拥有预知未来的能力。

基于此，一级市场的风险投资机构建立了各种预测模型用于估算拟投资企业未来的盈利和估值。二级市场的机构投资者通过运用量化策略、Python、数据挖掘等工具，将各种估值模型训练服帖，以求得一个更好的投资回报。此外，一些投资者还另辟蹊径，从面相、颜值、面部宽高比、星座、手相等各个维度，尝试构建具有辨识度的选人方法和交易策略。

预测为何有如此大的魅力？我认为原因如下：

第一，好奇心作祟。历史已成为过去，我们都希望预先知晓未来的模样。

第二，提前获取关于未来的信息，可以指导当前的行为与决策，最

○ "carry"是 PE 机构对基金业绩的分成，准确说法为"Carried Interest"。当基金存续期届满且赚得投资收益时，就投资收益超过收益分配限制（一般为单利 8%/ 年）的部分（即超额收益），PE 机构作为基金的普通合伙人（通常也是基金管理人），和基金的有限合伙人一般按照"二八分成"即超额收益的 80% 由基金全体合伙人按持有份额分配，20% 奖励给 PE 机构。这 20% 就是"Carried Interest"。

终求得最优的投资策略和结果。

总之，能够准确预测未来，就可以实现对当下的"降维打击"，益处多多。

2. 预测的难点

然而，预测未来是一件难事。为何如此困难？量子力学提供了一个解释。海森堡测不准原理指出，在一个量子力学系统中，一个运动粒子的位置和它的动量不可被同时确定。也就是说，即便我们已经了解关于粒子初始状态的所有信息，也知道粒子未来的运动轨迹，也无法准确预测每一个量子测量实验的结果，而只能给出基于概率的预测。

为什么明明知道结果却依然测不准结果？可以近似理解为精确测量被测物的位置，就需要拥有一把非常精确的尺子。在微观世界中，测量工具越精确，其能量也就越大。使用一把"高能"的尺子测量被测物，势必会对被测物产生影响，进而改变被测物原本的状态和运动轨迹，最终导致测不准现象的发生。因此，我们在预测未来时，可能就已经改变了未来。

▶ 案例9-4

生物资产的监盘

对注册会计师而言，监盘养殖场的猪、羊、鸡等存货，是一件极其繁重的体力活。随着物联网技术的发展，注册会计师可以为每一只动物贴上标签，通过芯片及传感器进行精确定位，进而做到精确测量。然而，上述操作仅限于宏观世界。一旦进入微观世界，芯片及传感器的颗粒度便显得过于庞大，再也无法为每只动物逐一提供标签。此时，测不准原理便开始发挥作用：一旦"高能尺子"靠近哪只动物，哪只动物就会因为尺子所蕴含的能量而被弹开。由于所有的测量对象都处于一种不断变化的状态，因而无法对其进行准确测量。

▶ 案例 9-5

证券交易中的蝴蝶效应

在从事证券投资的过程中，某股民基于前一晚美股大跌的信息，预测当日所持有的 A 股股票也将大跌。于是 9:30 股市刚一开盘，该股民便将所有持仓清空，以避免外围市场下跌对持仓可能产生的负面影响。然而，该股民的卖出行为，被"盯盘"的"主力"资金所捕获。于是，"主力"改变了当日原计划的盘整策略，改为急速拉抬股价并横盘诱多。此后，该股民由于按捺不住踏空的焦躁，选择在高位重新买回股票。此时，"主力"又一次改变了原本的交易策略，趁势进行高位抛售。最终，该股民当日的预测行为本身，对事态后来的发展产生了影响。该股民的两次基于预测的交易行为（"测量行为"），最终两次改变了当日股价的走势。

3. 预测 ≠ 预知

前文曾使用"预测"和"预知"两种表述，且未对其加以区分。事实上，预测和预知存在着显著的区别：

预知，本质上是预先知道未来的事实。预知是由原点直达正确结论的过程，是一个离散的、跳跃的、效率最高的过程。预知只有一条最优通路，且结论是确定的、必然正确的。

预测，本质上是基于观察和分析的推理。预测描述的是由原点推导出结论的过程。预测不能直接预知结果，只能经由一步步推导得出结论。因而预测是一个连续的过程，且预测的结果存在错误的可能。

有的时候，我们会惊讶于某位投资者拥有敏锐的"商业直觉"，能够先于市场捕捉到趋势并及时布局投资。事实上，这并不是说此人能够预知未来，而是指其在以下方面具备过人之处：

（1）细致、敏锐的观察。

（2）准确的信息捕获与分析。

（3）拥有丰富的经验和很强的判断能力，并作为预测结论的支撑。

（4）能构建事态发展的若干可能模型，并为之分配相对合理的发生概率。

以上这几方面，共同形成风险投资中的预测行为。

4. 预测的步骤

投资中的预测行为，包括以下四个步骤：

（1）预测的起点，是敏锐的观察。投资者每天醒来的第一件事，便是寻找手机，然后打开收藏的优质财经公众号，以及财联社、雪球、同花顺等信息聚合平台。在乘车的路上，再打开喜马拉雅和哔哩哔哩，获取音频或视频形式的财经信息。有的时候，清晨的一条新闻，就可能决定投资者当天甚至未来一段时间的投资策略。因此，观察是预测的开始。

（2）捕获变化是重中之重。增量的投资机会来源于变化。变化可能影响环境和趋势，进而带来增量投资机会。及时捕获和应对变化，是风险投资人日常工作的重要组成部分。

（3）基于变化，评估影响。这一思维方式与"会计准则的经济后果"有几分相似，其哲学基础为美国实用主义哲学。关于变化带来的影响，投资者主要评估影响的性质（有利或不利）和重要性程度（是否为决定性影响，以及影响程度有多深）。

（4）大胆进行预判。在对影响进行评估之后，便进入了预判的过程。预判可谓从事风险投资工作的必备技能。想象力越丰富，投资者获得超额收益的溢价空间可能就越大。投资者应当尽可能避免思维存在局限，一旦思维受到局限，造成认知维度的缺失，便极有可能在做投资决策时落入"羊群效应"的陷阱之中。

上述的预测工作，最终将编制出一个个的剧本。这些剧本由想象而得来，缺乏足够的事实依据，因而其本质上属于假设的范畴。接下来，投资者通过行业研究、尽职调查等工作，来证实或证伪这些假设，最终做出投与不投的决策。

要做出合理的预测行为，需要具备以下三种能力或素质：观察力、信息获取和分析能力、合理推理的能力。观察力一部分来源于天赋，一部分来源于后期的训练。信息的获取能力与努力程度有关。信息的分析能力也可以通过训练来加强。最考验风险投资人的，是如何合理地进行推理。对推理的合理性起决定性作用的，是推理所依据的基础是否足够坚实，以及逻辑是否足够严密。推理的基础越坚实，逻辑越严密，结论正确的概率也就越大。

5. 预测的依据

通常可以从以下四个角度来寻找预测的依据：

（1）历史。历史是过往剧本的合集。了解过去曾经发生的故事，可以让缺乏思路的投资者找到一些可用的线索。比如，各大券商的分析师基于环境差异对2003年"非典"前后宏观经济、资本市场和股价的走势进行调整，来预测2020年之后可能的剧本。进一步地，如果为历史加入量化的元素，便产生了预测的趋势分析法。根据我的理解，趋势分析法的主要观点和做法包括：

1）假定历史会重演。
2）假定经验数据中蕴含了规律的碎片。
3）通过选取一些经验数据来构建模型。
4）通过模型的训练，来发现规律的雏形。
5）考量关键的参数、作用机理和概率。
6）完成模型的训练，成功实现规律的量化和可视化。

7）应用模型，制定对应的量化投资策略并加以实施。

在上述过程中，工程学思维、结构化方法和增量化改进可以令模型的结构更为稳固，令规律的颗粒度更细。

（2）周期。周期是大自然和经济社会的一种美妙创造。周期可以有效对冲熵增的趋势，并在系统即将偏离有序轨道的时候，将其重新拉回到有序状态。就估值而言，第3章所涉及的周期经常被用作估值中枢的锚定，起到对趋势进行预测的作用。

（3）经验。投资经验的本质，是基于大量案例训练的认知总结，也是基于过往环境所总结出的一般规律。在大多数情况下，经验是资深投资人的制胜法宝。一位经验丰富的投资人，通过基于过去大量案例训练出各种类型的经验模型，在遇到新的投资项目时，仅需做简单比对，便可轻易调取现成的模型进行快速判断，可谓其独门的快捷方式。当然，经验主义也有可能在颠覆性新事物的面前失效。

（4）直觉。直觉是一种奇妙的意识状态。直觉的产生，从来都是一个轻松、愉快的过程，使用起来也不需要花费什么力气。

6. 关于伦理的思考

就技术层面而言，本节可以就此搁笔了。然而，所有技术层面的应用，都应当以深思熟虑的伦理思考为基石，这就好像基因技术需要通过伦理委员会的审查才能进行涉及人类的临床试验，机器人技术需要满足机器人三大定律，AI技术需要关注安全与隐私问题一样。因此，有必要对"预知未来"这件事的伦理进行思考。延续本节开篇的思路，再一次提出两个问题：

"问题一：是否应当允许预知能力的存在？"

"问题二：如果预知能力真的存在，世界将会怎样？"

如果能够预知未来，未来可能会是这样一种情形：二级市场的证券投资者能够准确预知某只股票何时启动、何时见顶、何时应当清仓；风险投资人能够在"独角兽"尚处于初创期时就慧眼识珠，实施天使投资；衍生品的投资者在WTI原油期货还在高位时就开始做空，然后在其为负的时候完成清仓，在两年之后的俄乌冲突之前再转而做多。至此，一年一万倍投资收益不再是梦。

然而，事情并未到此结束。财务自由以后，预知能力仍将继续生效，我们会清楚得知几月几日会去马尔代夫旅游，住的是水上屋还是小连排。了解到第一天会去潜水，第二天会去看海豚，第三天会去钓鱼，第四天会打沙滩排球。同时，打麻将将不再有趣，因为大家都知道谁会赢，以及赢牌的"牌型"。学生的考试能否及格，早在学期开始之前就已经确定。实证研究的结果，人们在开始回归分析之前就已经知晓。

每个人忽然发现，未来每一时点即将发生的事都已提前确定，所有的事件都将严格按照计划进行。至此，人生的轨迹就像一串二进制的代码，只要不停电就会得到完美执行。这真是一种理想状态吗？

生命的魅力，在于不确定性。

有了不确定性，人生的努力才有了意义。

让世界留有更多的未知领域，人生的探索才会变得更加精彩。

最后，以彼得·德鲁克的一句话，作为本章的结尾：

预测未来的最好方法，就是去创造未来。

| 第 10 章 |

通证的估值：区块链的视角

伴随 Web 3.0 生态的发展，通证（Token）作为一种有效的激励工具和管理手段，已经在包括 DAO 在内的各类型组织中应用，并将在未来对组织管理产生深远影响。本章将研究通证的估值作为手段，目的不是为通证进行估值，而是通过借鉴目前关于通证估值的逻辑、理念和技术方法，观察区块链领域中关于通证的价值共识，来丰富迭代估值法的认知维度。需要说明的是，在中国，交易包括比特币在内的加密资产和各种稳定币受到政策监管。加密资产的炒作，已经违背了发明区块链和比特币的初衷。

10.1 比特币和区块链技术

1. 比特币和区块链 1.0

2008 年，中本聪（2008）[17] 在《比特币：一种点对点的电子现金系统》("Bitcoin: A Peer-to-Peer Electronic Cash System")一文中，提出了比特币（BTC）这一"点对点的电子现金系统"。区块链技术是比特币的底层技术，是一组技术的集合。区块链技术集合中的各种技术，单个来看都不是什么新事物。在比特币出现之前，它们就已经相继出现，只是之前没有被组合起来使用。2008年，中本聪将这一系列技术组合起来使用，创造了比特币。至此，这些零散的技术合并起来被称为区块链技术，被称作区块链1.0。中本聪在比特币中用到的区块链技术，具体包括：

（1）1982年大卫·乔姆（David Chaum）创立的Digital Cash（数字现金）。

（2）1991年斯图亚特·哈珀（Stuart Haber）和W.斯科特·斯托内塔（W.Scott Stornetta）提出的时间戳。

（3）1997年亚当·贝克（Adam Back）提出的Hash Cash（哈希现金），以及在反垃圾邮件系统中提出的PoW⊖（工作量证明）。

（4）1998年戴伟（Dai Wei）提出的匿名、分布式的B-money等。

上述这些技术，分别为中本聪在创造比特币时提供了以下思路：

（1）数字现金提供了数字货币的支付场景。

（2）时间戳：给每个区块打上一个记载时间的标识码，然后串成链。

（3）哈希现金提出了工作量证明（挖矿）的共识机制。

（4）B-money：分布式记账和匿名的特点。

⊖ 为了应对垃圾邮件的骚扰，程序员通过编写一串代码，要求每个发邮件的账号在发邮件之前都做一个简单的小计算，这样垃圾邮件服务器在群发垃圾邮件时就要做海量计算，最后垃圾邮件服务器会因此崩溃。做的这个"简单的小计算"，就是工作量证明（PoW）。

2. 比特币与区块链技术的关系

比特币是区块链技术的第一个应用，也是"出生即巅峰"的杀手级应用。在比特币被发明之前，并不存在区块链的概念。打个比方，区块链技术和比特币就好像 iOS/安卓和 App 的关系：区块链技术是操作系统（iOS/安卓），比特币是其第一个应用（App）。比特币和区块链的依存关系为：比特币如果不存在了，区块链技术仍然存在；区块链技术不存在了，比特币也就不存在了。

3. 比特币使用的区块链技术（2008 年）≠ 当前"最新的"区块链技术（2022 年）

自 2008 年至今，区块链技术经历了快速迭代，很多新技术先后被加入区块链技术的集合中。区块链技术经历了三个发展阶段：

区块链 1.0。区块链 1.0 的代表是比特币，比特币也是区块链 1.0 的唯一应用。相比于 2008 年中本聪创造比特币时所使用的区块链技术，当前的区块链技术已经发生了非常大的变化。

区块链 2.0。区块链 2.0 的代表是以太坊（Ethereum）。以太坊就像一个去中心化的安卓系统，每个人都可以在以太坊上通过编程来开发"App"，这些"App"被称作智能合约（Smart Contract）。

与比特币只是一种电子现金系统不同，基于区块链 2.0 开发的"App"的应用场景得到了极大拓展，功能也多种多样：比特币只是支付场景下的电子现金应用，而基于以太坊开发的各种"App"的应用场景涵盖了游戏、艺术品、医药和医疗器械溯源、供应链、权属证明等各个场景。正因如此，大家将比特币称作"币"，但很少将以太坊称作"以太币"，或是将基于以太坊开发的各种"App"称作"××币"（除非这些

"App"原本就是被设计用作电子现金系统）。

区块链3.0。关于区块链3.0的概念，目前一种代表性观点为：基于通证经济的提出，将区块链技术下沉为底层技术，利用通证连接实体经济，实现区块链技术对各行各业的赋能，提供更为丰富的应用场景。区块链技术始终处在不断完善和迭代的过程中。如果有一天比特币不复存在，这些区块链技术仍将存在，同时基于新区块链技术的"App"生态也仍将存在。

4. 区块链技术为什么不易理解

作为一位非理工科出身的古典风险投资[一]人，我的体会如下：

（1）不理解思维方式。区块链技术是一种全新的思维方式，如果缺少密码学和编程的技术背景，不理解区块链背后的密码朋克、极客等文化，很难理解中本聪为什么要这样设计，更很难理解区块链背后所承载的价值。

（2）缺少已知的概念来类比理解。非计算机科班出身的人，缺少密码学和编程的相关概念储备，无法使用一些已知概念来类比理解，因而会觉得很抽象。

（3）区块链技术本身也在不断发展。区块链技术远未定型，其外延和应用还在不断拓展，因而很难对其本质进行归纳和定性。如果对区块链技术的跟进不够及时，或是仅仅从他人的转述来了解区块链技术，我们自然会感到非常困惑和迷茫。

[一] 目前在风险投资业内，常常把风险投资人划分为古典风险投资人和区块链投资人，古典风险投资人是指那些传统的、不从事区块链和Web 3.0投资的风险投资人。

10.2 区块链技术的存在意义

1. 从人的本源需求谈起

人的本质是社会关系的总和。人的社会关系多种多样，比如婚姻、血缘、公司、国家、学校、歌迷团体等各种社群。

人的这些社会关系，有些是与生俱来的，有些是后天形成的。这些社会关系的存在意义，在于建立了一系列的契约。契约的好处，在于可以建立：

（1）信任。比如夫妻之间由婚姻所产生的契约联结，可以营造夫妻之间的信任感，本不相识的两个人由此相濡以沫。同族之间由血缘产生的契约联结，可以让老乡们在外形成抱团、共同打拼。同学之间的同窗之谊所带来的信任，可能让同学们在走上工作岗位之后，在某一天又重新聚首、共同合作。

（2）共识。契约的另一个作用，在于可以建立共识，形成对某一事件的一致看法。比如，同一政党、同一国家、同一宗教的成员，大都拥有相似的价值观。这些价值观就是基于契约形成的共识。

（3）激励模型和治理结构。现如今，尽管我们对公司这一组织形式已经习以为常，然而公司的确是一项非常伟大的创造。公司制设定了一系列巧妙的激励模型（比如股东按股权比例分红），以及严谨的治理结构（董监高、委托代理）。公司通过建立一系列契约的联结，最终设计出一套合理的激励模型和治理结构。

因此，人的社会关系形成了一系列的契约，这些契约又建立了人与人之间的信任、共识、激励模型和治理结构。基于契约，各方可以更好地进行社会分工和协作。通过优化生产关系，提高了全社会的生产力。

生产关系的优化，对人类文明的发展意义重大。

2.区块链技术如何满足上述人类本源的需求

巴比特（2019）[18]认为，区块链技术最核心的价值，是通过技术手段帮助降低人与人之间的信任成本，确保信息安全。具体而言：

首先，建立信任。区块链是一个去中心化的"信用中介"，其不可篡改的属性，为人与人之间建立了一个低成本的信任机制。基于信任达成相互认可，各方才有可能进行进一步的分工合作。

其次，设计激励模型。设计激励模型的意义在于：按劳分配、调动合作各方的积极性。比如挖矿这一机制，便是中本聪基于工作量证明（PoW）设计的一种激励模型。

最后，形成治理结构，建立区块链社区。在传统商业社会，公司是一个典型的中心化商业生态。在区块链领域，社区则是最为典型的去中心化生态⊖。在区块链社区这一生态中，社区成员各司其职、共同合作。此时，形成治理结构的意义在于令社区成员分工协作，进而促进社区内的资源配置。

区块链技术通过技术手段，为人与人之间提供了一个低成本的信任机制。参与各方基于技术形成特定的共识，设计出了一致认可的激励模型和治理结构，为社会分工协作和资源配置提供了一个创新性的解决方案。区块链技术存在的意义，在于通过区块链的技术手段建立了一系列的契约，实现了生产关系的优化，进而促进了生产力的发展。

⊖ 关于区块链社区，下一节将进行详述。

10.3 区块链社区

1. 区块链社区的本质

区块链社区，是一个去中心化自治组织（Decentralized Autonomous Organization，DAO）。区块链社区的特点包括：

（1）众包：共同出力，共同建设。

（2）众筹：共同出资。这里的出资，可以是贡献法定货币，也可以是贡献比特币等通证。

（3）共享经济：共同享有区块链社区的资源和建设成果。

（4）共治：共同对区块链社区进行治理。

2. 区块链社区的生态

公司是现代商业社会最广泛存在的组织形态。一提及公司，就会联想到诸如"股权""公司治理""董监高""组织架构""职级和员工"等特色鲜明的术语。从本质上来说，公司也是一种社区。

在区块链领域，公司这一中心化的组织形态并非必需。在区块链领域，可能取代公司这一组织形态的，是一个自组织的用户社区，即区块链社区。区块链社区是一个去中心化的自治组织。区块链社区也是一个松散的社区组织，大家因同一个区块链项目⊖而会集，大家拥有相近的价值观和共识。区块链社区可能体现为线上的一个讨论区、微信群、社交软件群组，也可以组织线下的"网友见面会"。与互联网社群类似，区块链社区同样需要进行"拉新、促活"等社区运营工作。

区块链社区中存在各种类型的参与者。按照参与程度的由浅至深，可以将社区生态的参与者划分为：

⊖ 比如某个基于以太坊开发的"App"，称作"DApp"。

（1）作为旁观者的普通网民。他们原本并不属于该区块链社区，但可能被邀请加入区块链社区而成为社区的一员。

（2）通证的持有者。这部分人是该区块链社区的一员，他们持有区块链社区对应的通证。

（3）区块链社区的贡献者。常见的贡献者包括：

1）邀请者。比如，邀请社区之外的好友加入本区块链社区的人。

2）意见领袖。比如，在讨论区分享关于本区块链项目优质内容的人。

3）海外运营人员。比如，由于监管原因，一些国家和地区的区块链项目会选择注册在新加坡等国家，因而需要在海外运营项目的人员。

（4）技术开发人员。技术开发人员即编写区块链程序的程序员。

（5）商业合作伙伴。商业合作伙伴可能是某"古典互联网企业"创始人，他们为本区块链项目提供资源；也有可能是投资该区块链项目的"区块链投资人"。

3. 区块链社区的意义

区块链领域奉行"代码即宪法"。激励机制一旦基于共识完成设定就不可篡改。因此，区块链社区采用"社区自治"的生态模式，基于区块链的技术手段、通证的设计和使用，打造了一个完整的价值互信生态，整合各种生产要素共同为社区做出贡献，最终令区块链社区成为一个可以持续自我完善的生态经济体。

10.4 区块链社区与通证

1. 区块链中的通证

大家所熟知的比特币、以太坊、狗狗币（DOGE），从概念上说都属于通证（Token）的范畴。Token的出现要早于区块链技术的出现。

Token的概念最早源于计算机领域，计算机领域将Token翻译为"令牌""信令"，指的是执行某些操作的权利对象。IBM曾推出过一个局域网协议，称作"Token Ring Network"，即"令牌环网"。网络中的每一个节点轮流传递一个令牌，只有拿到令牌的节点才能通信。这个令牌，其实就是一种权利、一种权益证明。在传统商业社会中，Token已经有了广泛的应用，比如地契、白条、银票、股票，这些都属于Token的范畴。在区块链领域中，比特币可以理解为最早的Token形式。

关于Token的中文翻译，区块链业内经历过一些演变。在早期的区块链1.0时代，大家还没有形成Token的概念，直到以太坊出现才逐渐形成Token的概念。早期，由于比特币太过成功，且当时区块链只有比特币一种"货币"应用，没有其他"非货币"的应用，因而当Token的概念刚开始出现时，大家认为Token就是"币"，于是很多人将Token翻译为"代币"。

随着以太坊的兴起，以及区块链技术应用场景的丰富，大家逐渐发现，"币"只是Token的众多表现形式之一，并开始重新思考Token的本质。后来，区块链专家孟岩（巴比特，2019）[18]提出，Token的本质应当是具有可流通价值的加密数字权益证明，并将Token翻译为"通证"。其中，"通"表示可流通，"证"表示（权益）证明，这一译法在区块链行业中沿用下来。

本书认为，将Token翻译为"通证"而非"代币"、将通证的本质表述为"权益证明"更为准确。"币"固然是"权益证明"的一种重要表现形式，但除了"币"之外，"权益证明"还有很多其他表现形式。比如，股票本质上也属于"权益证明"，但却不是"币"；结婚证也是一种"权益证明"，但也不是"币"。不能用Token最早出现的表现形式，"先入为主"地替代其本质。

因此,"加密货币"在区块链1.0时代可以等同于"通证"。然而随着区块链3.0的兴起,以及通证功能和应用场景的不断丰富,"加密货币"已经无法涵盖通证的所有范畴,通证是一个比"加密货币"范围更广的概念。

2. 通证在区块链社区中的应用

通证作为一种有价值、可流通的权益证明,是区块链社区用来构建激励机制和治理机制的高效工具。通过设计通证的产生、分配、持有、流通和变现机制,可以让区块链社区中的各方更愿意合作,最终为区块链社区的共建共治贡献各自的力量。对区块链社区做出贡献的人(即"区块链社区的贡献者"),都可以被奖励通证。

首先,奖励通证的激励机制和分配规则,在区块链项目一开始编程时,就会被设计好并固化下来。

其次,"对区块链社区做出贡献"="挖矿"。在区块链1.0的比特币时代中,挖矿主要指矿工用矿机做哈希运算来打包区块。如今,挖矿行为的表现形式更加多样化。比如,网友在"今日头条"App看新闻时看了广告,广告主会向"今日头条"支付广告费。网友看广告的行为,为"今日头条"这一社区做出了贡献,因此,"今日头条"会给网友"通证"(通证的形式可以是返现或积分)作为奖励。网友看广告的行为,本质上就是挖矿。当然,"今日头条"是一个中心化社区,但其激励机制的设计原理,与去中心化的区块链社区是一致的。

此外,在获得通证以后,有很多变现方式。在法律法规允许的国家,可以在加密货币交易所(如Coinbase Global)卖出,换成比特币、以太坊、稳定币等,或者直接兑换成法定货币提现。同时,也可以使用通证来支付区块链项目所能提供的服务。比如，我们为一个网络存储的区块链项目推荐了很多新用户，因而被奖励了该区块链项目的通证，以后我们在使用该项目所提供的网络存储服务时，就可以使用这些通证来支付。

通证的存在，可以令区块链社区按生产全要素进行分配。只要做出贡献，都可以用通证来激励。通证这一工具如果能够运用自如，便可以重构商业社会中的各种商业模式，而不再局限于"公司"和"股权"的治理结构。

此外，基于通证的激励机制还拥有以下优势：

（1）透明。一旦区块链项目程序开发完毕，激励机制和分配规则就已经被确定且不可篡改。而在一个中心化的公司中，年终奖的多少，通常会受到公司领导主观偏好的影响，因而显得不是那么公平和透明。

（2）即时。在一个中心化的公司中，对员工的激励安排，一开始常常只是"画大饼"。等到员工达成业绩目标之后，之前承诺的奖金分成并不一定能完全兑现。而在区块链领域，只要对区块链社区做出贡献，代码就会立刻向贡献者发放通证奖励，反馈非常及时和充分。基于通证的激励机制，有助于保障契约精神。

一个区块链社区并不一定必须使用通证。然而，没有通证的区块链社区，其治理效率和效果将大大降低。正如杨昂然和黄乐军（2018）[19]所言："通证之于区块链不是技术必需，而是人性必需，是一种吸引更多人参与到生态中来的激励手段。"通证就好像一种催化剂，可以令一个区块链社区更加富有活力。同时，通证需要与实业结合，没有任何项目作为基础的通证，将沦为一种纯粹的投机（比如"空气币"），这也和发明区块链和比特币的本心相违背。

通证有时候看起来很像股权。接下来的第五节将区块链领域对通证的价值共识，作为企业股权估值的参考。

10.5　通证的估值

1. 通证的分类

与企业股权相比，通证是一个新事物。因而在为通证估值时，基于公司业态所创造的各种估值方法有的适用，有的不再适用。通证有很多种类型，有的像股权，有的像商品，有的像证书，还有的像货币。通证的常见分类如下。

（1）瑞士金融市场监督管理局[一]（2018）[20]将通证分为三类：

1）支付类通证（Payment Token）。比特币便属于支付类通证。

2）实用类通证（Utility Token）。使用实用类通证，能够获取基于区块链基础设施所提供的应用或服务。简言之，借助实用类通证，可以获得一些实用的数字功能。

3）资产类通证（Asset Token）。资产类通证类似于股票、债券或衍生品，受到瑞士证券法的监管。

（2）美国 SEC 将通证分为证券类通证（Security Token）、实用类通证（Utility Token）和加密数字通证（Cryptocurrency）。如果被认定为证券类通证，将受到美国《1933 年证券法》和《1934 年证券交易法》的严格监管。如果希望被认定为非证券类通证，则需要通过豪威测试（Howey Test）。

豪威测试包含以下四个要素：①资金投资；②投资于共同事业；③利润预期；④不直接参与经营，依赖他人努力（柯达，2020）[21]。如果

[一] Swiss Financial Markets Supervisory Authority，FINMA。

同时满足这四个要素，通证将被认定为证券类通证。由于证券类通证受到证券法的严格监管，因此大部分通证都更希望将自己定义为实用类通证。

2. 通证估值的难点

为通证进行估值较为复杂，这是因为影响通证估值的因素非常多，同时还存在一些不确定的因素：

（1）通证的种类繁多。所需面对的挑战：第一，对通证进行合理分类。第二，准确提炼各类型通证所拥有的共性特征。第三，针对各类型通证，提出具有针对性的估值方法。

（2）归纳法的分类标准难以涵盖创新型通证的范畴。分类的思路，本质上是基于已经出现的通证形式，按一定特征运用归纳法进行分类。然而，随着区块链技术的发展以及应用场景的丰富，未来一定会出现很多"不属于目前任一类别"的创新型通证。如果出现这类颠覆性的通证形式，原有的分类标准可能需要进行重构。

（3）通证的定价时点和场所存在不确定性。股权价值的定价场所可以是一级市场，也可以是二级市场，目前针对股权的一、二级市场的定价环境已经成熟。然而对通证进行定价的时点和场所，仍然存在较高的不确定性：应当选取 ICO[⊖]（Initial Coin Offering，首次币发行）的时点，还是通证交易的时点？应当基于中心化交易所的场内交易进行定价，还是基于场外交易进行定价？

（4）通证的创造、分配环节对通证估值的影响不确定。通证如何被创造？如何被分配给初始持有者？通证一次分配（交换和使用）、二次分配（治理机构的再分配）、三次分配（捐赠、公益性支出）的分配规则是

⊖ 中国目前禁止 ICO。

什么？这些因素如何影响通证的价值？

（5）不同的监管环境（禁止、严格监管、鼓励）下，通证的估值体系如何确定？不同监管环境下的估值体系是否具有可比性？

3.目前常用的通证估值方法

在研究新事物时，常常需要借助一些过去已有的传统方法，但需要基于新事物的特点对传统方法进行改进和创新。当前关于通证的估值方法，很多还是借鉴了股权、期权等领域的方法。这些方法用到了大量模型、函数和参数，相对比较复杂。接下来化繁为简，不研究复杂的数学模型，重点分析这些通证估值方法的思路。

成本定价法

成本定价法由亚当·海耶斯（2015）[22]提出，他认为比特币的价值等于挖矿成本。如果挖到一枚比特币需要付出的成本（包括能源成本、挖矿难度等），大于目前流通领域（比如加密货币交易所）的比特币价格，那么一个理性的矿工会停止挖矿，直接在流通领域进行购买更划算。如果当前挖到一枚比特币需要付出的成本，小于流通领域的比特币价格，也就是说挖矿是有利可图的，那么就会有更多的矿工来挖矿，直至挖矿成本等于流通领域的比特币价格。因此，成本定价法的核心，在于计算出比特币的挖矿成本。有了单位挖矿成本，就知道了比特币的单价，再乘以比特币的数量就能得到比特币的市值。

梅特卡夫定律

梅特卡夫定律（Metcalfe's Law）用来计算一个网络的价值，即一个网络的价值和网络节点（network node）数量的平方成正比。这里的网络节点，可以是电脑（computer）、服务器（server）或是网络所连接的用户

(user)。对一个网络而言，用的人越多，网络就越有价值，而且价值呈几何级数增长。在为互联网企业进行估值时，风险投资人也经常利用梅特卡夫定律。

从商业模式的角度看，用户是一个网络至关重要的资源，用户决定了网络的价值。因此，在通证的相对估值法下，节点数量就好比市盈率中的净利润、市净率中的净资产、市销率中的收入一样，可以作为度量价值的一个指标。

在基于梅特卡夫定律的通证估值方法中，也会采用相对估值法。常用的相对估值指标包括：价格与梅特卡夫比率（Price to Metcalfe Ratio，PMR）、网络价值与梅特卡夫比率（Network Value to Metcalfe Ratio，NVM）等。这些指标既参考了传统估值思路，也体现了通证的特征。

费雪方程式

费雪方程式（Fisher Equation），即 $MV=PQ$，是经济学中的一个常用方程式。其中：M 是货币流通总量，V 是货币流通的速度，P 是商品的平均价格水平，Q 是商品的总量。用在通证的估值中，费雪方程式的含义是：M 是通证的总量（通证的总量即通证的"市值"）；V 是通证流通的速度（可理解为股票交易中的换手率）；P 是商品以该通证计价的价格；Q 是商品的总量。由 $MV=PQ$，可得 $M=PQ/V$，当 P、Q 和 V 已知时，可以算出该通证的市值。

加密 J 曲线

在阐述加密 J 曲线（Crypto J Curve）之前，先提一下 J 曲线。伊恩·布雷默（2006）[23] 观察到：一个落后的国家，如果一直躺在舒适区中将没有前途。如果该国按照正确的方向去发展，短期内可能遭遇阵痛，境况甚至比之前采取错误路线时还要差，但度过一段低谷期后，一切都将向好的方向发展。这种收益呈现出先降低再提高的"J"形态，就是J曲线。

加密货币领域也存在一种加密J曲线。加密J曲线由克里斯·伯尼斯克[24]提出，他认为通证的价值由两部分组成：

（1）CUV（Current Utility Value，当前效用价值）。

（2）DEUV（Discounted Expected Utility Value，贴现预期效用价值）。

在通证生命周期的初期，人们对通证的热情很高，此时通证的价值主要由DEUV构成。随着通证生态的不断发展，热情消退导致DEUV不断衰减。此时，CUV仍然尚未起势，因而通证的价值处于一个低谷。然而只要区块链项目发展的方向正确，这种低谷状态只是暂时的。随着通证生态的不断发展，CUV将显著、持续提升。同时，随着人们的热情被唤醒，DEUV也将持续提升。加密J曲线立足通证的生命周期，从CUV和DEUV两个维度来考虑通证的价值。

4. 迭代估值法下的通证估值思路

通证的估值，本质上仍然是一种价值共识。PoW、PoS、BFT从技术层面提供了共识机制，而通证的使用价值、流通价值和贮藏价值，则从另外一些维度塑造着共识的基础。

迭代估值法同样适用于通证的估值。在为通证进行估值时，需要考虑"业绩的成长逻辑"和"估值的成长逻辑"。其中，"业绩的成长逻辑"基于对"区块链项目和社区"的认知。"估值的成长逻辑"则是基于对市场的认知。这里提到的业绩，可以是区块链项目和社区获得的收入、净利润这些传统的财务指标，也可以是诸如用户、节点、GMV等类似于传统互联网和电商运营的指标。

通证背后的"区块链项目和社区"的质地非常重要。传统的企业至少还有工商注册信息、企业员工、办公场所等实物，而将区块链项目做成一个"空气币项目"则几乎没有什么难度。因此，在通证的估值中，"业绩的成长逻辑"是"估值的成长逻辑"的基石和前提。脱离基本面谈通证的估值，极有可能落入一场"庞氏骗局"。

关于"业绩的成长逻辑"，我认为需要关注对以下方面的评估：

（1）项目的安全性。

（2）项目所处的生命周期和存在年限。

（3）区块链社区的文化、用户和运营情况。

（4）与其他区块链社区之间的互动和资源整合情况。

（5）区块链项目的效用产出和产品体验。

（6）在区块链 3.0 下，区块链项目与实体经济融合后所带来的价值。

（7）通证的类型。

（8）通证的发行、流通、分配、增发、燃烧（Burn）、销毁、锁仓等的设计是否合理，能否保障通证在区块链社区生产关系的构建中发挥恰当作用。

（9）矿工、矿机等与通证供给相关的生产资料的情况。

关于"估值的成长逻辑"，需要评估：

（1）所在国的监管环境，包括对通证、法定货币、ICO 等方面的监管要求。

（2）通证变现的场所。

（3）通证变现的方式：兑换为法定货币、购买商品的权利等。

（4）中心化的考虑，比如中心化交易所、算力垄断、意见领袖的行为，例如，每当马斯克发布 Twitter，比特币或狗狗币的价格就会出现剧烈波动。

（5）从 ESG 投资的角度，清洁能源的使用，是否会改变通证的估值体系——比如，成本定价法下的通证估值，可能会因为清洁能源的使用而发生很大变化。

（6）通证和央行数字货币之间的合作与整合情况，比如，是否可以将央行数字货币作为稳定币来使用？

立足区块链的视角，对通证估值方法进行观察和思考，能够为关于企业股权的迭代估值法提供更为丰富的认知维度。

| 第 11 章 |

迭代科创时代的共识

伴随环境的改变、产业的变迁、技术的更迭、观念的更新，迭代估值法不断摒弃旧的因子、纳入新的因子，并基于经验法则动态调整各因子的权重。一个具有自我优化、进化甚至重构能力的估值体系，才能拥有旺盛而持续的生命力。

11.1 投资就像一款网络游戏

在从事投资的过程中，有时体会到投资就像在玩一款网络游戏。

证券投资就像一场大型多人在线角色扮演游戏。充完值以后，每个交易日都有四个小时的游戏时间。可以自己亲自上阵，可以像玩网页游戏般"挂机"，也可以请基金经理代为"练级"。收盘之后，复盘工作便是撰写游戏攻略。而在同花顺、股吧发帖讨论，就好像在游戏论坛中聊天。

同时，证券投资还具有即时战略游戏（Real-Time Strategy Game，

RTS）的属性。交易各方就像在玩一场"大富翁"游戏，在交易的过程中与对手方进行竞争，来增加自己的财富。亏损之后，需要及时进行游戏充值。如果遭遇巨额亏损或因此失去信心，则可能直接销号退出游戏世界。

与证券投资更为显著的元宇宙特征相比，风险投资更像一款《古墓丽影》这样的线下真人动作类角色扮演游戏（Action Role-Playing Game，ARPG）。风险投资人首先在"茫茫人海"中探宝，寻找伟大的企业和企业家。当风险投资人遇到创业企业之后，尽职调查和商务谈判的过程，就好像《仙剑奇侠传》一类的回合制游戏，"你来我往"、激烈争斗。最终，双方从"不打不相识"变成了"英雄惺惺相惜"。实施投资之后，风险投资的画风发生了强烈转变，变成了一个恋爱养成游戏。风险投资人通过为被投资企业对接产业资源、实施资本运作、完善公司治理与管理水平，最终帮助被投资企业成长并走向资本市场。

如果投资是一款游戏产品，那么其一定拥有一位伟大的产品经理。正是这位产品经理的存在，为参与投资的玩家提供了极致的游戏体验：

第一，用户基数大，进入门槛低。游戏账号注册并不算困难，虽然有的门槛很低（比如证券投资），有的门槛较高（比如风险投资），但至少每个玩家都能根据自身的实际情况，找到适合自己的游戏入口。至于能玩多久、能否取得成功，取决于各自的水平高低。

第二，完美的游戏平衡性设计，提高了用户黏度，延长了游戏生命周期。从游戏心理学的角度而言，玩游戏的重要动机之一，是证明自己比别人强，或是证明现在的自己比过去的自己强。因此，游戏玩家常常会有一个体会，如果一款游戏很容易就能通关，那么基本上不会玩第二次。因为太过缺乏挑战性，无法在游戏中证明自己。此外，如果游戏中不同职业的能力属性相差太过悬殊，且缺乏相互的制衡，那么所有人只会选最强的那个职业，游戏中的其他职业便失去了存在的意义。游戏的平衡性设计，对提高用户黏度、延长游戏生命周期至关重要。

投资这一游戏，有着非常优秀的平衡性设计。首先，赚钱很难，赚到快钱更难。不付出长期、持久的努力，投资几乎不可能成功。其次，在进行长期、不懈、符合规律的训练之后，获得良好的投资收益又是一个大概率事件，这也给了游戏玩家以盼头。此外，游戏还严格限制了"外挂"的出现，根据以往观察来看，靠"内幕交易"这类"作弊器"赚得的钱，迟早都会全部还回去。

第三，反馈及时而直接。反馈是否及时、强烈，是一款游戏用户体验的重要设计。在游戏中经常会看到，当玩家的角色升级时，角色的头顶上以直观的数字呈现升级带来的属性增加值（比如"武防速运+1"），从而给玩家带来强烈的即时反馈。投资是认知的变现，认知水准的高低，会通过股价的变动、被投资企业的发展情况快速而直接地体现出来。在投资的过程中，规律不断帮助投资者纠偏，如果认知出现了偏差，负反馈特别及时和强烈。如果认知和行为合理，良好的投资收益也会告诉我们决策是合理的。这种及时和直接的反馈，能够提升投资游戏的操控感和参与感。

第四，充满不确定性，这种未知的结果，能够带来开盲盒般的快感。游戏通常通过设定一系列的不确定内容，来提高用户的黏度。比如，游戏中通常会有一个"随机掉宝"的设定，玩家在战斗获胜之后，可能得到一件属性不错的装备，但事先并不知道具体是什么。同样，游戏中还会设定一些"武器打造系统"，放入诸如宝石、矿石、符文等，能够随机合成一件装备。投资的对象、投资的成败以及投资收益的倍数，都充满了令人憧憬的想象空间。

第五，充满新鲜感。无论是购买上市公司的股票，还是对不同行业、不同企业进行尽职调查，投资每天接触的都是新行业、新企业、新模式和不一样的人。正因为如此，风险投资人或多或少会有些"喜新厌旧"，因为只有追求最新、最具成长性的投资标的，才能获得投资的成功。证券投资人也可以在持有某个上市公司股票一段时间后，筛选出新的投资标的进行投资。

第六，投资是自由的。有人投资看面相，有人投资看长相，有人投资看属相，有人投资看星座。只要能够在合法的前提下获得好的投资收益，采用什么样的路数并不会受到太大约束。因此，投资的理念和行为都是自由的。当然，每一位投资经理最终都需要为自己的投资业绩负责。

第七，投资是有意义的。特别是对风险投资而言，投资的都是当前经济社会中最具创新性的技术、最新的商业模式、最具前景的行业，通过投资行为，可以帮助被投资企业优化管理、通过走向资本市场获得更好的发展；通过支持产业、支持企业推动经济增长和劳动就业；可以用资本助推全社会的创新和创业，提升国家的竞争力；最终为当前时代的人类文明，做出一些贡献。

因此，投资是一个生命周期很长的游戏产品，玩家甚至可以像巴菲特、芒格这样，玩上一整个世纪都丝毫不会觉得腻。

11.2 迭代的本质是进化

尽管投资很有趣，然而投资是现实的。资本总是要求最高的资源配置效率，基金管理人如果对一只基金管理失败，下一次基金募集时不会再有有限合伙人愿意出资。一次杠杆的爆仓，可能会直接没收参与证券期货投资的"门票"。投资并非在优雅地雕刻艺术品，而是在充满危险的泥潭中摸爬滚打。

因此，投资是一个不能任性的职业，也是一个需要诚实面对自己、诚实面对规律的职业。投资者如果认知出现偏差，投资收益会告诉他"死不认错"是徒劳的。我们会看到专业的投资者每天都在不断地接受信息冲击，进行价值逻辑的构建和证伪，对自身决策体系进行优化升级，以及对情绪和心性进行自省与悟道。

迭代的本质是进化。只有不断打破过去的自己，不断优化自己的体系，让系统保持开放和灵活，果断抛弃不合理的过去——即使是曾经令自己取得辉煌的体系，才能更好、更及时地适应新环境，赢得资本市场的种群竞争。回首过去，很多曾经的价值共识，因为工业技术的代际更迭、用户需求和群体文化的改变、监管政策的调整等，从过去的成功经验变成了阻碍未来成功的桎梏。因此，投资不能把过去记忆残留的表象，当作决定成败的规律本身。不同的环境下，原本赖以生存的模式可能不再有效。及时、持续迭代理应成为投资者的一种进化习惯。

在本书中，我有意注明了一些时间点。尽管过两年再看这本书的时候，看到这些时间点可能会有"过时"的感觉，但我希望通过记录这些时间点，就好像在区块链中运用时间戳一样，来为迭代的过程留下一些痕迹。事实上，写到这里时，我对本书靠前的一些内容，在认知上已经发生了一些变化。不过我还是打算保留此前的认知痕迹，来展现一个更真实、更完整的认知迭代过程。

此前的各个章节中曾经提及很多行业赛道，这些行业赛道的出场顺序，正是我过去十年投资组合中板块轮动的顺序。如果将本书中的这些行业赛道按顺序列示出来，便是过去十余年中国产业和资本变迁的一个微观视角。

11.3 迭代估值法：总结

最后，对迭代估值法进行一个简要总结。

迭代估值法，最终是为了回答两个问题：

第一，能不能投？

第二，估值是否合理？

能不能投，取决于投资逻辑是否成立。

估值是否合理，取决于价值逻辑是否能被接受。

对环境和企业进行充分了解，是进行迭代估值的前提。对周期、行业、资本市场等环境进行了解，对企业进行充分的尽职调查，投资决策才有事实依据，投资逻辑和价值逻辑才能被验证。否则，投资和估值将成为一个赌大小的游戏。

多参照系叠加，缩小估值的合理范围。本书中的各章，都是可用于缩小估值合理范围的工具模块。此外，投资者可以使用传统的绝对估值法，来强迫自己细致思考被投资企业的商业逻辑。绝对估值法中众多假定提出、参数设定和模型构建的过程，本身就是一个理解企业商业模式和核心竞争力的过程。当然，绝对估值法的定量结果不要直接使用。同时，相对估值法能够为投资者从市场和企业的角度提供一个可比视角，来帮助缩小迭代估值法中的合理估值范围。

投资和估值经验很重要，但不能形而上学。在迭代估值法中，很多的判断和决策，都需要基于经验做出灵活的调整。经验可以帮助投资者加快决策的速度，降低投资者犯低级错误的可能，但经验有时也会产生误导。投资和估值的容错率非常低，一旦失误就会造成严重后果。因而经验和逻辑一样，也需要进行充分验证。没有把握的，就要留有一些余地。

养成迭代的习惯，定期更新甚至重构自身的投资和估值体系。 每一个微小的进化、更早一点的进化，都能够让我们的投资和估值体系结构更为稳定，运转更为高效。永远存有敬畏心，认识到我们永远需要为认知缺陷承担风险敞口。不要把时代的贝塔，归因为自己的阿尔法。

第 2 章曾提及，业绩的成长逻辑基于"关于企业的认知"；估值的成长逻辑基于"关于市场的认知"。最后用两句话来描述迭代估值法的心法，并作为本书的完结：

出得了世，参透价值的本源。

入得了世，与泡沫共舞狂欢。

参考文献

［1］ 陈玮. 我的 PE 观：资深创业投资人陈玮的十年投资心路［M］. 北京：中信出版社，2011.

［2］ 中国证券登记结算有限责任公司. 中国证券登记结算统计年鉴 2021［R/OL］.（2022-07-08）［2022-12-15］. http://www.chinaclear.cn/zdjs/tjnb/center_datalist.shtml.

［3］ 陈玮. 估值手记（四）：疫情视角下的估值体系重构［Z/OL］.（2020-03-30）［2022-12-15］. https://mp.weixin.qq.com/s/ucy_h9a4iLmLsjfgD-vgCw.

［4］ PhilippeS. 如何通过资产负债表给企业估值？［Z/OL］.（2014-05-28）［2022-12-15］. https://www.zhihu.com/question/23945500.

［5］ 中国人民银行. 易纲行长在"第十届陆家嘴论坛（2018）"上的主旨演讲［Z/OL］.（2018-06-14）［2022-12-15］. http://www.pbc.gov.cn/goutongjiaoliu/113456/113469/3557760/index.html.

［6］ 马克斯. 周期：投资机会、风险、态度与市场周期［M］. 刘建位，译. 北京：中信出版集团股份有限公司，2019.

［7］ 陈玮. PE 投资需要具备的能力体系［Z/OL］.（2019-05-07）［2022-12-15］. https://mp.weixin.qq.com/s/FCdyC5FIMeZdkBirTMu7wA.

［8］ 陈玮. 商业模式的分析框架［Z/OL］.（2020-11-24）［2022-12-15］. https://mp.weixin.qq.com/s/rS3Mp62HyZti6n8JkEi7RQ.

［9］ 奥斯特瓦德，皮尼厄. 商业模式新生代［M］. 王帅，毛心宇，严威，译. 北京：机械工业出版社，2011.

［10］ 魏炜，朱武祥. 发现商业模式［M］. 北京：机械工业出版社，2009.

［11］ 国家市场监督管理总局. 截至 6 月底市场主体达 1.61 亿户"四新经济"企业占企业总量比例达 46.4%［Z/OL］.（2022-08-18）［2022-12-15］. https://www.samr.gov.cn/xw/mtjj/202208/t20220818_349356.html.

［12］ 黄世忠. TCFD 框架的践行典范——微软气候信息披露案例分析［J］. 财务研

究，2022（03）：10-18.

[13] SHLEIFER A. Inefficient markets: an introduction to behavioral finance [M]. New York: Oxford University Press, 2000.

[14] 姜波克，薛斐. 行为金融学的发展与探索 [J]. 复旦学报（社会科学版），2004（05）：57-62.

[15] 周岭. 认知觉醒：开启自我改变的原动力 [M]. 北京：人民邮电出版社，2020.

[16] 陈玮. 风险投资中的预测方法 [Z/OL]. （2020-05-28）[2022-12-15]. https://mp.weixin.qq.com/s/ZA1axwKY34e4Uz3wxZ9RVA.

[17] NAKAMOTO S. Bitcoin: a peer-to-peer electronic cash system [Z/OL]. 2008. [2022-12-15]. https://bitcoin.org/bitcoin.pdf.

[18] 巴比特. 区块链十年：看见怎样的未来 [M]. 北京：中国友谊出版公司，2019.

[19] 杨昂然，黄乐军. 区块链与通证：重新定义未来商业生态 [M]. 北京：机械工业出版社，2018.

[20] FINMA. Guidelines for enquiries regarding the regulatory framework for initial coin offerings (ICOs) [EB/OL]. (2018-02-16). [2022-12-15]. https://www.finma.ch/en/~/media/finma/dokumente/dokumentencenter/myfinma/1bewilligung/fintech/wegleitung-ico.pdf?sc_lang=en&hash=83EE49D77DA54DD079F314D9E-DCBDC3D.

[21] 柯达. 区块链数字货币的证券法律属性研究——兼论我国《证券法》证券定义的完善 [J]. 金融监管研究，2020（06）：21-40.

[22] HAYES A. A cost of production model for bitcoin [J/OL]. The New School for Social Research，2015. [2022-12-15]. http://www.economicpolicyresearch.org/econ/2015/NSSR_WP_052015.pdf.

[23] BREMMER I. The j curve [M]. New York:Simon & Schuster, 2006.

[24] BURNISKE C. The crypto j-curve [Z/OL]. 2017. [2022-12-15]. https://medium.com/@cburniske/the-crypto-j-curve-be5fdddafa26.